アスリートのための
解剖学

アドバンス 編

筑波大学准教授
大山 卞 圭悟 著
Ohyama-Byun, Keigo

企画協力　特定非営利活動法人
日本トレーニング指導者協会

草思社

はじめに

本書の前編にあたる『アスリートのための解剖学』を出版してから3年余りが経過しました。筆者自身も齢を重ね、最近ではなかなか最大出力の運動が安全に行える自信がなくなってきましたが、我々の身体を舞台として行われる運動の仕組みに対する興味は増すばかりです。また、そのような興味を原動力に、観察を重ねるほど新たな視点から気づきの機会は増えていきます。

人体の骨は200余り、筋は600を超えるといわれています。この数は、ほとんど変化しないにもかかわらず、身体の使い方に関する「見どころ」というのは、追求すればするほど、無限に生じるものです。本書では筆者の視点を通して見える、身体の運動機構の見どころについて図と共にお話ししていきたいと思います。

本書の内容は前編と同様に、日本トレーニング指導者協会（ＪＡＴＩ）の機関誌『JATI EXPRESS』の誌面で、連載させていただいた「ＧＴＫ現場で使える機能解剖学」の内容に加筆・修正をしたものです。

今回は、筋の生理学的特性や筋腱周辺の微細な構造に関する知識の整理から始まり、体幹から上肢に関する話題を手厚く、そして身体部位間の構造と動きのつながりに注目したキネティックチェーンについて事例を挙げて議論しています。さらにストレッチングやテーピングといったコンディショニング手技についても、機能解剖学的な視点からの考え方や実際の事例の紹介を行いました。

いずれも文献的な詳細な検討に頼りすぎず、競技や日常の現場における動きの観察やその際に得た実感を大切にし、筆者が頭の中で描いたイメージを図にすることに取り組みました。

近年はＳＮＳや動画共有サイトでさまざまなトレーニングや動きづくり、治療法などの情報が氾濫しています。中には、解剖学的な理解が必ずしも正確でないと思われる情報も一定数見受けられます。身体の仕組みや運動の成り立ちを取り扱う立場から、それぞれの情報が信ずるに足るものかどうかを見極める際の、最も信頼できる拠り所となるのが解剖学です。

動きの舞台となる身体の構造や基本的なはたらきに対する理解が進んだなら、真実を見極める目に一歩近づくことができるのではないでしょうか。

大山卞圭悟

カバー&本文デザイン
山﨑裕実華

編集協力
光成耕司

協力
日本トレーニング指導者協会

もくじ

contents

Chapter 4 上肢のはなし

Chapter 5 ストレッチングとテーピングのはなし

体表から観察できる全身の筋

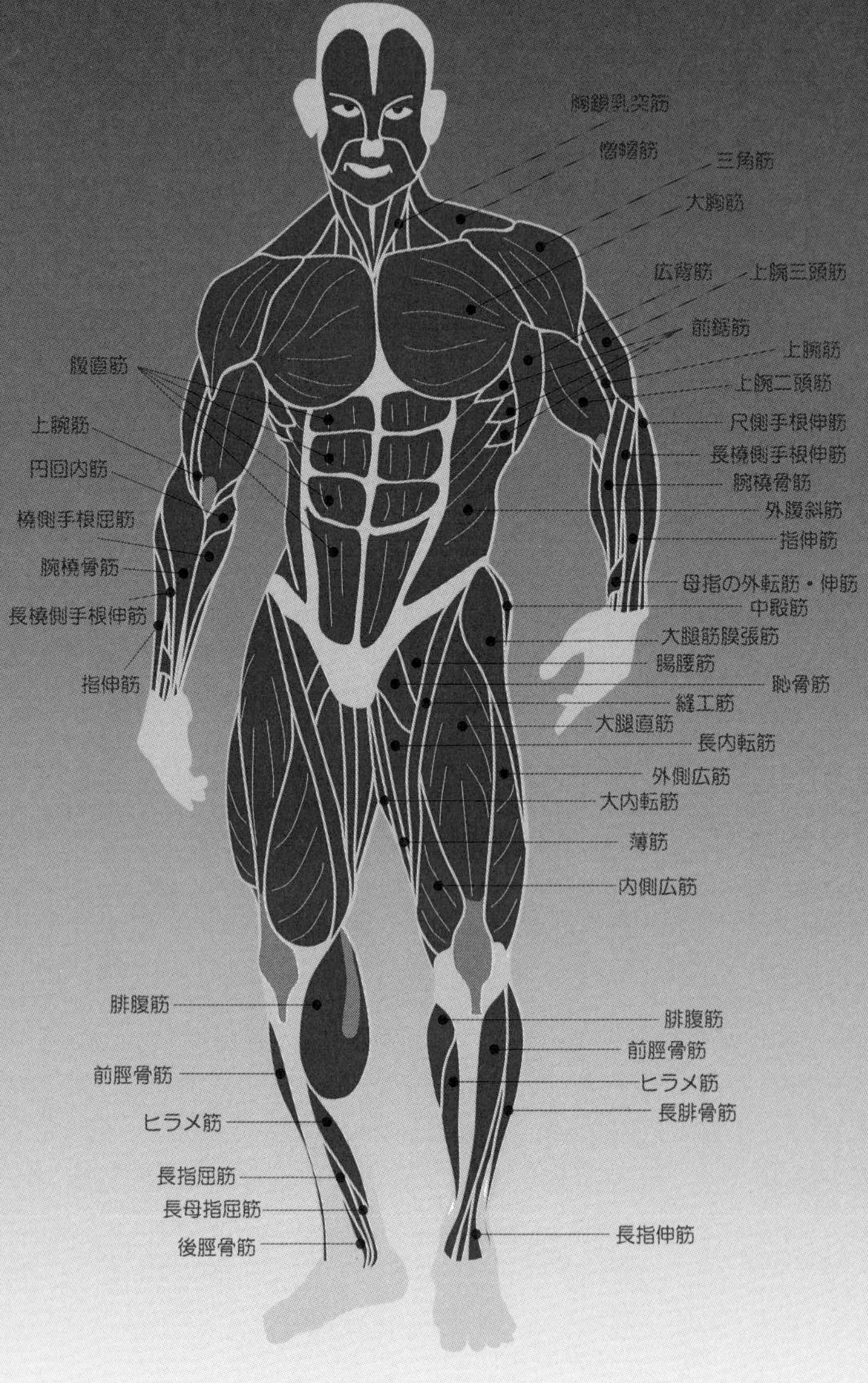
胸鎖乳突筋
僧帽筋
三角筋
大胸筋
広背筋
上腕三頭筋
前鋸筋
上腕筋
上腕二頭筋
尺側手根伸筋
長橈側手根伸筋
腕橈骨筋
外腹斜筋
指伸筋
母指の外転筋・伸筋
中殿筋
大腿筋膜張筋
腸腰筋
恥骨筋
縫工筋
大腿直筋
長内転筋
外側広筋
大内転筋
薄筋
内側広筋
腓腹筋
前脛骨筋
ヒラメ筋
長腓骨筋
長指伸筋
腹直筋
上腕筋
円回内筋
橈側手根屈筋
腕橈骨筋
長橈側手根伸筋
指伸筋
腓腹筋
前脛骨筋
ヒラメ筋
長指屈筋
長母指屈筋
後脛骨筋

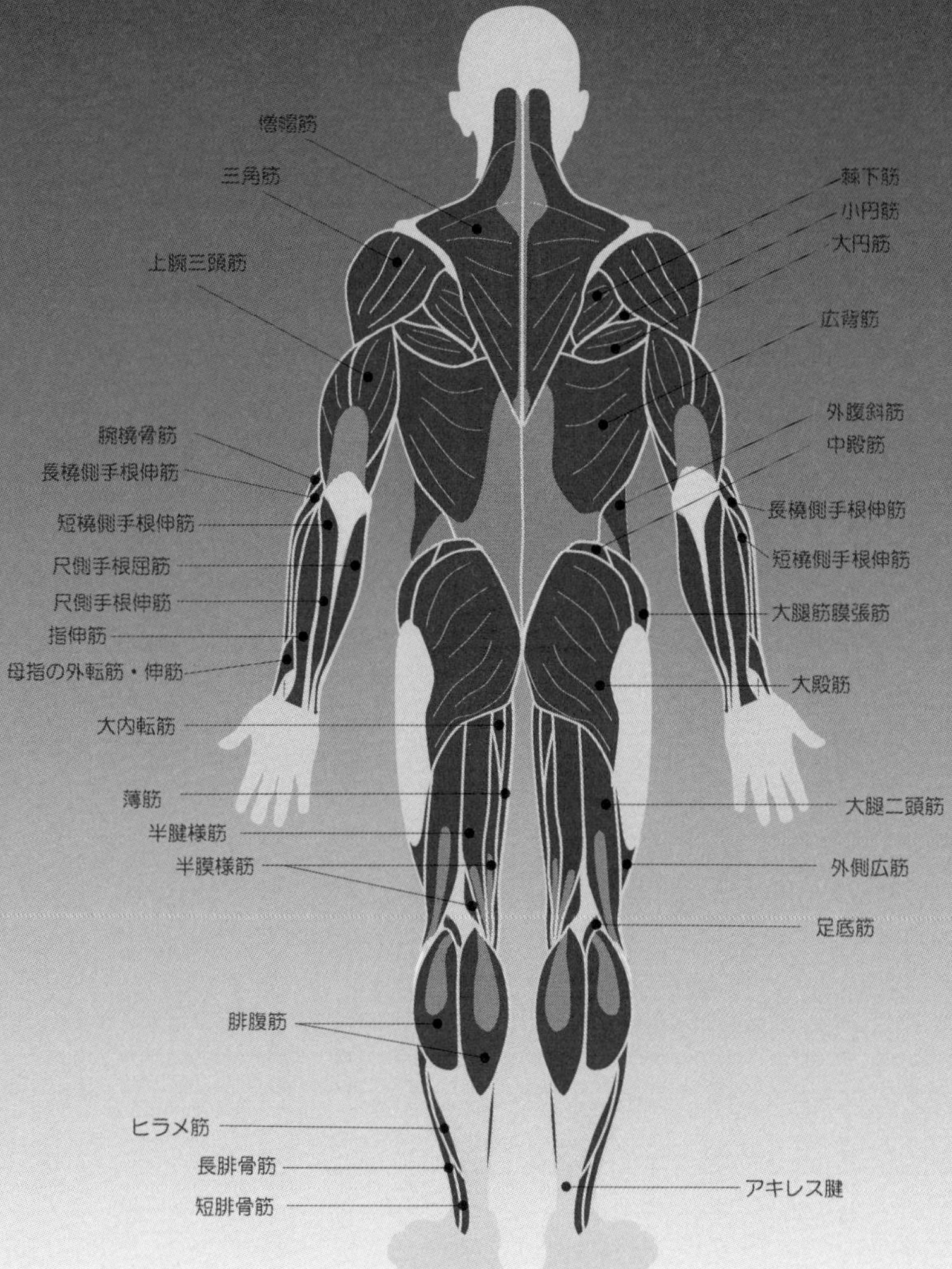
僧帽筋
三角筋
上腕三頭筋
腕橈骨筋
長橈側手根伸筋
短橈側手根伸筋
尺側手根屈筋
尺側手根伸筋
指伸筋
母指の外転筋・伸筋
大内転筋
薄筋
半腱様筋
半膜様筋
腓腹筋
ヒラメ筋
長腓骨筋
短腓骨筋
棘下筋
小円筋
大円筋
広背筋
外腹斜筋
中殿筋
長橈側手根伸筋
短橈側手根伸筋
大腿筋膜張筋
大殿筋
大腿二頭筋
外側広筋
足底筋
アキレス腱

私の解剖学事始

学生時代は体育の学部と大学院で学びました。実際に解剖学に興味を持ち始めたのは学部生時代です。解剖学の授業、競技活動と共に、陸上競技部の「トレーナー勉強会」では部位ごとの傷害と基礎的な解剖を上級生が作った資料で勉強しました。これらがきっかけとなって、図書館にあった、筋の起始・停止や支配神経が記された『図説筋の機能解剖』と出会い、それぞれの筋が生み出す動きに思いを馳せました。

このころから機能解剖の理解が傷害の原因理解や根拠を持ったトレーニングの開発に必須だと感じるようになりました。そんな経緯もあって、3年生になると自然な流れで応用解剖学研究室に所属し、岡田守彦先生、髙井省三先生、そして当時研究員だった小島龍平先生から多くのことを学ぶことになります。

自然人類学がご専門の岡田先生とは実験の場で表面筋電図の記録方法を学ぶことからはじまり、機能解剖学的な視点から、筋どうしの「働き合い」について深く考える視点を学びました。Rasch & BurkeのKinesiology and applied anatomyをきっかけとしてLombard's Paradoxをはじめとした二関節筋の不思議に触れ、Basmajianの Muscles Aliveに導かれて筋電図を利用した機能解剖学の世界を垣間見ました。先生と共に学術論文を一文一文読み取りながら、身体の運動機構の精妙さとそれに向けられた先人の視線の一端にふれて、筆者の競技的学問的追究の方向性は自然に定まっていったと思います。

　発育発達学がご専門で、医学部で解剖学の教育にも長く携わられた高井先生とは、小島先生や院生の先輩方を交えて局所解剖のテキストであるBasmajianのGrant's Method of Anatomyを読みました。

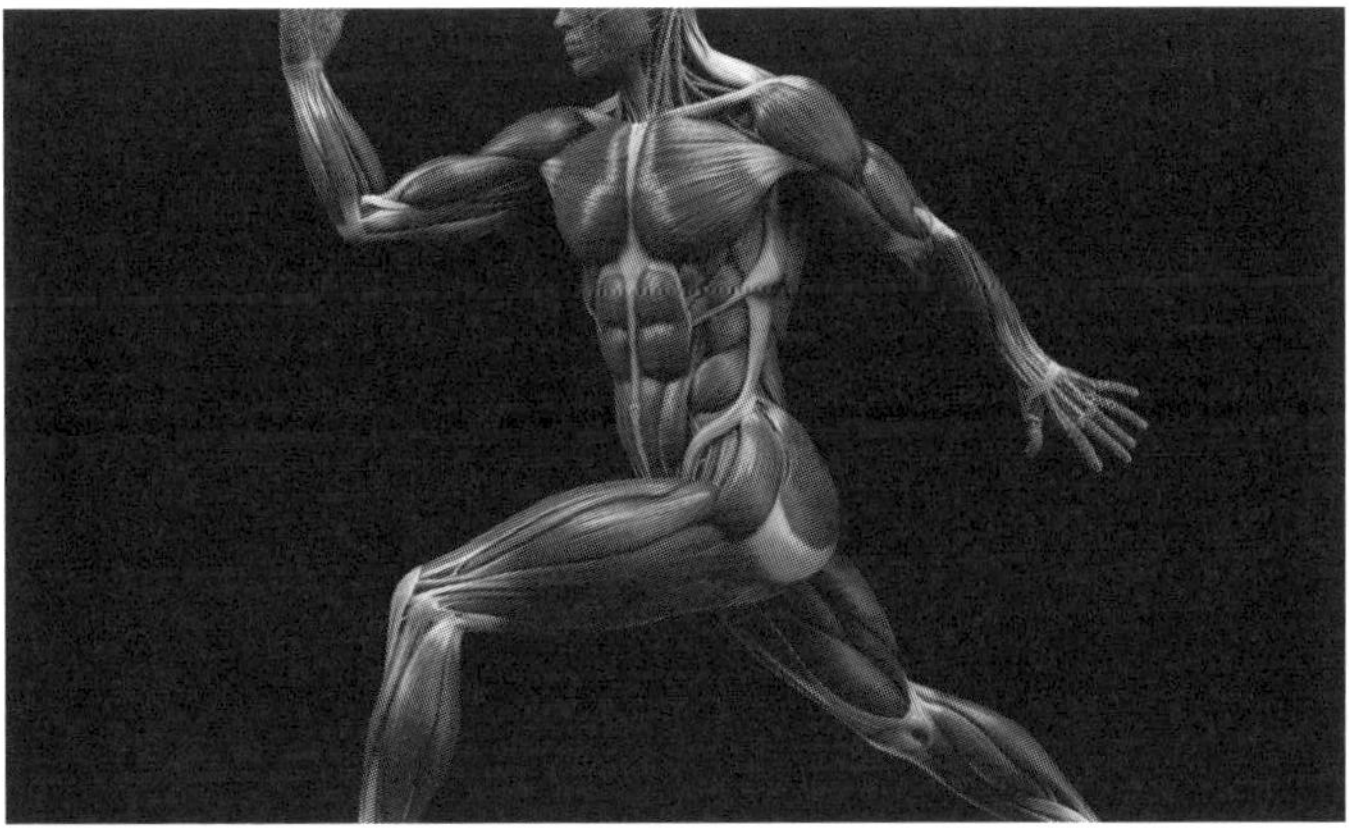

ここで実際に解剖（Dissection）の経験が豊富な髙井・小島両先生のお話を伺いながらイメージを膨らませつつ、局所解剖に関する記述を深く読み取り、専門用語にも慣れたことが、その後の解剖学的視点からの探索に大きな影響を及ぼしました。また、同時に大学の授業で実施された「骨学実習」での人骨の観察やカニクイザルの解剖が、動いている生体を解剖学的な視点で見る基礎となったと感じます。

このようにして周囲の人にきっかけをつくっていただき学んだことを、競技者として、またコーチとして陸上競技の場面で検証していくことが日常になっていきました。体育・スポーツの世界に身を置きながら、解剖学的視点で、問題の分析や課題の解決を行うことが、自分を特徴づけるものであり、日々そのような視点から「身体」や「動き」を取り扱うことが自分らしさでもあるという感覚が今は自分の中に根付いているのだと思います。今後も現場的視点と研究者視点の間を境目なく行き来していきたいと思います。

Chapter 1

筋の力発揮特性と補助機構のはなし

腱鞘と滑液包のはなし

ケンショーエン？

「ケンショーエン」――子どもの頃、この不思議な響きの言葉が気になって仕方ありませんでした。前腕に湿布を貼ってきた友人に「どうしたの？」とたずねると、「テニスでケンショーエンになってもうた」とのこと。「なんじゃそりゃ」と思いながら、名前から想像できない、その意味するところになんとなく興味を抱いたのでした。

筆者の理解の中では、まもなくそれは「ケンショー炎」へと姿を変えましたが、じゃあ「ケンショー」は何か？　なにか腱と関係ありそうだな……、くらいのあたりはつきましたが、その正体である「腱鞘炎」にたどり着くにはしばらくの時間がかかりました。

腱鞘の存在を知ってからも、書籍などで腱の周りに〝ソーセージ〟か〝きりたんぽ〟のように描かれている腱鞘を見て、「腱の鞘《さや》」というくらいだから、その中に腱が収まっているんだろうという理解は持ちました。しかし、いったいどうなっているんだという構造に関する疑問はなかなか消えなかったのです。

一方で、滑液包という言葉を知ったのは、大学に入ってからです。「鵞足部滑液包炎《がそくぶかつえきほうえん》」という膝周りの障害の名称を聞いて、滑液包がなにかわからず、障害名だけが頭の中を漂っているような状態でした。その後、意外にもこの得体の知れない二つの解剖学的な構造に共通点があるということを知ることとなり、まさかの関係に興味を持ったのでした。

滑膜関節と滑液

我々の骨同士の結合にはいくつかの種類があります。線維性の結合（靭帯による結合や頭蓋骨の縫合）や軟骨による結合、骨同士直接の結合など様々ですが、多くの可動性を有する関節は「滑膜関節《かつまくかんせつ》」と呼ばれます。

滑膜関節の大まかな構造を考えてみましょう（図1）。骨同士が直接ぶつかる部分には関節軟骨があり、関節を包む袋として関節包があります。関節といえば、まず思い浮かぶ大き

図1　滑膜関節の基本構造（模式図）

関節を包む関節包の内側面は滑膜で裏打ちされている。滑膜は滑液を分泌し関節腔内に供給している。滑液は関節の動きを滑らかにし、軟骨に栄養を供給する。

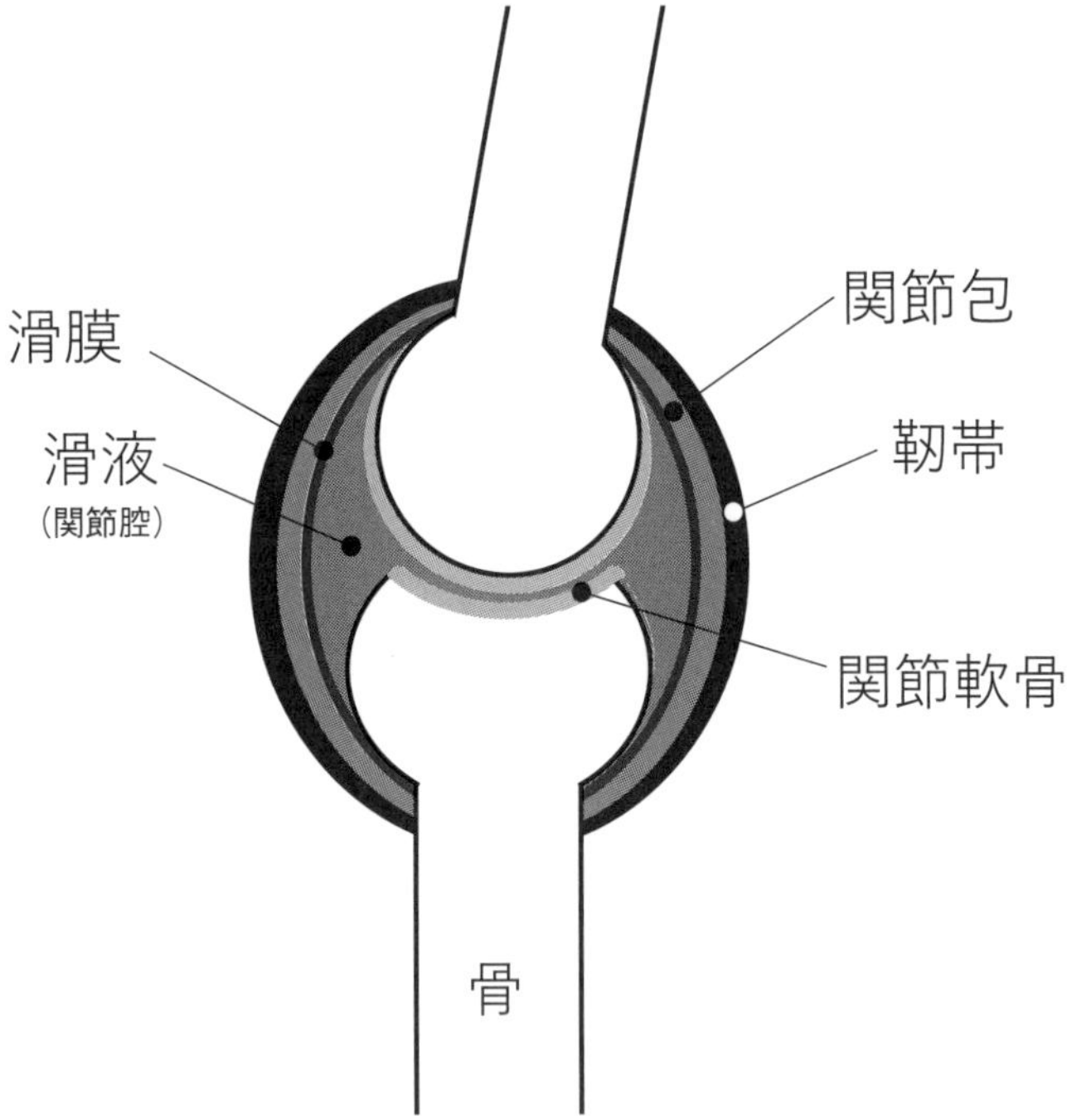

な膝関節はもちろん、手指の関節も、脊柱同士をつなぐ椎間関節も滑膜関節です（椎体同士の結合は椎間円板による軟骨結合です）。あまり可動性が大きくないですし、不動関節として扱われることもあるため意外かもしれませんが、仙骨と腸骨の間の関節である仙腸関節も滑膜関節の一つです。

関節包は、関節全体を包むカプセルです。実際に英語で関節包のことを〝capsule〟「カプセル」というのです。このカプセルの中には、骨と軟骨の実質とともにその隙間「関節腔」も含まれています。そして関節包の内側（関節腔側）を「裏打ち」するのが滑膜です。

滑膜は、多くの分泌細胞を有しており、ヒアルロン酸やタンパク質を多く含む「滑液」という「関節の潤滑油」を分泌します。関節腔内の液体には、この滑液が含まれており、関節の動きを滑らかにしたり、血液の供給が豊富ではない軟骨に栄養を送る主要なルートになっています（Smith, 2011）。

血管や神経の分布も豊富で、慢性的な関節の痛みの原因として、この滑膜の炎症や増殖が挙げられています。また、関節リウマチではこの滑膜がたくさんの炎症性サイトカインやタンパク質分解酵素を放出して関節を破壊することがあります。

滑膜組織としての腱鞘・滑液包

このような滑膜ですが、関節でないところにも存在します。それが腱鞘や滑液包なのです。通常、腱は筋と骨、筋と筋をつないで張力を伝達しています。筋が大きく方向を変える部位や周囲との摩擦の強い部位（両者は共通のことが多い）では、筋の走行は腱で置き換えられるようです（すべてそうだという自信がありません。膝関節の伸筋や一部の足指の屈筋のように種子骨を伴う場合もあります）。

具体的には手指や手関節（手首）をまたぐ筋群や、足指の屈筋・伸筋、腓骨筋群や後脛骨筋、変わったところでは顎二腹筋《がくにふくきん》や、膝窩筋《しっかきん》、滑車で走行を鋭角に変える眼球の上斜筋などです。さらに、その方向変換や摩擦にさらされる部位には、いわゆる腱鞘やそれに類似した組織があるようです。

腱鞘は、それ自体が袋状の構造で、運動中に腱が移動する際、腱と周囲の組織（骨や支帯）との摩擦を内部に備えた滑膜、そして滑液の摩擦で肩代わりする働きを持っています（図2）。腱鞘が炎症を起こした状態では、内部の滑液が増えて腫れた状態になったり、滑膜の滑りが悪くなって症状が強い例では〝ミシミシ〟音を立てたり（握雪音《あくせつおん》、捻髪音《ねんぱつおん》）することがあります。

腱鞘炎として最もよく耳にするのはde Quervain（ドケルバン）病で、手の母指の伸筋と外転筋にかかわる腱鞘（図3）の炎症です。足部でも腱鞘があるところは障害が起こりやすい部位です。長短二つの腓骨筋腱《ひこつきんけん》が隣接する足部外側でも、根強い炎症がランナーを苦しめることがあります（図4）。

滑液包は滑膜でできた薄い袋で、袋の内面が滑膜で裏打ちされています。滑液包も、腱鞘と同様に組織間の摩擦が強く、移動が大きいなど、物理的な刺激が強い部位にあります。関節腔と連絡していることもあります。わかりやすい例として、足の踵付近の事例を見てみましょう（図5）。

踵（踵骨《しょうこつ》）のアキレス腱付着部付近には、二つの滑液包があります。一つは踵骨と皮膚の間にある踵骨の皮下包《ひかほう》、もう一つはアキレス腱と踵骨隆起の間にあるアキレス腱下包《けんかほう》です。

皮下包はつま先立ちのような強い足関節底屈の姿勢でしわができるような、骨と皮膚の間の位置関係の変化や皮膚の変形の大きな部位にあります。同様の例は、肘頭《ちゅうとう》の皮下や膝蓋骨《しつがいこつ》

図2　腱鞘と腱，支帯の関係（模式図）

腱を支える線維性の帯である支帯と腱の間に腱鞘がある。腱鞘の内部は滑膜で裏打ちされており、そこから分泌される滑液で満たされている。腱が運動する際は滑液で摩擦が軽減される。

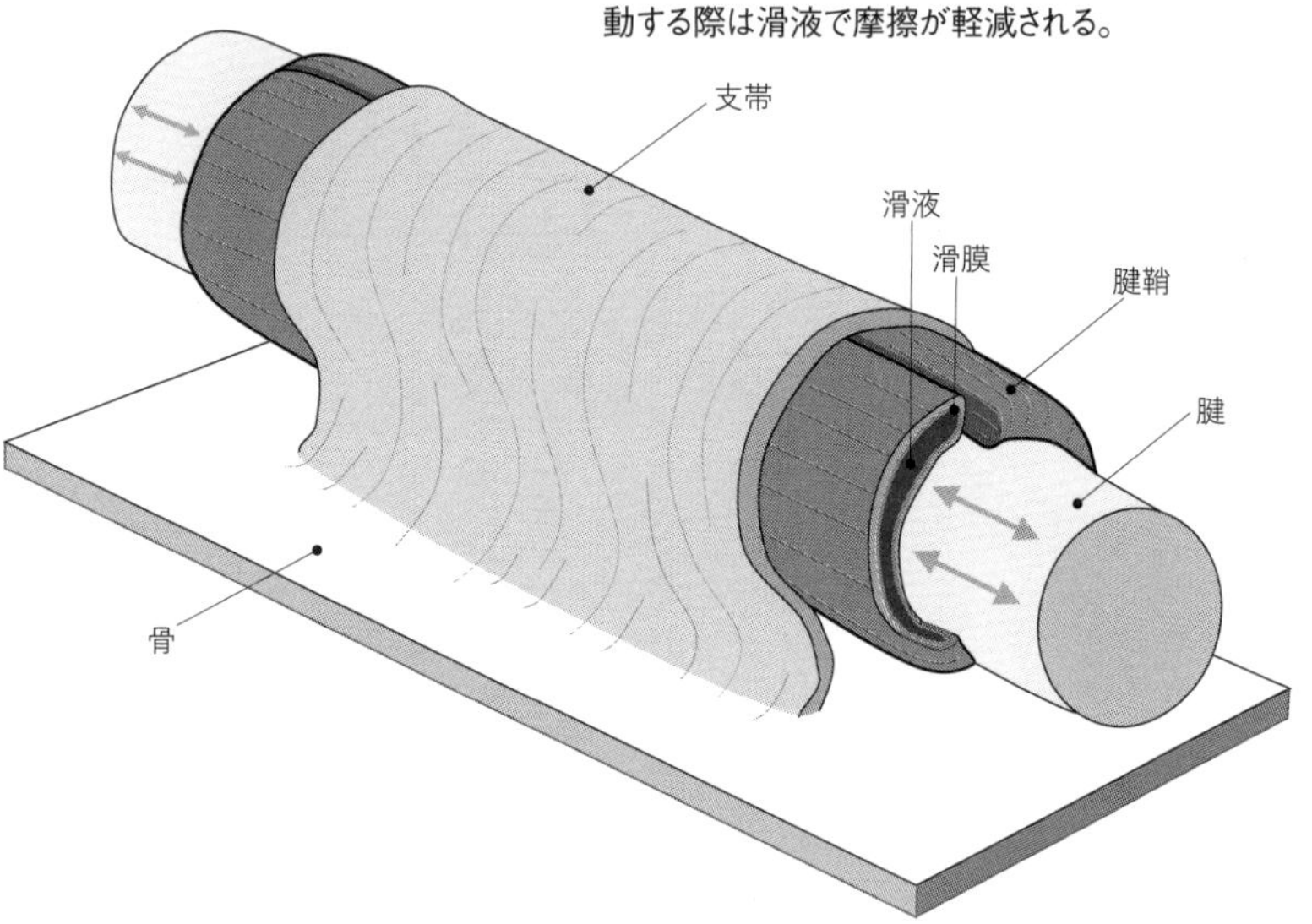

腱鞘は、それ自体が袋状の構造で、
運動中に腱が移動する際、
腱と周囲の組織（骨や支帯）との摩擦を
内部に備えた滑膜、
そして滑液の摩擦で肩代わりする働きを持っている。

図3 手背の腱と腱鞘(左手)

前腕から手に入る筋群の腱は手関節周辺で伸筋支帯の深層を通過する。摩擦や圧迫が強いこれらの部分には腱鞘があって、腱の動きを滑らかにし、摩耗を防いでいる。

●印の2腱の腱鞘炎がde Quelvain病。

Gray's Anatomy (1928)public domainの図に筆者加筆。

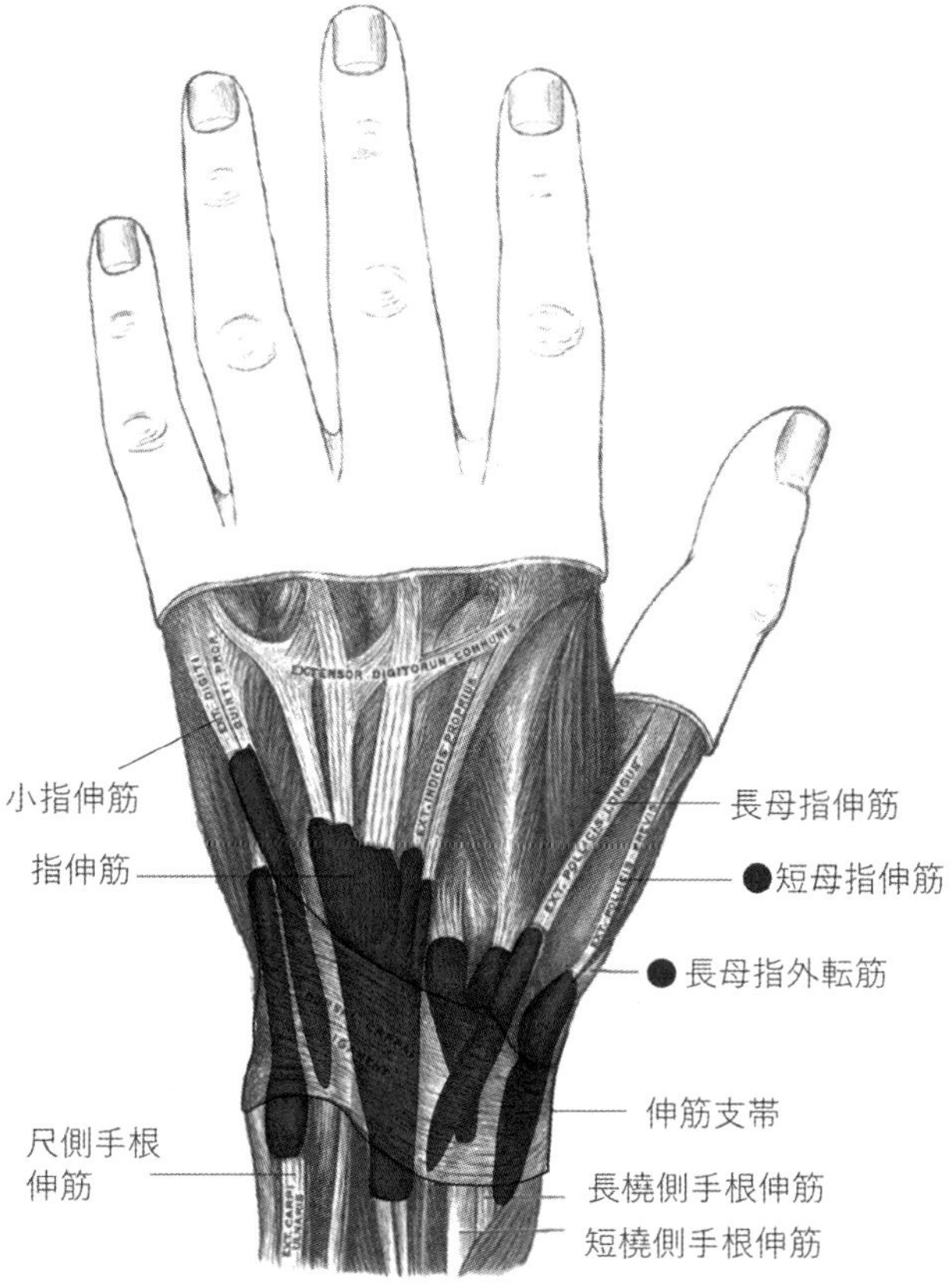

図4　足背と足部外側の腱鞘（右足）

下腿から足部に入る筋群の腱は足関節周辺で支帯《したい》に支えられて大きく方向を変える。摩擦や圧迫が強いこれらの部分には腱鞘があって、腱の動きを滑らかにし、摩耗を防いでいる。

Gray's Anatomy（1928）public domainの図に筆者加筆。

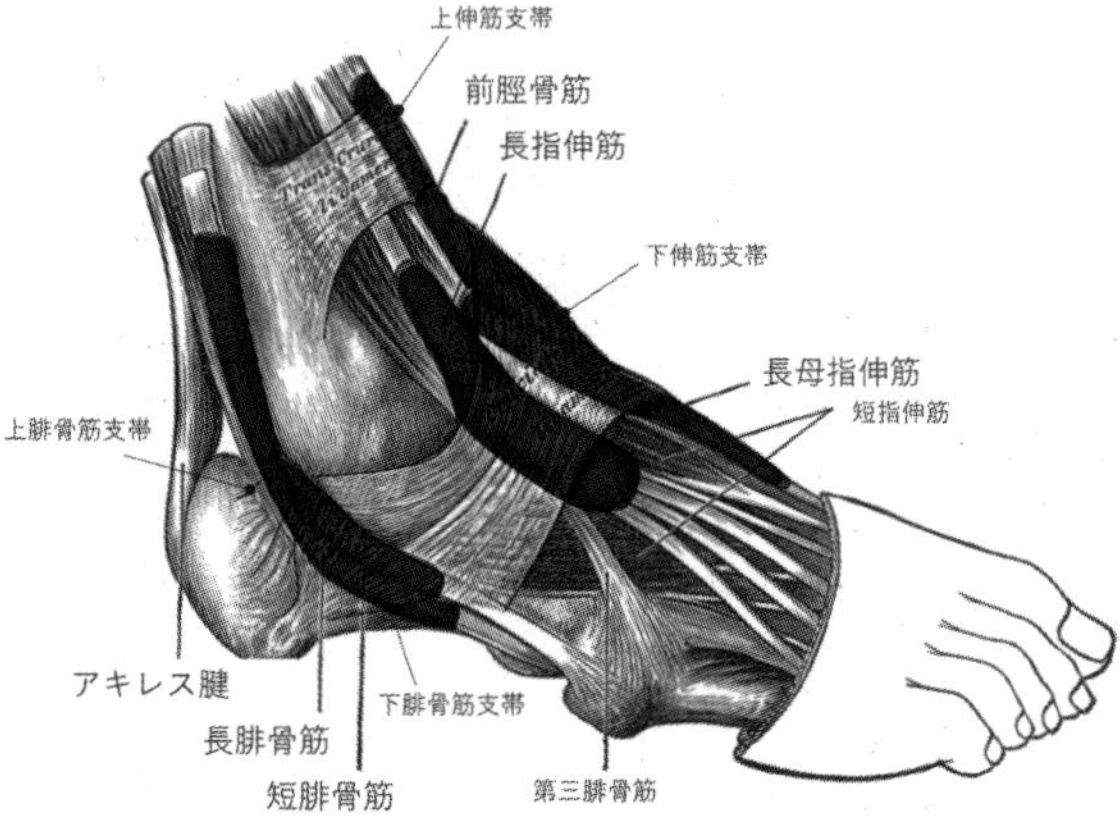

図5　足部アキレス腱周辺の滑液包（模式図）

アキレス腱周辺には皮膚とアキレス腱の間に皮下包があり、皮膚が滑らかに移動することを助けている。さらにアキレス腱と踵骨の間に腱下包があり、アキレス腱と踵骨の圧迫や摩擦を軽減している。どちらの滑液包も傷害の好発部位である。

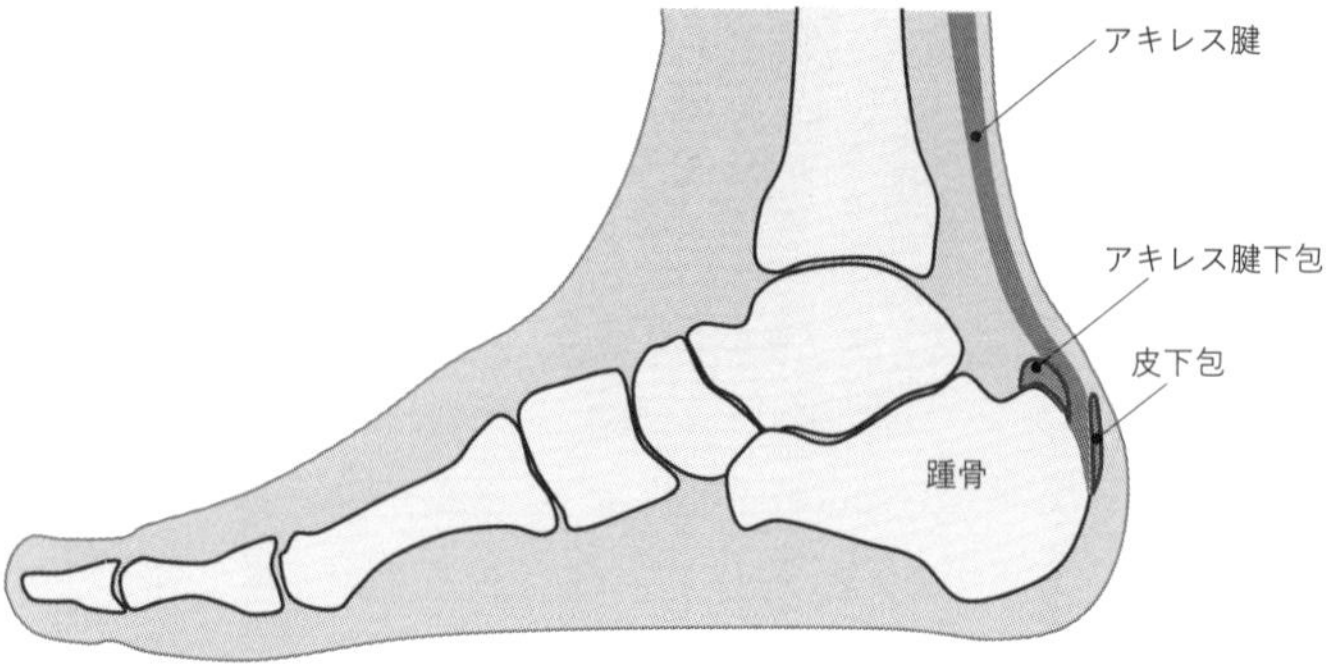

の皮下にあるものが挙げられるでしょう。

強い腫れを伴う踵部皮下包の炎症は、パンプバンプ（Pump Bump）として知られ、シューズと皮膚の間の圧迫や摩擦によって誘発され、競技者でも比較的高い頻度で見られます。皮下包の直下にある踵骨の出っ張りが大きな人で症状が誘発されやすいようです。

腱下包は位置関係から分かるように、足関節への強い衝撃とアキレス腱の高い張力が考えられる背屈位では、アキレス腱と踵骨との間に強く挟まれ、両者の摩擦をやわらげ、強い圧迫のクッションになっています。底屈位では逆に踵骨とアキレス腱との間にスペースが空いて、それに伴って引き伸ばされることでしょう。

腱下包の炎症は、アキレス腱実質やパラテノン（腱周膜）の炎症と混同されやすいのですが、アキレス腱と踵骨の付着部に特徴的な痛みが出るものです。運動時は高い負担を強いられ、日常生活でも物理的な刺激が常に生じやすい部位のため、慢性化しやすいことで有名です。

現場で困ること

腱鞘に関しては、比較的その存在部位についても一般に知られており、何か問題が起こったときでも、腱鞘の炎症を想定して対処することが行いやすいかもしれません。

その一方で滑液包に関しては、そもそもどこにあるのかわからないという印象があります。実際、可動性の大きな関節周りには、その機能的な要求から数多くの滑液包が配置されています。筋と筋の間や、骨と筋、腱の間などです。局所解剖図で股関節周りを見ても、腸腰筋と大腿骨頭の間や、腸腰筋と小転子との間、中殿筋と大殿筋の間など構造物同士がこすれあう部位に観察することができます（部戸,2000）。しかしこの配置には個人差も大きいことが予想されます。

この滑液包に炎症が起こった際は、その正体に気づくことが難しく、慢性化させてしまうことがあります。実際、深部の滑液包が出す痛みは周囲に放散したり、原因となる部位が限定できないことも多いように思います。「痛みならば筋か腱だろう」くらいに思っていると、どうも筋とも腱とも違う、筋と筋の隙間に痛みを感じたりします。筋間にアプローチする比較的強い刺激や、モビライゼーションで改善する例も見られます。

しかし、痛みや違和感の原因について、そもそもそれが滑液包なのか、それとも単に結合組織なのか、そのほかの原因なのか、はっきりしないことも多く、開けてみないとわからない（開けてもわからない？）のかもしれません。そのあたりが、滑液包の得体の知れないところです。

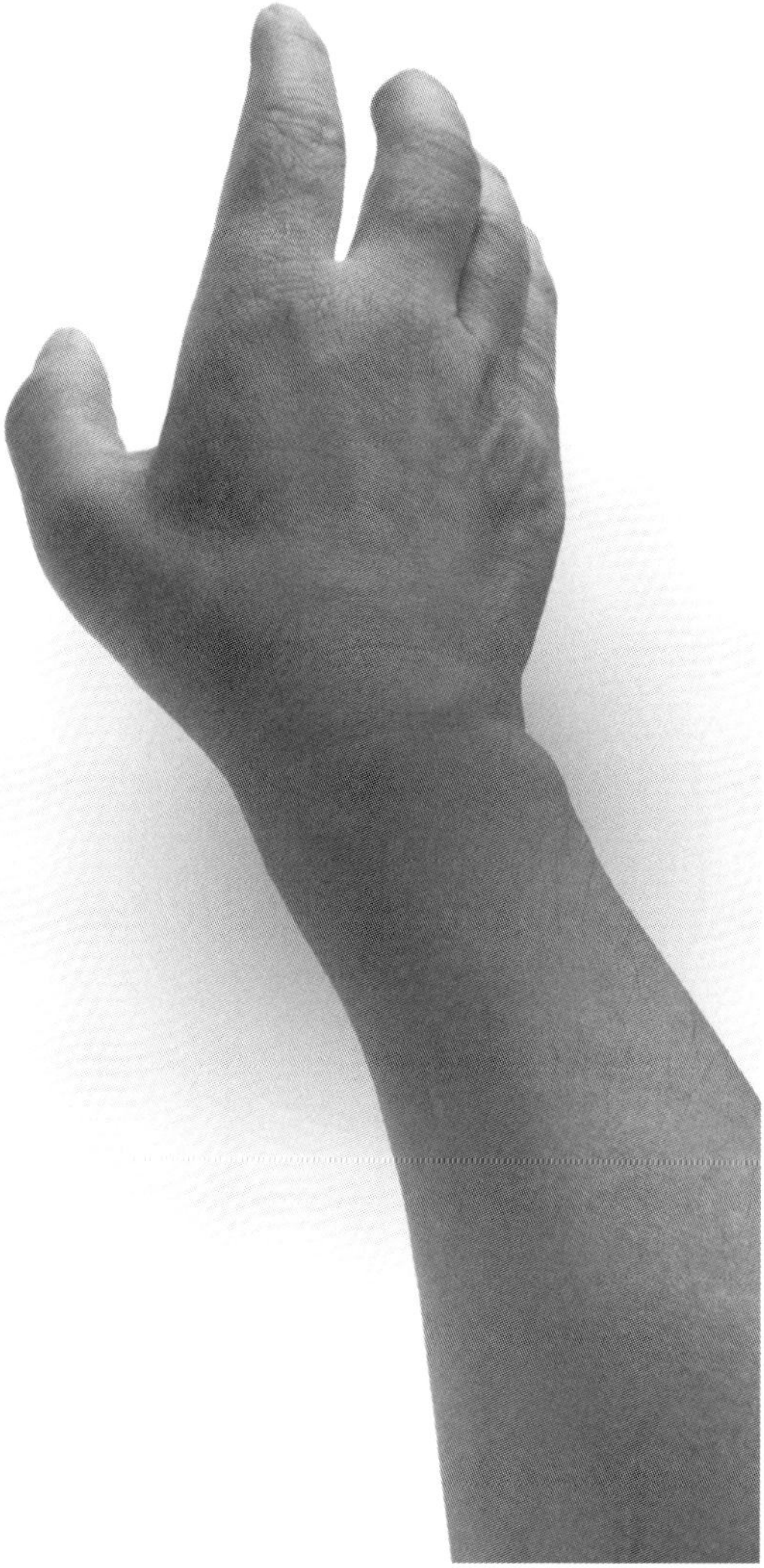

筋収縮の生理学的特性

大地を蹴って進むとき

両足が地面に着くような高さの自転車に乗って、ペダルを漕がずに地面を蹴って進んだことがありますか？　推進の始まりはグイグイと感触が良く、頑張れば頑張るほどスピードが出るのですが、だんだん空振りするようになっていきます。そういえば、片足で地面を蹴って三輪車を推進していた遠い昔にもそんな感覚がありました。

少々の時を経て筆者の砲丸投げ動作時、ある努力度を超えると、助走（正確にはターンやグライド）を頑張れば頑張るほど、肝心の投げでは頑張れなくなってしまいました。動作速度に限界があるという観点から、これらは当たり前といえば当たり前なのですが、身体の中では何が起こっているのでしょう。一方、運動に関わる関節の曲がり具合、伸び具合（姿勢・肢位）も筋力の発揮に大きな影響を与えます。握力計のグリップ幅は、広すぎても狭すぎても力を出しにくいものです。

このような関節運動の速度や、筋の長さによって力発揮が行いやすい、行いにくいといった状況の背景には、筋の速度-張力関係や長さ-張力関係が影響しています。

筋の速度-張力関係・長さ-張力関係

図1は筋の発揮できる張力が、筋線維の短縮速度や、筋線維の長さによってどのように変化するのかを、模式的に示したグラフです（Fridién and Lieber, 1992を参考に

図1　筋の速度-張力関係と長さ-張力関係
(Fridién and Lieber, 1992を参考に筆者作成)

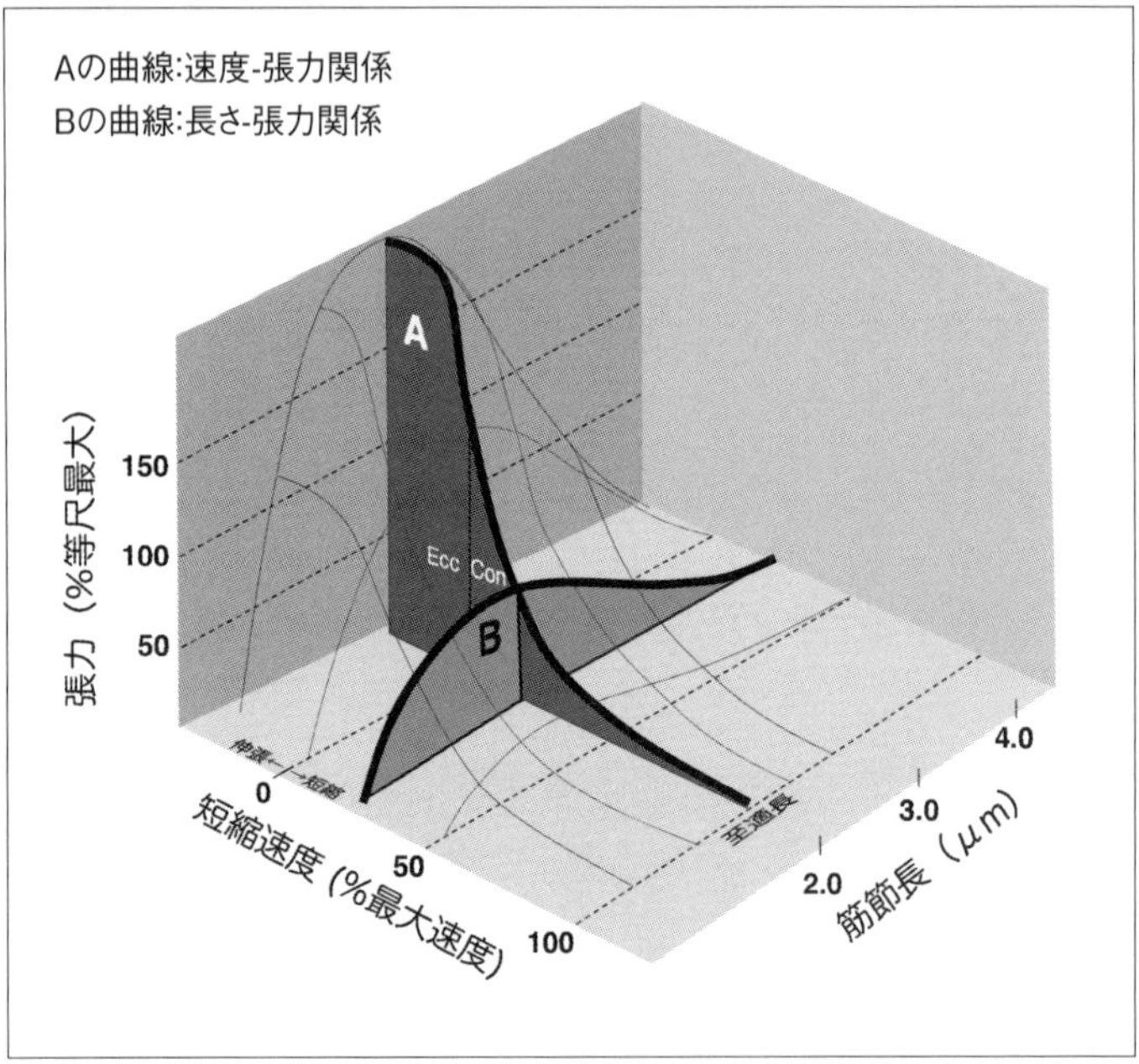

関節運動の速度や、
筋の長さによって力発揮が行いやすい、
行いにくいといった状況の背景には、
筋の速度-張力関係や長さ-張力関係が影響している。

筆者作成）。

このグラフでは高さ方向に張力をとり、水平の2軸は短縮速度と筋の長さを示しています。グラフ中のAの曲線は速度と張力の関係を示したものです。短縮速度が大きくなるほど筋が出せる張力は小さくなっていくことがわかります。逆に短縮速度が小さくなると、筋の出せる張力が大きくなり、短縮速度が0を下回る――つまりエキセントリックな（伸張性）収縮では、張力はさらに大きくなっています。これが、「筋の速度-張力関係」で、F-V（Force-Velocity）Relationshipともいいます。

Bの曲線は横軸に筋の長さ、縦軸に筋の張力をとりプロットしたものですが、張力のカーブは中央の「至適長」と呼ばれる筋の長さに相当する高い部分があり、山なりの特性を示します。筋が長すぎても短すぎても、出せる張力は小さくなっていくことがわかります。これが、「筋の長さ-張力関係」です。

筋の微細構造と張力

これらの、「速度-張力関係」や「長さ-張力関係」の背景には、筋が張力を発生する機構そのものがあります。ちょっと小さいところの話になりますが、図2は、筋の微細構造を模式的に示したものです。

筋節（sarcomere）の中には太いタンパク線維（ミオシン）と細いタンパク線維（アクチン）があります。この、太いミオシンの間に細いアクチンが滑り込むことで筋が短縮し張力が発生します。アクチンとミオシンの接点（クロスブリッジ）では、ミオシンの頭部がアクチンと結びつき、首を振るような運動をします。このミオシ

図2　筋の微細構造（模式図）

筋線維を構成する筋原線維には細いアクチンフィラメントと太いミオシンフィラメントがあり、ミオシン頭部とアクチンとのつながり（クロスブリッジ）がアクチンをたぐり込むことによって筋の収縮が起こる。

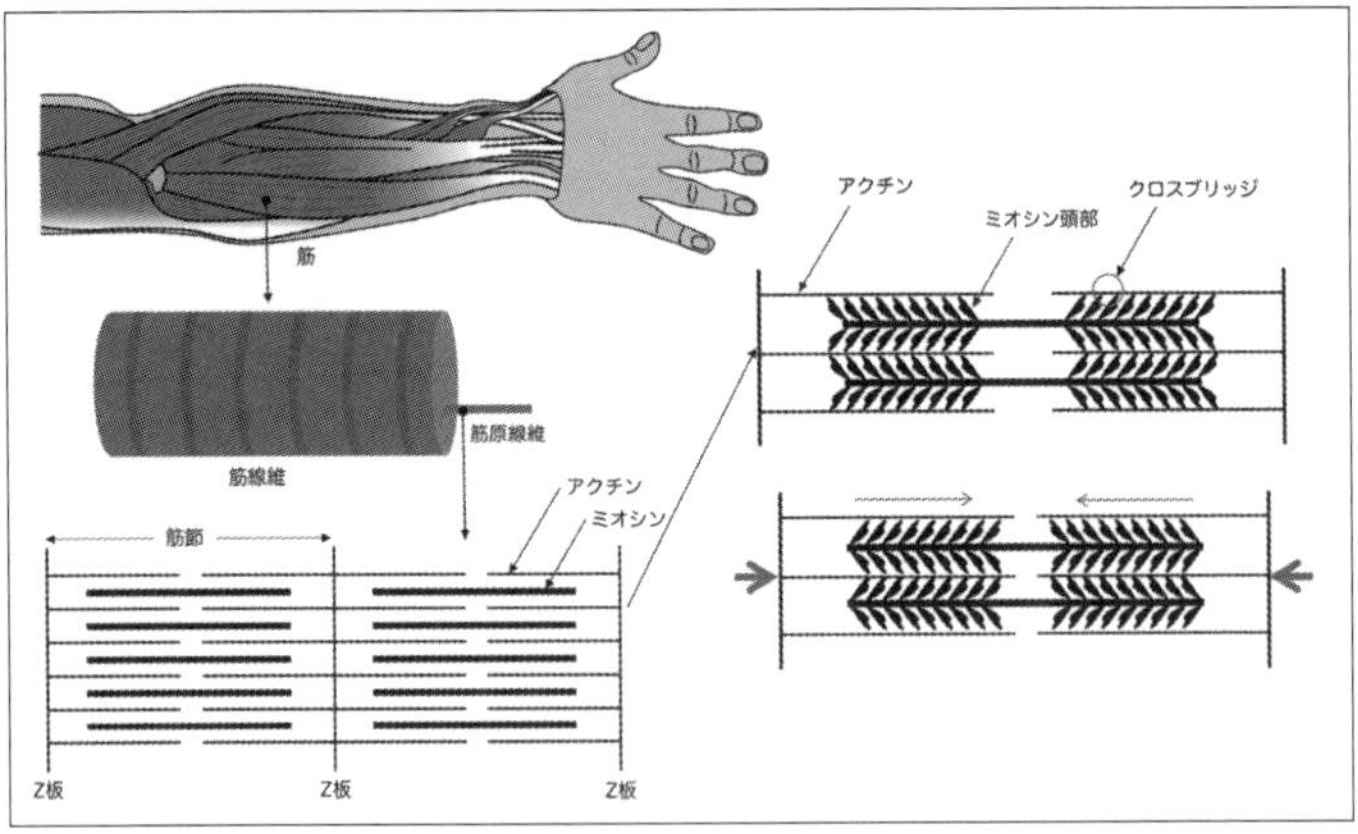

ン頭部の首振りによって、アクチンがたぐり込まれるわけです（詳細については諸説あります）。

ちなみに筋収縮の速さや、持久性などの代謝特性、いわゆる速筋・遅筋の違いは、このミオシンのタイプに大きく影響を受けます。アクチンフィラメントはミオシンの作用によって滑走するわけですが、この速度を超えて短縮することは通常できないので、このミオシンによるアクチンのたぐり込みの速度に筋全体の短縮速度も制限を受けるわけです。これが、高速になるほど張力が低くなる、「速度-張力関係」の主因と考えてよいでしょう。

長さ-張力関係とクロスブリッジ

それでは、「長さ-張力関係」はどこから来るのでしょうか。握力測定の事例と同様、筋節のレベルで見ても、筋は短縮しすぎても、伸張しすぎても張力が制限されます。前述のように筋の張力はアクチンとミオシンの間のクロスブリッジで発生します。つまり、関与するクロスブリッジが多いほど発生する張力は大きくなります。

張力発揮に関わるクロスブリッジは、アクチンとミオシンの重なり合いの部分に生じます

（図3）。両者の重なり合いの幅によって発生する張力が変化しますから、筋が長すぎるところではお互いの重なり合いが小さくなり張力の低下が起こります。逆に極端に短縮したところではアクチン同士の重なり合いができ、ミオシンが筋の収縮に有効に作用しない部分が出てきます。アクチンとミオシンとの距離が遠くなったり、内圧が高くなるなど、スムーズな収縮を制限する要素によって発揮できる張力が低下するといわれています。

このように筋節の長さ変化が張力を左右するわけです。このことからおのずと張力発揮のための至適長があることもわかります。

受動的(Passive)な張力

実際の筋では、筋が活動していなくても（能動的に張力を発揮していなくても）、組織の伸びに従って受動的な張力が増加します。この張力の源としては、いわゆる並列弾性要素として、タイチン（コネクチン）のような先述のフィラメント間（正確にはミオシンとZ板の間）を結びつける弾性線維の関与が挙げられます。

さらに腱や腱膜を含む筋腱複合体では、いわゆる直列弾性要素としての、腱や腱膜のバネ

図3 筋の長さ-張力関係とクロスブリッジ（模式図）

筋節の長さによって、アクチンとミオシンの重なる範囲が変化し、有効なクロスブリッジの範囲も変化する。至適長付近では有効なクロスブリッジの範囲が最も広く、発揮張力も最大になる。筋節が極端に短くアクチン同士が重なり合うような状態では、有効なクロスブリッジは少なくなり、筋の内圧やフィラメント間距離の拡大などが影響して発揮張力が低くなると考えられている。

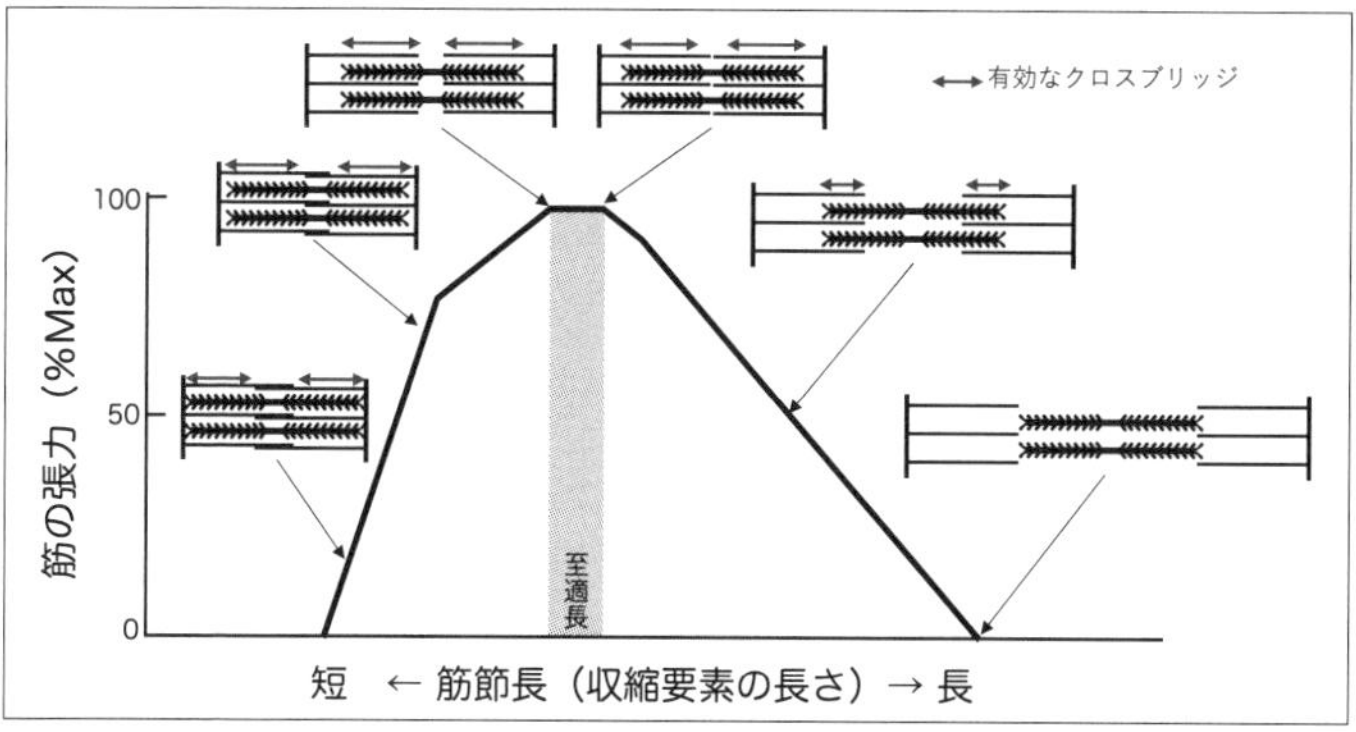

張力発揮に関わるクロスブリッジは、
アクチンとミオシンの重なり合いの部分に生じる。

様の作用が影響しています。弾性要素は破綻が起こらない限り、伸ばせば伸ばすほど張力を高めます。その点は、構造上張力発揮のための至適長がある収縮要素（筋そのもの）とは異なる部分です。

弾性要素は筋が発揮した張力を一時的に蓄積する（バネをためる）ことで、より大きな出力を実現したり、出力のタイミングをずらすことができます。二関節筋では弾性要素との相互作用を利用して筋の張力発揮の効率が良いところで、隣接する関節同士の出力を伝達しています。筋が速度や長さの点で不利な状態で作用することを回避して、効率よく作用する背景にはエネルギーのバッファーとしての弾性要素の作用が大きく関わっていると考えられます。

関節角度と発揮張力の関係

「関節角度と発揮張力との関係」は、「筋の長さ-張力関係」に加えて、関節のモーメントアーム（てこの腕）の変化による影響等も受けるため、単純ではありませんが、ひとまずここではモーメントアームのことについては触れません。

図4は等尺性の膝関節伸展筋力を関節角度ごとにプロットしたものです（Ema et al., 2017）。このグラフでは完全伸展を0°として、膝関節角度ごとの膝関節伸展トルクは膝関節が伸展位になるほど、筋力が低下していることがわかります。これは大腿四頭筋の「長さ-張力関係」が影響しています。さらに股関節角度による差は、大腿四頭筋の中で唯一股関節をまたぐ大腿直筋の「長さ-張力関係」による張力変化を反映します。

●は股関節屈曲姿勢（90°）、○は股関節伸展姿勢（0°）ですが、膝関節30°以外では、股関節伸展姿勢のほうが膝伸展筋力が小さくなっています。股関節伸展姿勢では大腿直筋が至適長を超えて引き伸ばされ、大腿直筋の出せる張力が下がっているためと考えられます。

この実験は、実験室のコントロールされた環境で行われたものですが、例えば実際の下肢を使った推進の動きの中でも、「腰が乗っている」「腰が抜けている」というような姿勢と出力の関係に気づくことがあります。このような感覚の背景には、筋の生理学的な特性も少なからず影響しているのではないでしょうか。

スプリントや投げ、ジャンプに代表されるような高速の身体運動の技術は、このような生理学的な制限を回避するように創意工夫されてきたといっても過言ではないでしょう。この

図4　股関節・膝関節の姿勢と等速性膝関節伸展トルク（Ema et al.,2017を筆者改変）

角速度180°/秒の動作速度。膝関節角度（完全伸展を0°として）30°、50°、70°、90°における膝関節伸展トルク。●股関節屈曲位（90°）と○股関節伸展位（0°）の比較。股関節の姿勢によって大腿直筋の筋長に違いが生じる。●＞○は大腿直筋の長さ-張力関係による張力変化を反映している。＊は股関節角度の違いによる有意差あり。

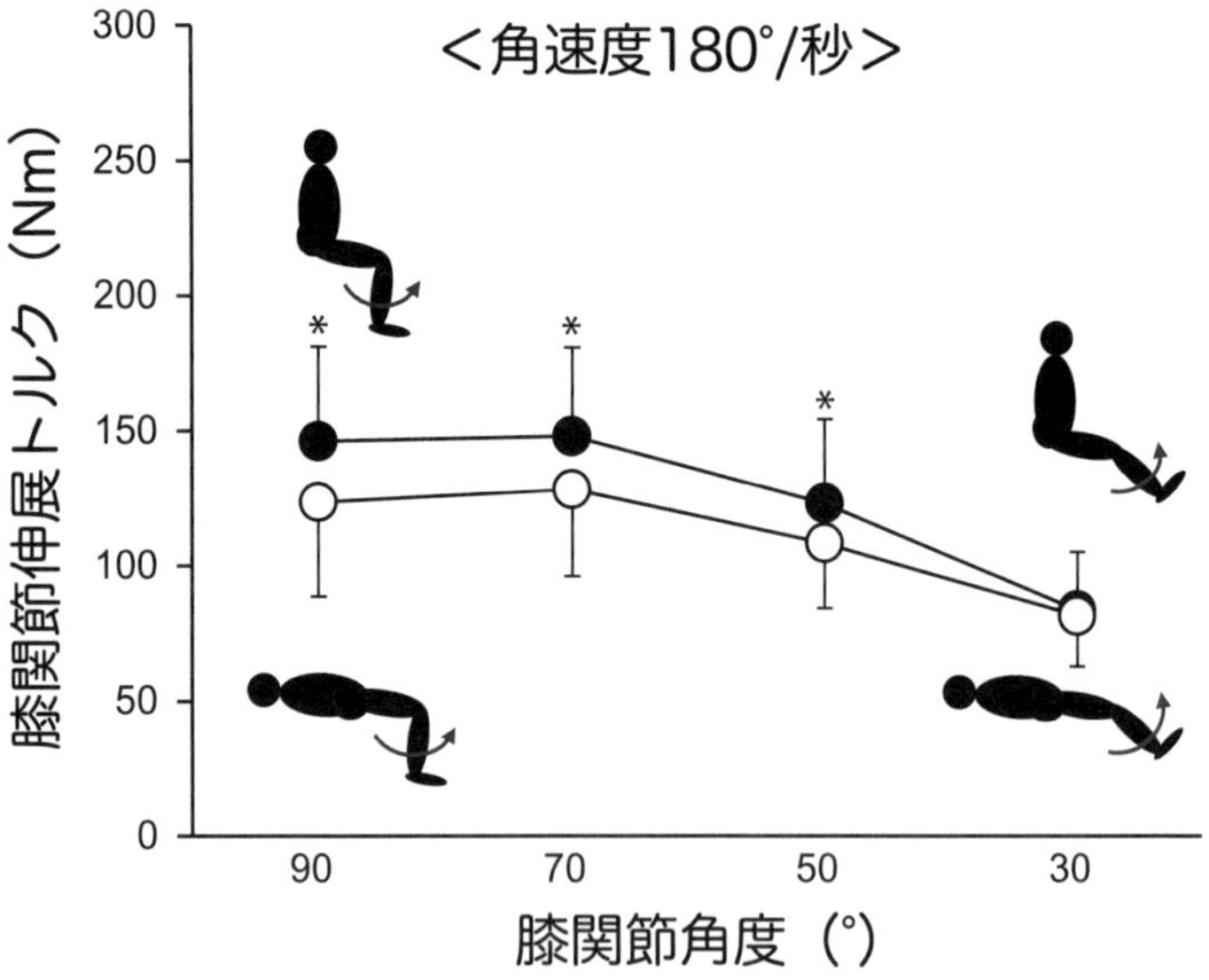

技術というのは、局所筋短縮速度の限界を回避するようなキネティックチェーンの使い方であったり、弾性エネルギーの利用を促進する技術などが考えられます。

筋のLength Operating Rangeのはなし

前節のお話の中で、「筋の長さ-張力関係」について触れました。個々の筋は、その引き伸ばされ具合によってアクチン、ミオシン間のクロスブリッジの状況が変化して、発揮できる張力が変化します。

具体的には、横軸に筋の長さ、縦軸に張力をとってプロットしてみると、張力のカーブは中央の「至適長」に相当する高い部分があり、山なりの特性を示します。筋は長すぎても短すぎても、出せる張力は小さくなっていく特性を持っているわけです。

一方で我々の身体に配置されている筋は、それぞれ、どの程度引っ張られて、あるいは緩めて配置されているのでしょうか。この骨格への「取り付け」の設定状態によって、個々の筋は生体内でそれに応じた力学的な特性を示すことが予想されます。

「Sarcomere Length Operating Range」とは

通常の動作範囲における、筋すなわち筋節の長さの範囲を表す視点に、「Sarcomere Length Operating Range（筋節の長さ操作範囲）」という考え方があります。

図1は腰椎に付着する多裂筋と大腰筋について、実際の動作範囲が、長さ–張力関係のどの範囲に相当するかを示したものです（Regev et al., 2011）。

図1をよく見てみましょう。いわゆるローカル筋として腰椎の安定に関わることで知られる多裂筋は、生体内での長さの範囲が、長さ–張力カーブの上り区間（Ascending Limb）に配置され、腰椎の屈曲位で最も張力の出しやすい「至適長」を迎えます。

一方で大腰筋は、長さ–張力カーブの下り区間（Descending Limb）に配置され、股関節の深い屈曲位で至適長を迎え、股関節が伸展すればするほど、能動的に出せる張力は弱くなっていくことがわかります。著者（Regev et al., 2011）は、大腰筋は走りや歩行といった運動よりも、座位や深い前屈位に相当する股関節屈曲位での力発揮に適合するように「デザイン」されたのだろうと考察しています。この合目的的デザインが、どれくらいの時間で、どのようにして実現されたのかは、非常に興味深いですが、複雑な背景があると思います。

解剖学者の山田致知は、ゲーテの言葉として『牛は突くために角があるのではなく、角があるから突くのである』というものを引用するとともに、「初めに形態があり、そこに機能が住まうと考えるのが論理的である」としています。

確かに、運動器に「比較的」短期間で起こる変化としては、使用頻度の高い筋の肥大、筋の張力などの外力を受けることで生じる骨

図1　多裂筋と大腰筋のSarcomere Length Operating Range（筋節長の操作範囲）

多裂筋は長さ張力曲線の左側の上り（Ascending Limb）に配置され、大腰筋は右側の下り（Descending Limb）に配置されている。多裂筋は体幹の、大腰筋は股関節の屈曲位で至適長に至る（中央のグラフはRegev et al., 2011の図に筆者加筆）。

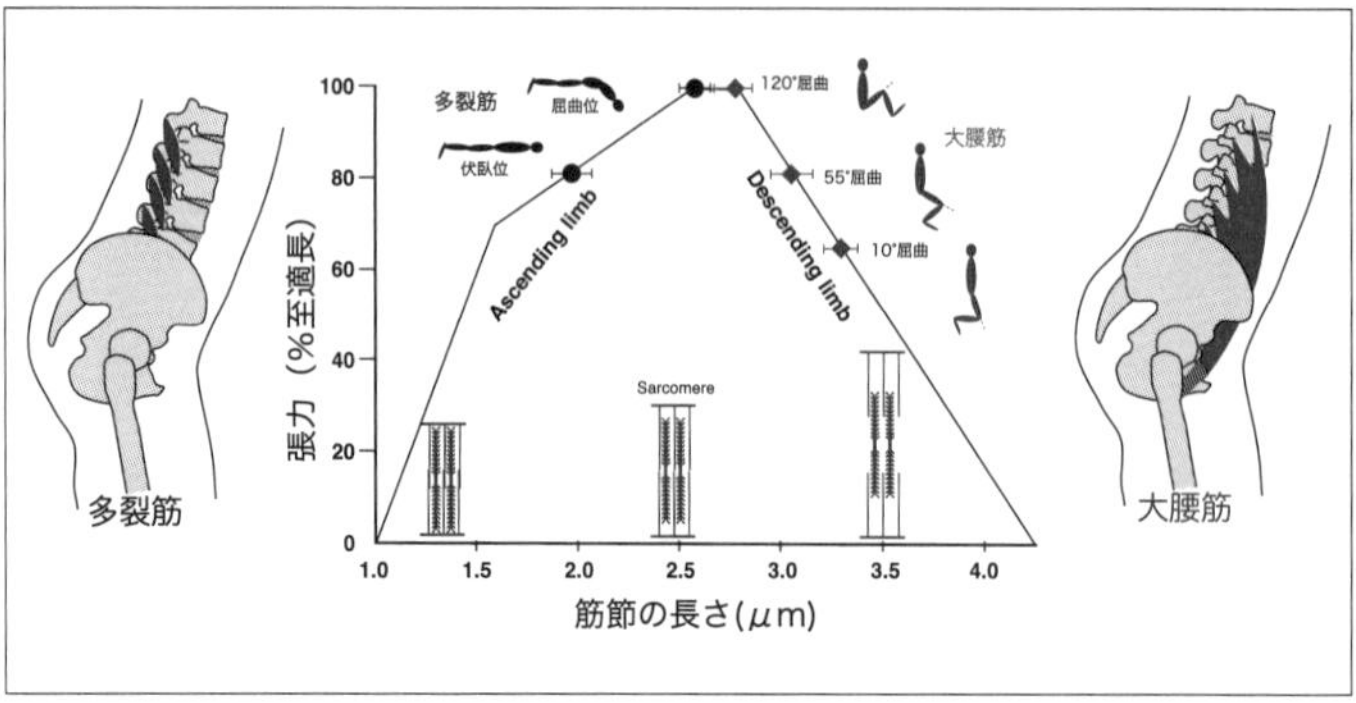

のリモデリングなどが考えられます。しかし、筋の付着部や走行の変化が機能的な要求に応じて短期間で起こるかというと、それは難しいと考えます。

四足から二足への変化の影響

多裂筋や大腰筋に、前述のようなSarcomere Length Operating Rangeが「設定された」背景についての一つの見方として、四足から二足への変化の影響があります。進化の過程で四足ロコモーションを中心にしていた我々の祖先が、立ち上がり二足になったとき、股関節は大きく伸展位に姿勢を変えたことになります。これはとりも直さず大腰筋を大きく引き伸ばして実現したということです。

こうした変化について、もう少し「短い」スパンで時間経過を考えても同様の見方ができます。ヒトは胎児時代、母親の子宮内で「丸まった」姿勢で育ちます。この姿勢で羊水の中に漂った状態で数多くの筋が発生し、機能し始めるわけです。つまり、我々が普段活動している姿勢は、人生の中で我々の運動器が機能し始めたときとは大きく異なる姿勢であることが多いと考えられます。

ここから考えると、少なくとも多裂筋、大腰筋に関していえば、胎児時代の全身丸まったような姿勢、あるいは、太古の四足移動時代の姿勢でもっとも効率よく働くことができるというのもごく自然なことのようにも見えてきます。

「ヒトが地面から立ち上がり、直立二足歩行を行うようになって以来、腰痛との戦いが始まった」とよく言われます。実際、四足ロコモーションに都合よくできていた運動機構を、二足ロコモーションに合わせて使うことには、大きな負担を伴うことが想像されます。猿回しのサルは、四足に適した運動器系で、二足への適応を一世代で急激に行った事例と考えることができるでしょう。

二足歩行をトレーニングされた猿回しのサル、しかも経験年数の多いサルで顕著に、ヒトのような腰椎前弯《ぜんわん》が観察されることが報告されていますが、引き伸ばされた大腰筋は少なからず脊柱の弯曲や、腰部への負担に影響していることでしょう。

我々が普段活動している姿勢は、
人生の中で我々の運動器が機能し始めたときとは
大きく異なる姿勢であることが多いと考えられる。

トレーニング・コンディショニングへの応用

以前、腸腰筋について、ランニングにおいて伸張性の張力発揮が大部分を占めていることをお話ししました（前著『アスリートのための解剖学』参照）。スプリントに代表される股関節の素早い伸展・屈曲の切り返し動作を意識したトレーニングは、腸腰筋の伸張性の筋力発揮を意識したものである必要があるでしょう。

それに加えて、ここまでにお話しした、大腰筋のLength Operating Rangeのことを勘案するとどうでしょうか？ スプリントのような股関節を中心とした下肢の素早いさばきを含む動作においては、股関節が伸展位になると「長さ-張力関係」から見た能動的な張力発揮のしやすさは著しく制限されていることになります。まして、過伸展位からの引き出しにあたる局面は、大腰筋は大きく引き伸ばされ、能動的に張力を発揮する上では都合が悪いといってよいと思います。

筋力トレーニングの効果は、トレーニングを行った姿勢（関節角度・筋長）に特異性があることも報告されています。それらのことを踏まえると、トレーニング手段としては伸張域での力発揮を意識したものである必要が高いといえるでしょう。

一方、伸張域において能動的な力発揮機構（収縮要素）が不利な状態を強いられる大腰筋では（図2）、受動的な張力発揮、すなわち筋腱の弾性要素（伸びれば伸びるほど戻る力が大きくなるバネの要素）による張力発揮の関与が大きくなるでしょうから、そちらを最大限活かすための方策も必要となります。

このような背景から、ストレッチの行い過ぎによって、バネ要素による跳ね返りが悪くなることの悪影響を強く受けるとすると、緩めすぎには注意が必要でしょう。股関節の可動域に関しては、個人差も大きいでしょうし、種目や個人の動作技術に応じた最適な状態もさまざまでしょうから、前述のような特性を理解した上で、自分に合ったほぐし具合を見つけていくことも大切になると考えます。

いわゆる「腰が曲がった」高齢者の姿勢を考えてみると、この大腰筋、多裂筋の至適長に近づいているように見えます。運動を制限されたときに起こる筋の萎縮は、抗重力筋・遅筋で大きいという報告があります。この点については、トレーニングや動き作りにとって重要な視点となる可能性があるため、さらなる検討が必要でしょう。

図2 股関節の角度で変化する大腰筋の張力

大腰筋は伸展位(A)で収縮要素は張力発揮に不利な状態となるが、弾性要素による受動的な張力は大きくなる。屈曲位(B)で収縮要素は有利な状態になるが、受動的な張力は減少する。

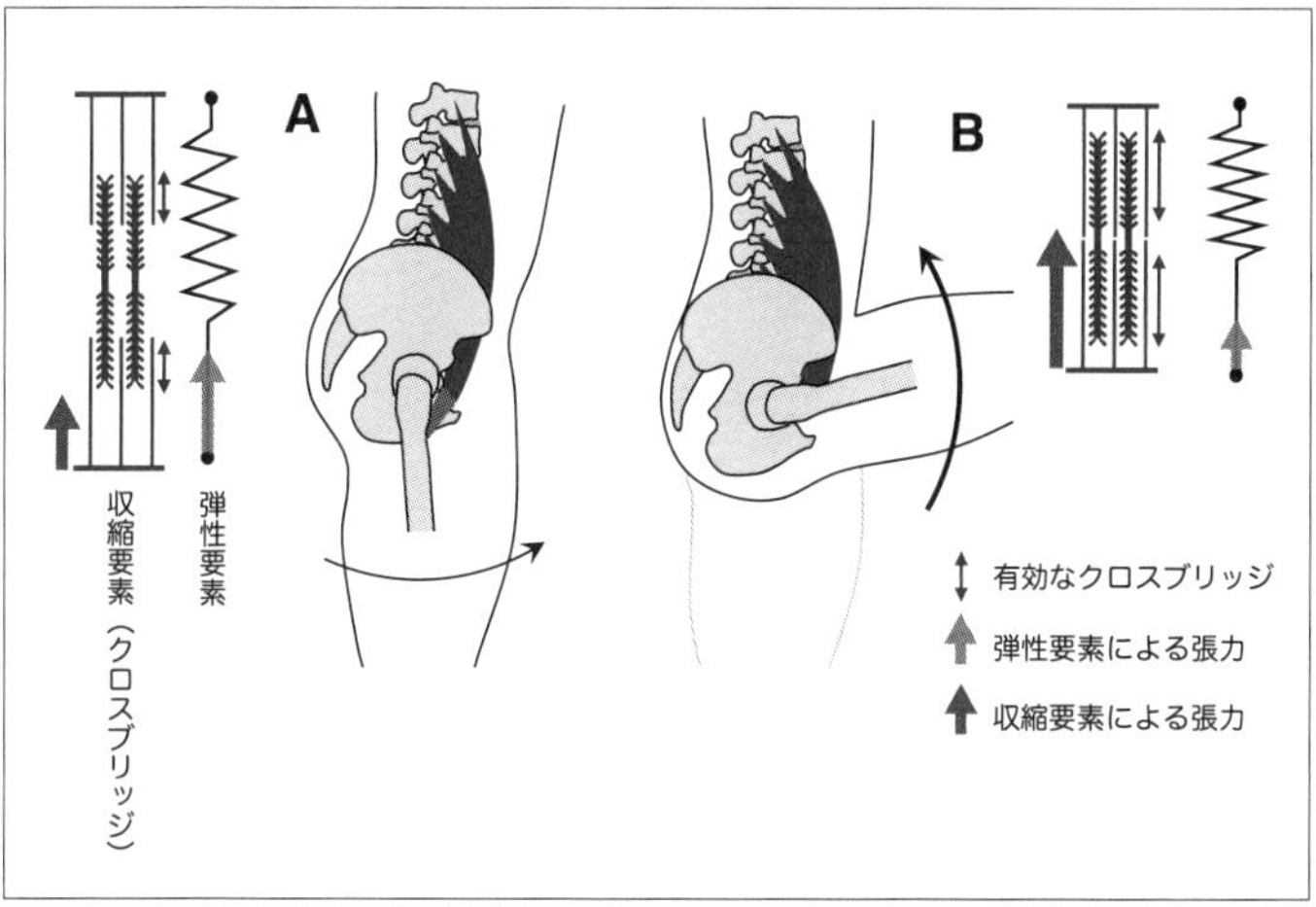

伸張域において能動的な力発揮機構(収縮要素)が
不利な状態を強いられる大腰筋では、
受動的な張力発揮の関与が大きくなるため、
そちらを最大限活かすための方策も必要となる。

股関節自体の動作範囲拡大が過剰にならず、下肢の動作範囲を大きくするにはどのような方法があるでしょうか？　いろいろ考えられますが、骨盤の傾斜や回旋を戦略的に活用していくことは一つの重要な選択肢だと考えます。

例えば、骨盤後傾姿勢では大腰筋は引き伸ばされやすくなるでしょう。反対に骨盤前傾姿勢では、主に腰椎の可動域が股関節の動作範囲を肩代わりすることになるでしょう。骨盤のコントロールによって、股関節への要求を変化させることができるというわけです。

運動中の筋節・腱のふるまい

ここまで姿勢に関わる筋の状態についてお話ししてきました。ここでさらに気になるのは、運動中の筋腱複合体（筋と腱、腱膜で構成されるいわゆる「筋肉」全体）のふるまいです。

例えば、筋腱複合体の全長が変化しない、いわゆるアイソメトリックな収縮においても、筋の部分が短縮し、腱の部分が伸張していることが超音波の断層撮影によって明らかになってきました。さらに近年明らかになってきたのは、ランニング中と歩行中のふくらはぎにおける筋腱複合体の動態です。接地中の踏ん張る局面では、ランニングでは歩行と比べて腱の

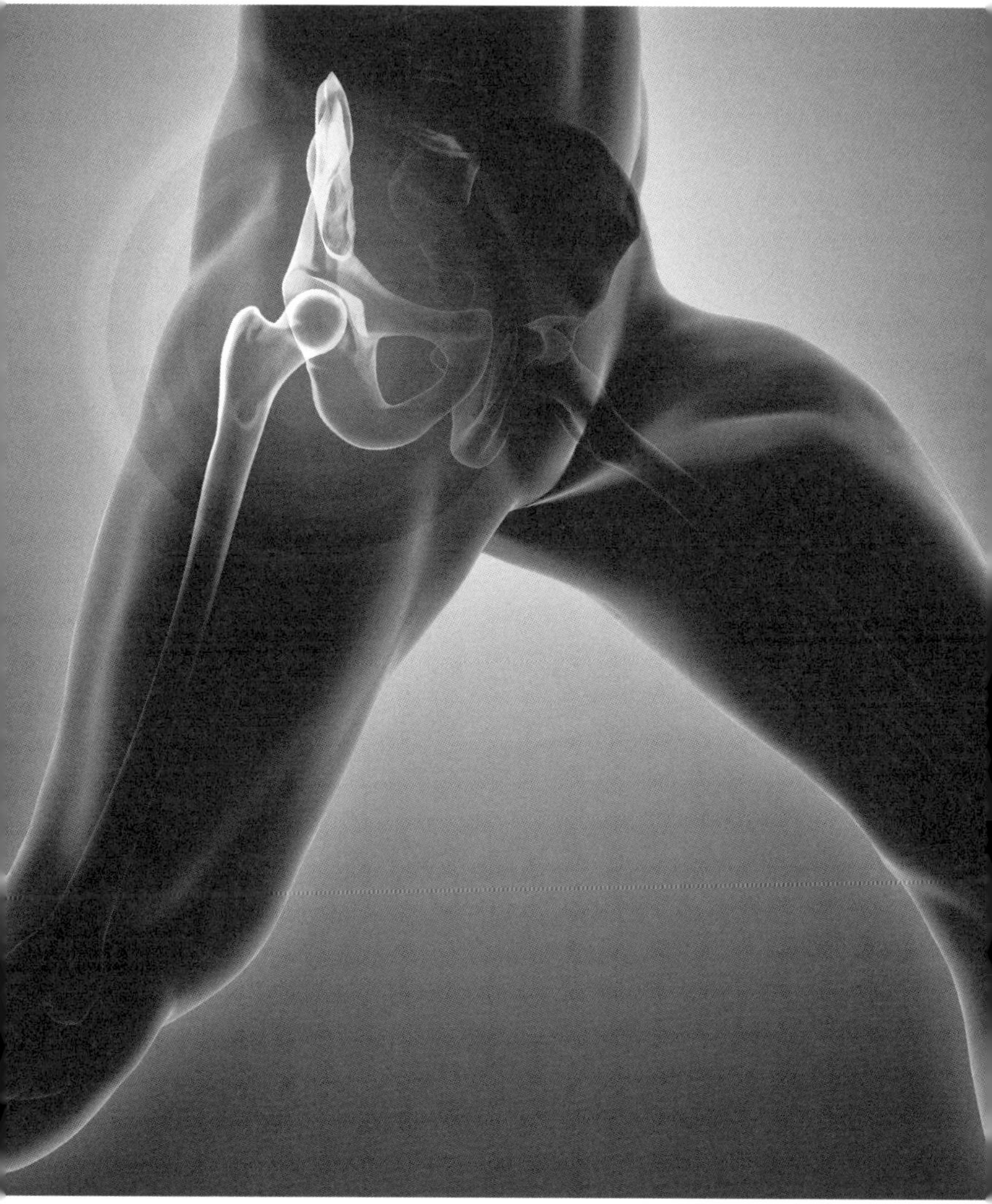

伸張・短縮の幅が大きいことがわかりました。一方で肉の部分（筋束）は、歩行では立脚中期に向かって緩やかに伸長しそこから短縮していきますが、ランニングでは，接地直後の急激な伸張以降は終始短縮していることがわかりました（Ishikawa et al., 2007）。

運動中の筋腱複合体の動態については、超音波断層撮影を用いた研究手法もどんどん発達しているため、今後さらにスピードの速い動きや跳躍などの激しい動作、他の部位の実態も明らかになってくるでしょう。

Chapter 2

キネティックチェーンのはなし

キネティックチェーンのはなし その1
スウィング系

剛腕投手は「剛腕」ではない？

砲丸投げは腕力の競技だと考える人は多いようで、砲丸投げ競技者であれば、一度は「筋力さえ付ければ飛ぶのだろう」と揶揄された経験があるものです。しかしその一方で、本当に強い砲丸投げ競技者を間近に見たとき、なぜ同じヒトの身体でこんなにも簡単に飛距離を出すことができるのだろうと、不思議に感じたものです。

砲丸投げの事例ではピンと来ない方も多いと思いますので例を変えますが、速球派といわれる投手は、いとも簡単に高い球速を出せるように見えるものです。プロサッカー選手のキックもそうです。これらの人は普通の人と何が違うのでしょうか？ 筋力が強いだけでしょうか？ 四肢が長かったり、先細り型であったり、さまざまな形態的に有利な特徴は見受けられると思います。

その一方で、ほとんど同様の形態で、筋力に差がなくても速い球を投げられる人とそうでない人がいます。さらに、特に身長が高いわけでもなく、腕が長いわけでもないのに、非常に高い速度で投げられる投手がいます。このようなパフォーマンスの違いは、特定の関節に関わる筋の発揮張力の大小や、短縮スピードの速い遅いでは説明できないと言わざるを得ません。

剛腕投手の速球の秘訣が「剛腕」でないとしたら、何がパフォーマンスを左右するのでしょうか？　いわゆる理にかなった動きというのは、持ち合わせた構造をうまく利用した「動かし方の技術」が背景にあるように思います。この「動かし方」は、身体の適切な使い方、筋の使い方、動きのタイミングや出力の配分だということもできるでしょう。そして、その背景には動きを支える機能解剖学的な構造があります。ここでは、特に身体の末端を加速する「スウィング系」のキネティックチェーンを例にとってお話ししていきたいと思います。

物理的なつながりとしてのキネティックチェーン

我々の手先、足先の運動は、全身の運動が重なり合った結果です。たとえ小さな動きであっても、身体の部位間でキネティックチェーンのつながり（運動連鎖）は起こっています。ただ、それを意識しやすいのは、投げやキックなど末端を大きく加速する動作だといえるでしょう。

図1は、物体を投げる上肢の運動を3関節3セグメント（身体の分節）の平面モデルで示したものです。それぞれ中枢側から肩関節、肘関節、手関節として考えてみましょう。ここでは肩関節の回旋の関与は想定していません。矢状面内の動きとして見てください。

この系が最もよく機能するタイミングは、末端の速度増大の観点で考えると、中枢側の大きく重いセグメントが十分に勢いを持ったところで、その勢いを末梢側に渡していくという作業がうまく行えるタイミングということができるでしょう。楽に速い球を投げる投手は、このタイミングの取り方が上手なはずです。もし中枢側のセグメントが十分な勢いを持つ前に末梢側が加速を始めると、系全体の流れは滞ってしまいます（図2）。俗に言う「投げ急

図1 つながりのよい投げのキネティックチェーン

矢状面内の動きへと単純化した投げの例。上腕、前腕、手の順に順序よく加速され、最終的に高い速度に至っている。

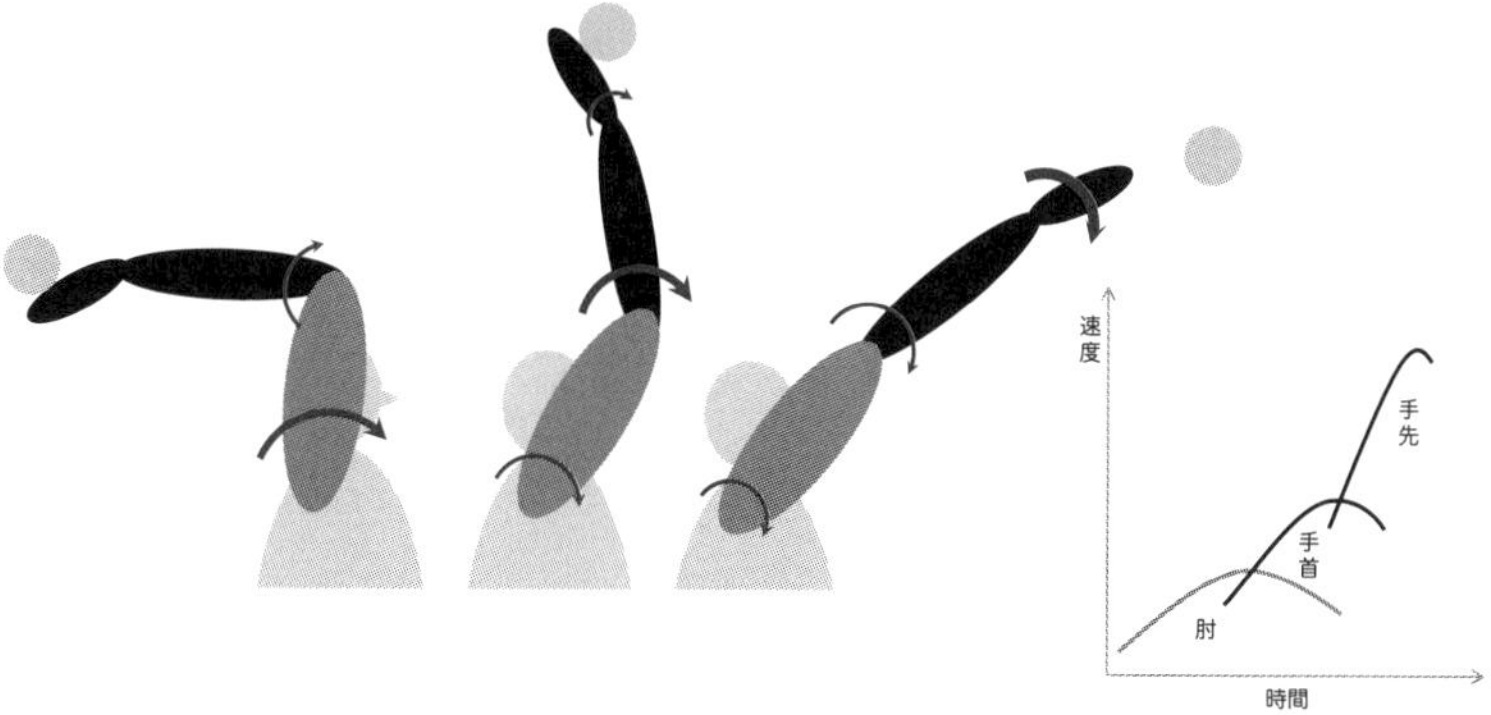

図2 つながりの悪い投げのキネティックチェーンの模式図

矢状面内の動きへと単純化した投げの例。上腕が十分なエネルギーを持つ前に前腕が動き始め、結果的に上腕が引き戻されてしまい、手先の速度も十分に上がっていない。

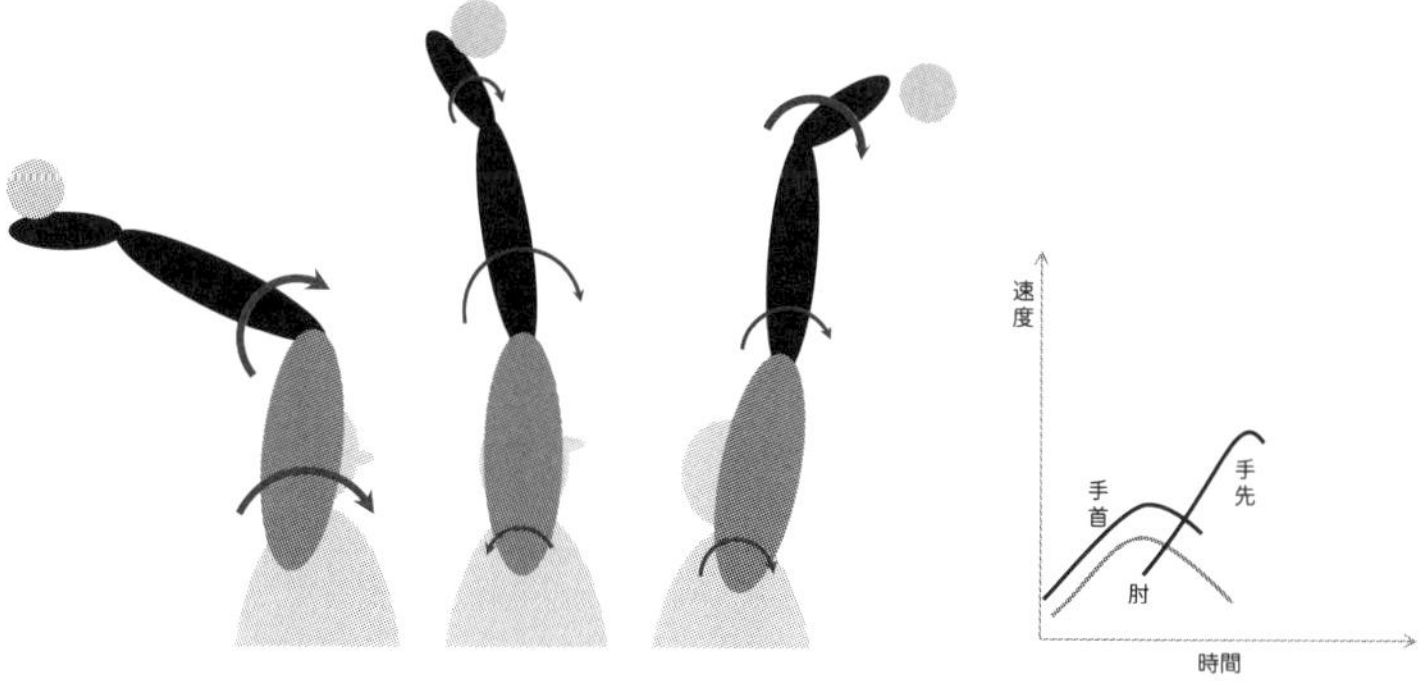

ぎ」や「振り急ぎ」で十分末端の速度が得られない背景にはこのような状況が関与していると思われます。

例えば、野球ボール程度の質量の物体が対象であっても、投げ動作において体幹の勢い（体重の移動）がない状態で腕だけを強く振ろうとすると、身体が引き戻されるような動きになってしまいます。少し運動の様式は異なりますが、ハイクリーンにおいて、腕によるプルのタイミングが早すぎると、肩が引き戻されるように減速されて、運動全体がうまく進まない、全身の連動が感じられない動きになってしまうことがあります。これも同様の事例ということができるでしょう。

キネティックチェーンと身体の構造

ここまでは、スムーズで有効なキネティックチェーンの技術的な側面を見てきました。動きの技術やタイミングの大切さについては議論をまちません。その一方で、運動をうまく成立させるのに都合のよい身体の構造があることも重要な事実で、我々の身体はここまでに述べたスウィング系のキネティックチェーンがつながりやすいデザインになっているのです。

ここまで述べたようなキネティックチェーンがうまく生じる背景には、中枢側セグメントの質量が大きく、たとえ低い速度であっても大きなエネルギーを蓄積できることが一つの条件になります。さらに末端になるほどセグメントが軽く、抵抗が小さくなっていることが重要です。

図1は極端に模式的ではありますが、身体のセグメントが体幹、上腕、前腕、手と、末梢側になるほど細く軽くなっていることがわかります。日本人男性アスリートにおける実際の質量比（体重%）は上腕2・7：前腕1・6：手0・6（阿江ら,1992）と報告されています。

さらに、それぞれのセグメント内でも、筋腹の大部分は中枢側に位置し、末端側には腱が多く配置されて先細りの質量分布になっていることは見た目にも明らかです。前腕に触れてみるとわかりますが、肘側に大きな筋腹が配置さ

スウィング系が最もよく機能するタイミングは、
末端の速度増大の観点で考えると、
中枢側の大きく重いセグメントが
十分に勢いを持ったところで、
その勢いを末梢側に渡していくという作業が
うまく行えるタイミングということができる。

れ、手関節（手首）側は多くの腱で占められて細くなっています（前腕の重心は肘関節側41・5％の位置にあります）。

よく取り上げられる例ですが、同じ野球バットのグリップ側を握ってスウィングした場合と、バットを逆さにしてヘッド側を握ってスウィングした場合を想像してみてください。どちらの場合でもバットの重さは同一なのですが、ヘッド側を持ってスウィングしたときの方がスウィングの抵抗は小さく感じます。つまり、スウィングの際の抵抗はバット自体の質量の大小とともに、回転中心に対するバット内の質量分布にも大きな影響を受けます。

前腕や下腿がわかりやすい例ですが、ちょうどバットを逆さにしたように中枢側のボリュームが大きく末端が細い形状で、素早く振り回すのに適しています。末端のセグメントである手に至っては、そのコントロールに関わる主要な筋群の大部分（外在筋）を前腕に有し、手自体に筋腹を持つ内在筋（骨間筋や虫様筋《ちゅうようきん》など）は最少にとどめているように見えます。指には腱はありますが、筋「肉」はないといってよいでしょう。このような構造の利点で、投擲物の操作と高速のスナップ・爆発的な弾き出しを両立しているのです。

同様に、下肢における大殿筋や腸腰筋、上肢にかかわる大胸筋や広背筋といった四肢のスウィングに積極的に作用する筋群は、その大きな筋腹の大部分が骨盤を含む体幹に配置されています。そうすることで、大きな筋の大きな出力を利用して四肢を振る場合でも、質量の大きな筋腹自体を振り回す必要が少なくなるわけですから、スウィングの際の抵抗になりにくい構造になっているといえるでしょう。これらの、中枢に筋腹を配置しながらも四肢に作用できる筋については、筋の出力を高める目的でサイズアップする場合も、比較的、末端の速い「振り」を邪魔しないといえるでしょう。

速い球を投げよう、素早いスウィングとさばきでスプリントを強化しようと直感的に筋力トレーニングを考える際、この「先細り」の構造を崩さない方針で関与する筋群を見きわめ、種目選択を行うという戦略について検討してもよいかもしれません。そう思ってよく観察すると、速球派といわれる投手には比較的四肢の細い人が多いように感じます。しかしその一方で殿部の発達は著しく、体幹の

中枢に筋腹を配置しながらも
四肢に作用できる筋については、
筋の出力を高める目的でサイズアップする場合も、比較的、
末端の速い「振り」を邪魔しないといえる。

大きさが目を引く例も見受けられます。このような視点から身体をデザインしてみることも、パフォーマンス向上には有効でしょう。

キネティックチェーンの積極的なコントロール

キネティックチェーンのつながりを利用した末端の加速は、最も中枢側の関節をうまく動かせば、いわゆる関節力（運動依存力）の関与により、関節をまたぐ筋の働きなしでも可能です。

2セグメントの場合は、ヌンチャクを想像すればわかりやすいでしょう。セグメントが多い場合はでんでん太鼓や鞭をイメージしてみましょう。ただし、関与するセグメントが3つ以上になると動きが少々不安定になります。中枢の関節の動きだけで末端を加速することが可能ですが、実際のコントロールには各関節をまたいでいる筋の作用が不可欠です。四肢を素早く振り回す動きには関節力の関与が大きいことが予想されますが、中枢側からのエネルギーの流れを調整し、動きの中でも適切な肢位や動きのタイミングを調整するのは関節をまたぐ筋の作用です。

図3は、矢状面内の動きのみで構成した（肩関節の回旋や水平屈曲を想定しない）モデルによる、単純化した投げの背景に予想される筋活動を模式的に示したものです。

セグメント間のエネルギーのやりとりで動く関節に、筋が関わることで、関節の動きのタイミングが調整され、さらに安定した大きな出力につながっていきます。タイミングのコントロールで特徴的な筋の作用として、動きの「ため」に当たるものが挙げられますが、ここでは腕の振りが開始する前に、運動と反対方向の

図3　上肢スウィングのキネティックチェーンと筋群の関与（模式図）

矢状面内の動きへと単純化した投げのため、肩関節の回旋や水平屈曲は想定していない。図中Aの筋活動（僧帽筋や三角筋）は腕の振り始めを遅らせ、より適切なタイミングでのエネルギーの生成と受け渡しにつながる。いわゆる「ため」に当たる作用といえよう。

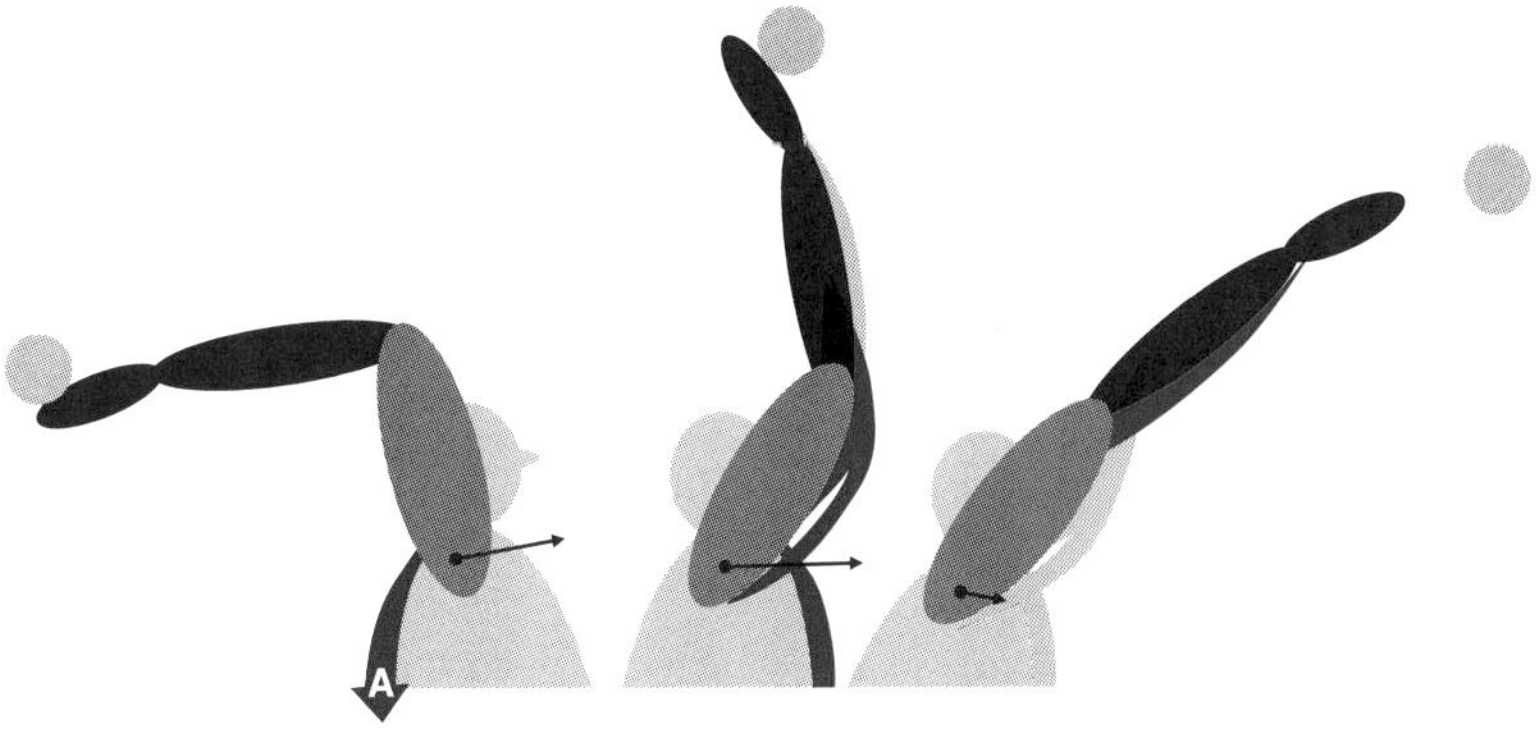

筋活動が見られます。実際の投げでは、胸を張る僧帽筋や、伸展方向に動こうとする上腕骨を引き止める三角筋などがこれに当たると考えられます。

これらの腕の振り始めを遅らせる筋群の働きは、主動作に関わる筋を出力しやすい姿勢に引き伸ばしたり、全体のキネティックチェーンがつながりやすいタイミングに動きの開始を合わせるような働きをしているといえそうです。

過去に筆者が円盤投げの筋活動を計測した際、投げのための腕の振りに入る直前に僧帽筋が、2～3秒にわたって最大努力に近い活動をしていることに気づきました。つまり、あんなに瞬発的な円盤投げ動作であっても、振り切りの爆発的な出力を確保するためには、かなり持続的な筋活動で準備状態をつくっていたのです。

しかも胸を張った状態ですから、僧帽筋はかなり短縮状態での活動を余儀なくされていたといえるでしょう。なにもかも瞬発的と思い込んでいた円盤投げで、持続的かつ短縮域での筋活動が大きな意味を持つことに驚いたものです。同時に腕を振る大胸筋や三角筋の前部を弓にたとえるならば、強い弓を引くためには強い背中の筋が必要となることに気づき、円盤投げ競技者の立派な背中の所以を確信したわけです。

トレーニング自体も見直すきっかけになったのですが、円盤投げに限らず、同様の事例はたくさんあることと予想します。

キネティックチェーンのはなし その2

しなやかなリンクとして働く二関節筋

前節でも紹介しましたが、キネティックチェーンというと「運動連鎖」として、末端を振り回す動きが取り上げられることが多いように思います。さらに、力学的な観点からは、単純なリンクセグメント（連結された分節）の運動が議論されることが多いのではないでしょうか。

「質量の大きな身体部位から末端の軽い部位へとエネルギーが転移していって、最終的に物体を加速する」という図式は、よくコントロールされたキネティックチェーンの効果を表現するためには最適の事例で、なによりもわかりやすいものです。いまさらですが、キネティックチェーンという言葉について整理しておこうと思います。

OKCとCKC

キネティックチェーン（Kinetic Chain）という言葉は文字どおり、運動の（Kinetic）、連鎖・つながり（Chain）を指すものです。Steindler（1955）は、Kinetic Chainについて、「複雑な運動を構成する、連続した複数の関節の組み合わせ」と説明しています。

今日では、臨床的にはオープンキネティックチェーン：Open Kinetic Chain（以下OKC）とクローズドキネティックチェーン：Closed Kinetic Chain（以下CKC）を区別して取り扱う機会が多くなっており、言葉としては臨床の場面でオープンキネティックチェーンとクローズドキネティックチェーンとして耳にすることが多いように思います。

Steindler（1955）はOKCを「末端の関節が制限を受けていない状態」とし、その具体例として、手を振る動作を挙げています。手を振るという動作は、連続した関節：肩-肘-手関節（手首）の運動が組み合わされて成り立ち、しかも手首の運動（＝手の運動）は制限を受けていません。砲丸投げに関しても動作にスピードがあり、ダイナミックだとしてOKCとして考えてよいだろうと述べています。これらのことから、疾走時の非支持脚の動作、投球、サッカーのキック脚の動作などはＯＫＣの代表的なものと考えられます。

一方ＣＫＣについては、「末端の関節がかなり（considerable）大きな外的な負荷によって、運動を制限されているか固定されて自由に動くことができない状態」とし、具体例として重い手押し車を押す動作や、重い負荷を持ち上げる動作、鉄棒での懸垂等を挙げています。疾走時の支持脚の動作や自転車のペダリングのように、身体と大きな負荷、あるいは身体と動かない構造との間に腕や脚が閉じこめられた状態での運動はＣＫＣの代表的なものと考えてよいでしょう。

ここに述べたＯＫＣとＣＫＣの分類については、いまだに議論のあるところです。例えば、前述のようなボール投げはＯＫＣといって差し支えないと思いますが、20kgの岩を手に保持して突き出すような動作はＯＫＣでしょうか？　ＣＫＣでしょうか？　走り高跳びの踏切を考えたとき、腕の振込動作は明らかにＯＫＣですが、大きな負荷を受けて踏ん張っている踏切脚の運動はＣＫＣといってよいでしょう。

では、Push off直前で動きの自由度が高くなった下肢動作はどうでしょうか？　バーベルを頭上に差し上げたときの股関節を起点とした体幹・上半身の動きはどうでしょう。砲丸投げ競技者が、自分にとっては非常に軽い10kgのシャフトを頭上で支えている状態はOKCでしょうか？　ちょっと重い50kgならどうでしょう？　実際、両者の中間的な状況を定義した研究も見受けられます。

前述のSteindler（1955）も指摘していますが運動を実行するシステム全体で見れば、OKC、CKCの区分は扱う負荷の大きさや動作速度によっても大きく影響を受けるため、もはや両者の判断は判然としないといわざるを得ません。臨床では、レッグエクステンションなど、いわゆる単関節のエクササイズをOKC、スクワットに代表されるような複合関節運動はCKCとする傾向にあります。このことについてはあらためて議論が必要でしょう。

二関節筋によるパワーの伝達

少し前置きが長くなってしまいましたがキネティックチェーンのつながりから具体的な運動を観察していきましょう。

運動を実行するシステム全体で見れば、OKC、CKCの区分は扱う負荷の大きさや動作速度によっても大きく影響を受けるため、もはや両者の判断は判然としないといわざるを得ない。

よくコントロールされたキネティックチェーンが威力を発揮する場面は、末端を大きく振り回すような運動でない事例でもみられます。ここでとくにキネティックチェーンの見方に新しい視点を与えてくれるのが二関節筋の役割です。説明や実験に頻繁に用いられる垂直跳びを例に挙げて、関節の動きについて順を追って確認し、背景にある二関節筋の関与について詳しく考えてみましょう。

図1は、オランダのアムステルダム自由大学（Vrije Universiteit Amsterdam）のIngen Schenauを中心とするグループが精力的に研究した、しゃがみこみの反動付き垂直跳び運動中の下肢筋活動を模式的に示したものです。活動量が大きいほど色が濃くなっています。全体を大まかに眺めてみると、股関節周りから膝関節、足関節へと活動の中心が移り変わっていく様子がわかります。動作の最終局面で足関節が底屈されて、爆発的に地面を蹴り離すことになります。

感覚的に最後が足関節で違和感がないのですが、全体としての仕事が問題ならば足関節の底屈が最初ではいけないのでしょうか？　これにはいくつかの考えられる理由があります。

まず、体幹を中心とした質量の大きな部分を動かしていくことで、全身の持つ運動エネル

図1 反動付き垂直跳び動作中の下肢筋活動

反動付き垂直跳び動作中の下肢筋活動を模式的に示した。活動量が大きいほど色が濃くなっている。股関節周りのから膝関節、足関節へと活動の中心が移り変わっていく様子がわかる。動作の最終局面で足関節が底屈されて、爆発的に地面を蹴り離す。

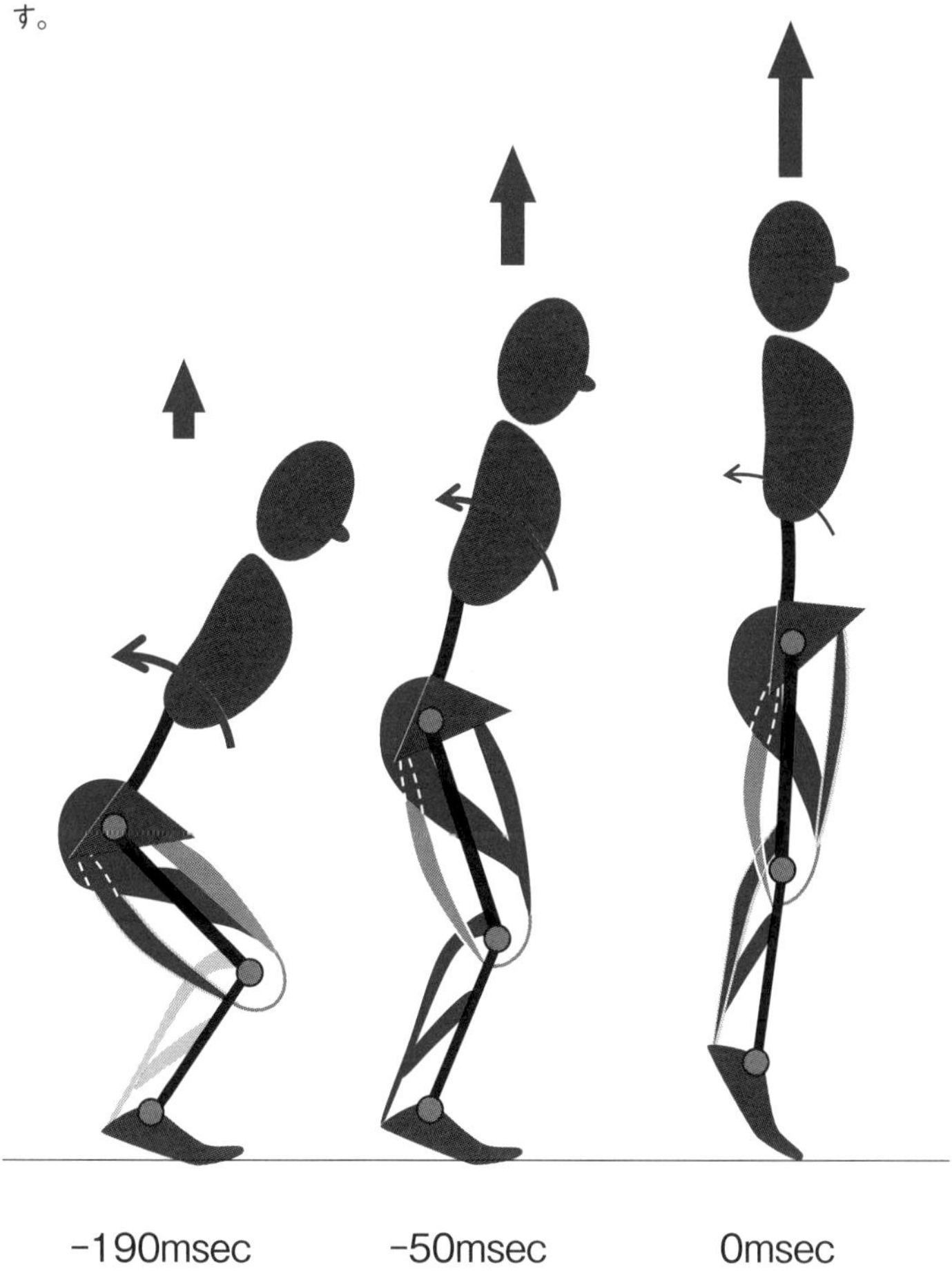

ギー（運動の勢い）を大きくしていく必要があります。質量の大きな部分はゆっくりの動きでも大きなエネルギーを蓄えることができます。大きな筋力で大きな動きを生み出す仕事は股関節が得意で、しかも動作の前半は両関節が運動範囲を確保しやすい姿勢になっています。この点は膝関節も同様です。

一方で、関節の伸展が進んで完全伸展に近づいてくると、股関節と膝関節は角度変位の割に重心を動かせなくなってきます。試しに直立位を起点として膝関節20度屈曲位から完全伸展位の間を行ったり来たりしてみてください。膝は伸びてもほとんど重心の上下動が起こらないことに気づくと思います。関節の動きにはこのような「幾何学的制約」があります。このことはジャンプ動作中も同様です。最終局面では股関節・膝関節はほとんど仕事ができないのです。

この点は、投げの後ろ脚やスプリントの推進においても重要なポイントです。しっかり地面を押して仕事をしようと思っても、膝関節の伸展は完全伸展位付近ではほとんど効果がなくなってしまいます。一方、股関節は、下肢全体のスウィング動作によって水平方向の推進であれば膝関節よりも長く貢献することができます。

垂直跳びの最終局面でもはや推進に関与することが難しくなった膝関節ですが、直立位で水平方向に長い構造の足部はこの局面でも幾何学的に仕事のためのゆとりを確保しています。最後の最後に足関節が貢献してPush offに至るわけです。

少し戻って、動作の初期に足関節が底屈した場合はどうなるでしょうか？　足関節は早い段階で力発揮が弱まる底屈位（つま先が下がった姿勢）になることで、おそらく強力な股関節と膝関節の出力に負けて、背屈方向に「へしゃげて」しまい適切なタイミングでの仕事はできなくなってしまうでしょう。幾何学的な視点からも、出力の大きさの関係からも、中枢から末梢に至る動作の流れが理にかなっていると考えられるのです。しかし、出力の大きな中枢の股関節・膝関節と最終局面に強い末端の足関節とを結びつける重要な機構があるのです。それが二関節筋です。

二関節筋はしなやかなリンク機構

収縮することで関節の動力として働くことは、筋の最も大きな特徴といえるでしょう。この点は二関節筋についても同様です。二関節筋には、それと同時に二関節をまたぐリンクとして働く特徴があります。隣り合う骨同士は関節で繋ぎ合わされており、その関節を介して力のやり取りを行います。関節をまたぐ筋も、もちろんそのやり取りに大きく関わっています。

しかし二関節筋の特徴は「隣接しない骨の間」でそのやり取りを行える点です。例えば、大腿直筋なら大腿骨を大きくまたいで腸骨と脛骨を繋ぎ、腓腹筋なら下腿の骨を大きくまたいで大腿骨と踵骨を直接繋ぎ、その間で力・パワーを受けわたすリンクとなっています。すなわち二関節筋は骨格の堅固なリンクを取り巻いて、伸縮性があってバネがある「しなやかなリンク機構」として働いているのです。

図2は図1の中から、ハムストリングス、膝関節の単関節筋、足関節の単関節筋を取り除いたものです。股関節の大きな伸筋が生み出したパワーは、股関節の伸展とともに大腿直筋を引っ張り膝関節に伝達されます。このようにして生み出された爆発的な膝の伸展パワーは、最終的に、膝をまたぐ腓腹筋を引っ張ることで足関節の底屈をさらに爆発的なもの

関節筋は骨格の堅固なリンクを取り巻いて、
伸縮性があってバネがある
「しなやかなリンク機構」として働いている。

図2 反動付き垂直跳び動作中の下肢二関節筋

股関節の大きな伸筋が生み出したパワーは、股関節の伸展とともに大腿直筋を引っ張り膝関節に伝達される。このようにして生み出された爆発的な膝の伸展パワーは、最終的に、膝をまたぐ腓腹筋を引っ張ることで足関節の底屈をさらに爆発的なものにする。垂直跳びの最終局面90msecに関していうと、膝伸展パワーの21%が股関節伸展から、足関節底屈パワーの25%が膝関節伸展から流入しているという報告もある（詳しくは本文）。

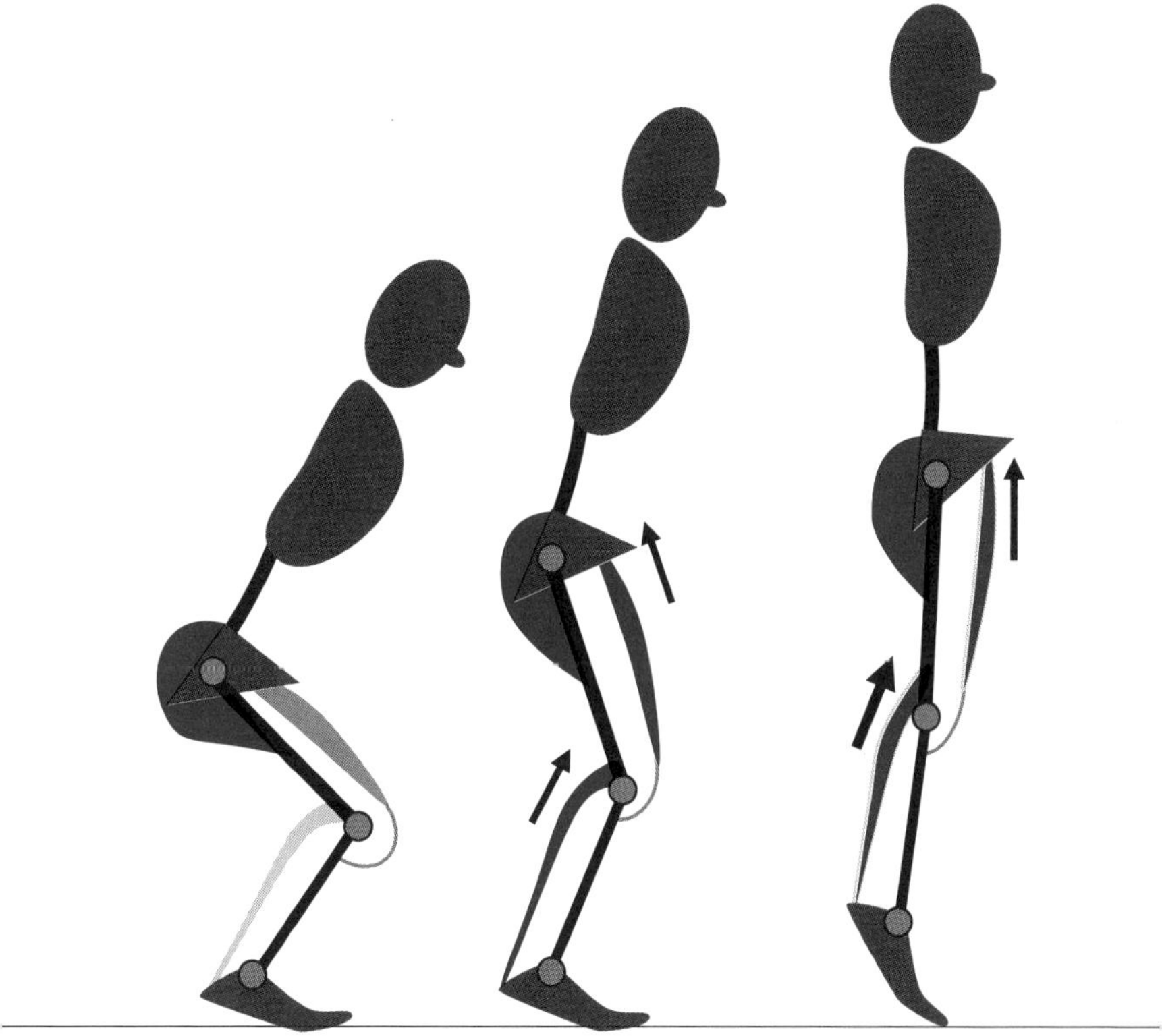

にします。しかも前述の膝関節に関する「幾何学的制約」、すなわち完全伸展位付近では推進のための仕事が十分にできなくなるという制約を、腓腹筋へとパワーを流すことで回避できるというわけです。同時にIngen Schenauたちは、腓腹筋へパワーを流すことが、Push offの最終局面で爆発的に伸展される膝関節を過伸展による損傷から守ることにも役立っているとしています。

垂直跳びの最終局面90msecに関していうと、膝伸展パワーの21％が股関節伸展から、足関節底屈パワーの実に25％が膝関節伸展から流入したものであることが報告されています(Jacobs et a., 1996)。

二関節筋研究とスラップスケート

スケートを国技とするオランダ人であるIngen Schenauは、少なくともスラップスケートが日の目を見るずっと前、1970年代にはすでにスラップスケート（Slap Skate = Clap Skate = Klap Skate）のアイデアを持っていたようです。

1990年代初頭に彼の研究室を訪問した日本の研究者が、本人からスラップスケートの実物を紹介されたといいます。ここでは詳しくは述べませんが、従来のブレード後方がソールに固定されたままのシューズでは足関節の底屈が制限されて推進には不利になるという報告、スラップスケートの有利さの説明もエビデンスをもってなされています。

スラップスケートが、足関節の底屈は股関節からの大きなパワーの流れを活かしたものだという基本的な考えから生まれ、パフォーマンスを大きく向上する用具として発達してきた過程は、非常に興味深いものです。

キネティックチェーンのはなし その3
スプリント

走りの改善は難しい⁉

より速く走りたいという気持ちは、誰しも抱いたことがあると思います。筆者自身も小学生時代、運動会を前にして走りの速い級友を羨ましく思い、彼の走りを一生懸命真似てみたものです。腕振りから脚の運び、そして表情まで……。

その一方で、筆者の走りという運動が成立していなかったのかというと、そんなことはありません。誰からみてもちゃんと走れていたはずです。大きな怪我や障害がない限り、走るという営みは、乳幼児の一部や高齢者の方を除いてほとんど誰でも可能な運動形態だといえるでしょう。

それくらい日常から親しんだ、誰にでもできる運動なのですが、そうであるからこそ、かなり効率のよい状態で成立しているはずで、これをさらに改善するというのは誰にとっても難しい課題です。オリンピックを目指す一流スプリンターでも運動会前の小学生であっても、シンプルなこの運動を改善することは容易ではありません。

ところで、自動車の走る速度はタイヤの直径が決まっているならばタイヤの回転速度で一義的に決まります。それと比べるとヒトの走りというのは、タイヤの直径も弾みもコントロールが可能なシステムということになるでしょうか。ちょっと複雑ですね。

走速度の決定要因

ヒトの走りに関して、ご存じの通り1秒あたりの歩数をピッチ（ステップ頻度）、一歩の歩幅をストライドといいます。走速度とピッチとストライドの関係を以下のように表すことができます。

「走速度（m／秒）＝ピッチ（歩／秒）×ストライド（m）」

前記の式から、速く走るための条件は、「一歩の所要時間を短く、しかも一歩の幅を大きく」という単純な視点で表すことができます。しかし、内容は簡単ですが、実行はそんなに簡単ではありません。

考えてみればわかりますが、一歩の動きを素早くやろうとすると歩幅は小さくなってしまい、一歩を大きくしようとすると素早く脚を動かすことが難しくなってしまいます。つまりピッチとストライドは「トレードオフ」の関係にあるわけです。

前述の内容とも重なりますが、ただでさえ最適に近いところでコントロールされ、このような関係にある2条件をさらに調節・改善してより速く走るというのは大変なことなのです。

この2条件の改善については、どのような選択肢を選ぶにしても、現実的にはかなり制限された接地時間内に十分な身体の推進を行うことが求められることは間違いないと思います。ここでは、ピッチを高める視点はひとまず気にせず、効率よく全身を推進する方法について考えてみたいと思います。

スプリントと下肢の運動

前節では、下肢のキネティックチェーンについて、鉛直方向への推進である垂直跳びを例にとって、筋群の作用から眺めてみました。本節は、水平の推進についてスプリントの

Push off（地面の蹴り離し）から考えてみたいと思います。

ヒトの走りにおける下肢の作用を自動車になぞらえて考えてみると、弾みながら回転し推進しているタイヤと考えることができるかもしれません。直径、回転数、弾みがコントロール可能なタイヤです。そのようなモデルで考えてみても、高い速度を得る上では、接地中に大きな推進を得ることが重要であることは明らかです。

水平方向の推進を、単に垂直方向の推進の変形と考え全身を前に倒して行おうという考えはありえそうですが、どうでしょうか？　実際には、一歩ごとに全身が倒れるのを待っていては速度が十分得られないという問題があります。さらに、毎回しゃがんで下肢の動作範囲を確保することは現実的ではなく、下肢の動きをプッシュ型から股関節を中心としたスウィング型に切り替える必要がでてくるのではないでしょうか。ここで実際の世界一流スプリンターの動きの計測から得られた推進の様相について見ていきます。

ヒトの走りにおける下肢の作用を
自動車になぞらえて考えてみると、
弾みながら回転し推進しているタイヤと
考えることができるかもしれない。

図1のAとBを見比べてみてください。これは実際のスプリンターの動きを説明するために100mの中間疾走における推進動作を簡単なモデルで表したものです（伊藤ら,1994）。両図ともに大腿部（膝の上の部分）の動きの幅、すなわち股関節の動きの幅は同じです。にもかかわらず、膝関節を伸ばしてしまったAよりも膝関節を固定したBのほうが、足先の動く範囲が大きくなっていることがわかります。これが高速の局面では非常に重要になります。

実際、世界一流のスプリンターは中間疾走でAのような下肢の使い方を示していました。阿江（2016）はこのモデルについて「股関節を同じ角度だけ動かす場合、膝を伸ばすキック動作（図1A）より、膝を固定したキック動作（図1B）の方が脚が大きく後ろへ動く。言い換えると、膝の屈伸は進行方向とは向きの違う動きになるため、速度を下げる要因になっているのです」と述べています。

水平推進と二関節筋ハムストリングス

このような膝の屈曲を保ったまま股関節を伸展する動作を、股関節の単関節伸筋と膝関節の単関節屈筋で行うことも可能ですが、想像しただけで制御が難しそうに見えます（図

図1 スプリントにおける推進の模式図

ABともに大腿部（膝の上の部分）の動きの幅、すなわち股関節の動きの幅は同じであるにもかかわらず、膝関節を伸ばしてしまったAよりも膝関節を固定したBのほうが、足先の動く範囲が大きくなっている（伊藤ら,1998を元に作図）。

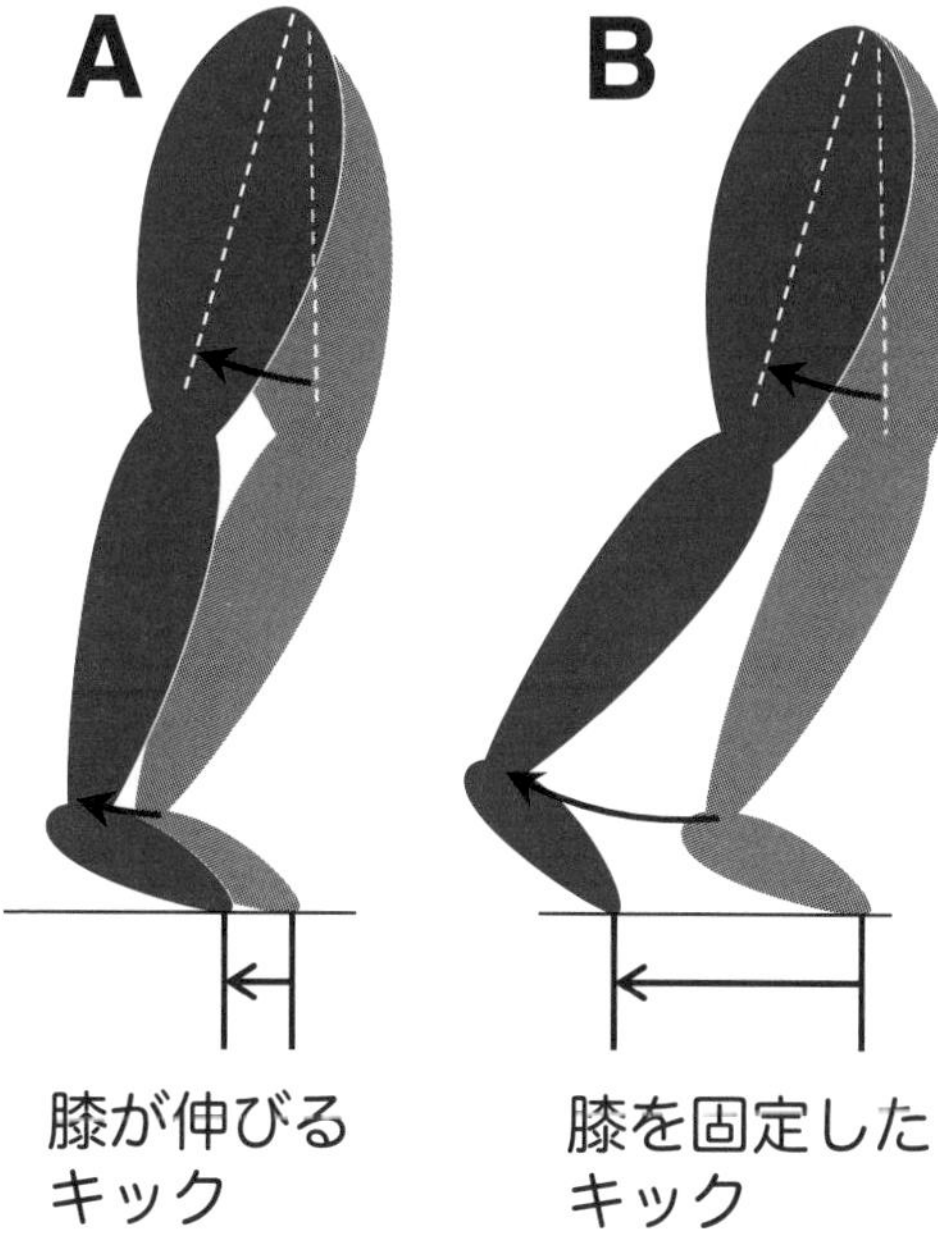

2A）。時々刻々足が地面を押す力の方向は変化していきます。それに応じてすべての筋を調節するのは大変です。特に地面に接地する際に蓄えられるバネを推進に使うことについても非常に難しそうに見えます。

例えば、着地から「乗り込み」動作で膝関節の伸筋（広筋群）に蓄積されたパワーは身体が「乗り込んだ」局面ではもはや推進に積極的に活用できません。なぜなら広筋群の担当する膝伸展の動作自体が推進に有効でなくなるからです。

この場面では着地において大きな膝伸展の力をため込んだ広筋群の張力をキャンセルして、膝の伸展を抑制するには膝屈筋の作用が必要になります。もしハムストリングスが膝関節、股関節それぞれをまたぐ別々の単関節筋だったなら、かなりのエネルギー損失と制御の混乱を伴いながら膝関節の出力を調節することになってしまうでしょう（図2A）。

ここで改めて考えてみましょう。膝が伸びないように頑張ると同時に、股関節を伸展して全身を推進する筋群があります。これは何でしょうか？　そうです。それこそが二関節筋のハムストリングスなのです。膝関節周りの共収縮による損失の問題は広筋群（膝関節の単関節伸筋）と膝関節と股関節両方をまたぐハムストリングスとの共収縮で解決できます（図

図2　スプリントにおける大腿の二関節筋（模式図）

Aは膝屈曲に関わる二関節筋がないモデル。Bは実際の解剖学的な構成で膝屈曲と股関節伸展を同時に行う二関節筋のハムストリングスがある。Cはハムストリングスを省略し広筋群と実際の腓腹筋の関係を示した。

推進の中盤では、効率的な推進のために膝伸展を抑制する必要があるが、二関節筋がないAのモデルでは膝関節の伸展抑制のためだけに屈筋を動員する必要がある。Bでは膝のコントロールと股関節の伸展という課題が二関節性のハムストリングスによって同時に解決されている。Cでは腓腹筋の二関節性が膝の伸展を抑制しながら足関節の底屈を効率よく行う様子がわかる。

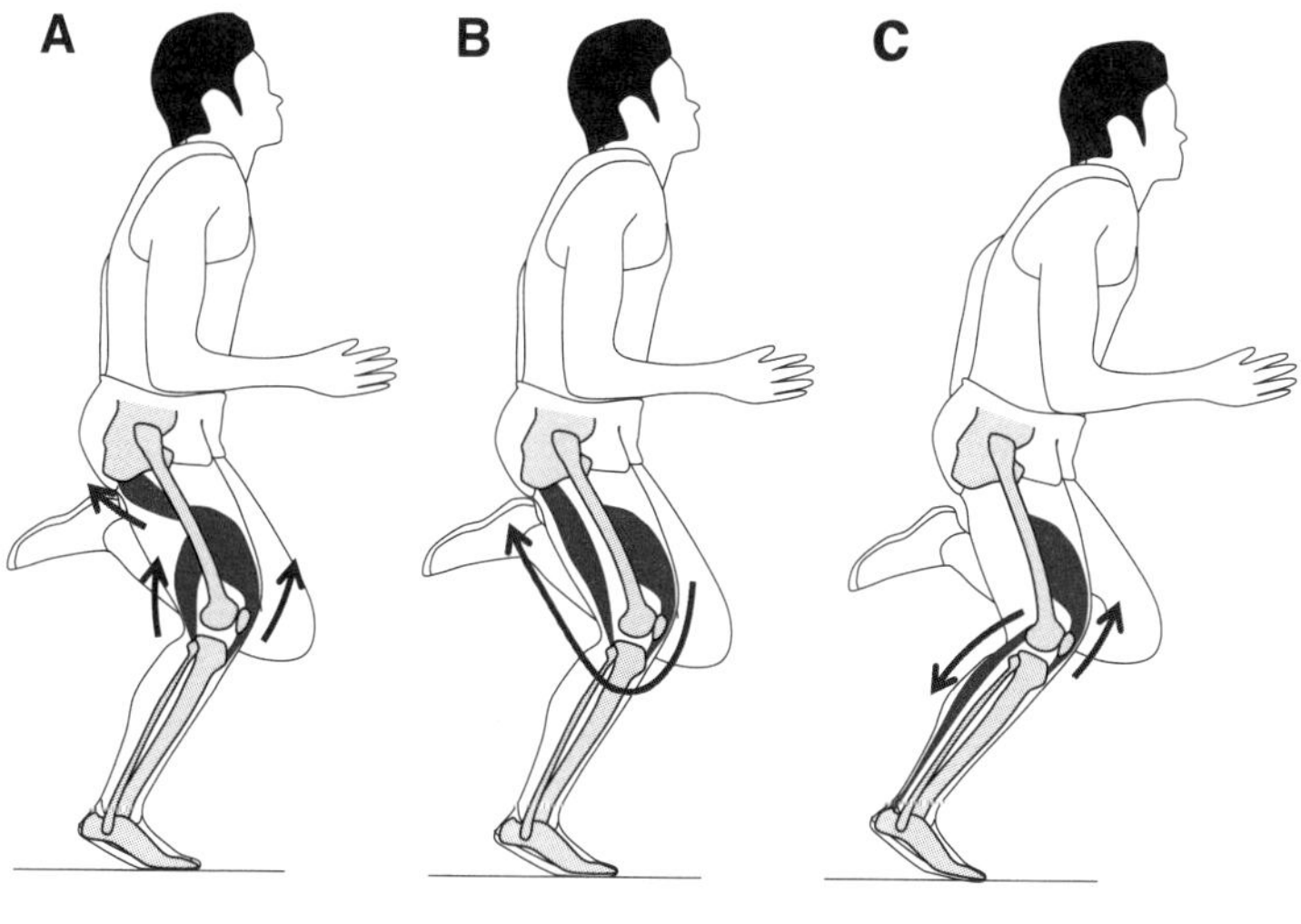

膝関節周りの共収縮による損失の問題は
広筋群（膝関節の単関節伸筋）と
膝関節と股関節両方をまたぐ
ハムストリングスとの共収縮で解決できる。

2B）。

実際にスタートダッシュの地面を蹴り離す直前90msecにおいては、股関節伸展パワーの11％がハムストリングスを介して膝関節の伸筋群から流入していることが報告されています（Jacobs et al., 1992）。

前節で取り上げた腓腹筋も膝関節の伸展を抑制しながら、効率よく推進を行う上で都合のよい構造です。推進の後半は特に関与が大きくなっていると考えられます（図2C）。

スタートダッシュの2歩目における支持脚の動きについて下肢の運動と地面反力、筋活動の様相を模式的に示している（Jacobs and van Ingen Schenau , 1992の図を参考に筆者作成）。活動が強い筋は太い線あるいは大きな円で描いている。推進の前半では広筋群とハムストリングスの組み合わせが膝関節の伸展を抑えながら股関節伸展に関わっている。中盤にハムストリングスと大腿直筋の活動が後退している。後半はよりプッシュ型の特徴が見られ、中枢から末梢へ関節の伸展が連動する垂直跳びと近い制御になっている。被験者は100m10秒6の競技者のデータ。

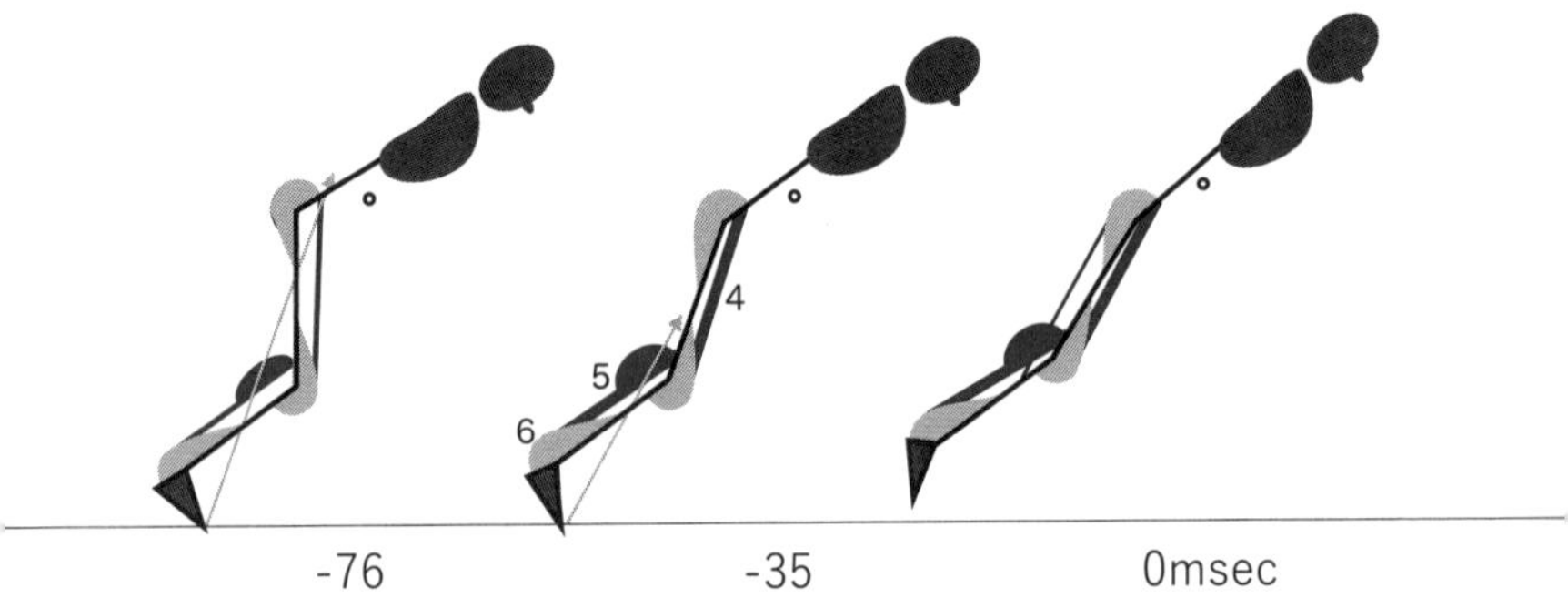

スタートダッシュの筋活動

局面は少し異なり、スタートダッシュの推進に関わる下肢筋群の働きについて見てみましょう。図3は、スタートダッシュの2歩目における支持脚の動きについて下肢の運動と地面反力、筋活動の様相を模式的に示したものです（Jacobs and Van Ingen Schenau, 1996）。

推進の前半では広筋群とハムストリングスの組み合わせが、膝関節の伸展を抑えながら有効に股関節伸展に関わっている様子がよくわかります。後半

図3　スタートニ歩目の下肢筋活動の模式図

1:大殿筋/2:ハムストリングス/3:広筋群/4:大腿直筋/5.腓腹筋/6.ヒラメ筋

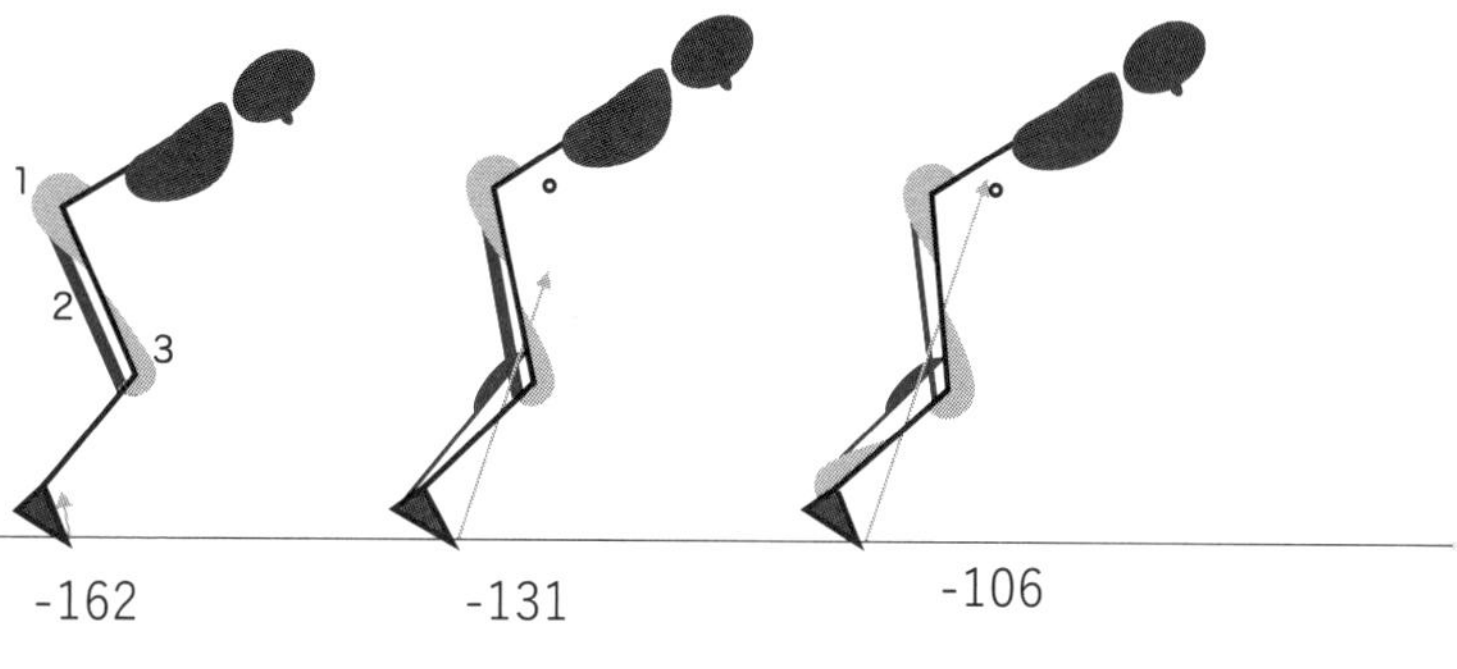

はよりプッシュ型の特徴が見られ、中枢から末梢へ関節の伸展が連動する垂直跳びと近い制御になっています。

大腿の二関節筋の配置は外乱に対する頑健《がんけん》（robust）さを生んでいることが知られています。ここでは詳しく述べませんが、接地点の変位と反力の方向を一致させるのに都合がよく、地面に足を張り付けたまま推進を行う上で理にかなっていると考えられます。逆に二関節筋のないシステムでは作用端が滑るような力が働いて不安定になりやすいことが指摘されています（熊本, 2012）。二関節筋がないとしたらどうなるかという仮定で図3をご覧いただいても面白いと思います。

一方で、ピッチを高めるにはどうすればよいのでしょうか。これは推進の速度が大きく素早いことが最も重要な条件ですが、蹴りっぱなしにならない遊脚のリカバリーも重要な要因です。しかも、遊脚の動きは推進側にとっては振込動作として重要な働きを持っています。優秀なスプリンターでは遊脚の戻りが早く、支持脚の接地時点ですでに支持脚に並んでいる様子が観察されます（図4）。

図4 ウサイン・ボルトのスプリント接地直前

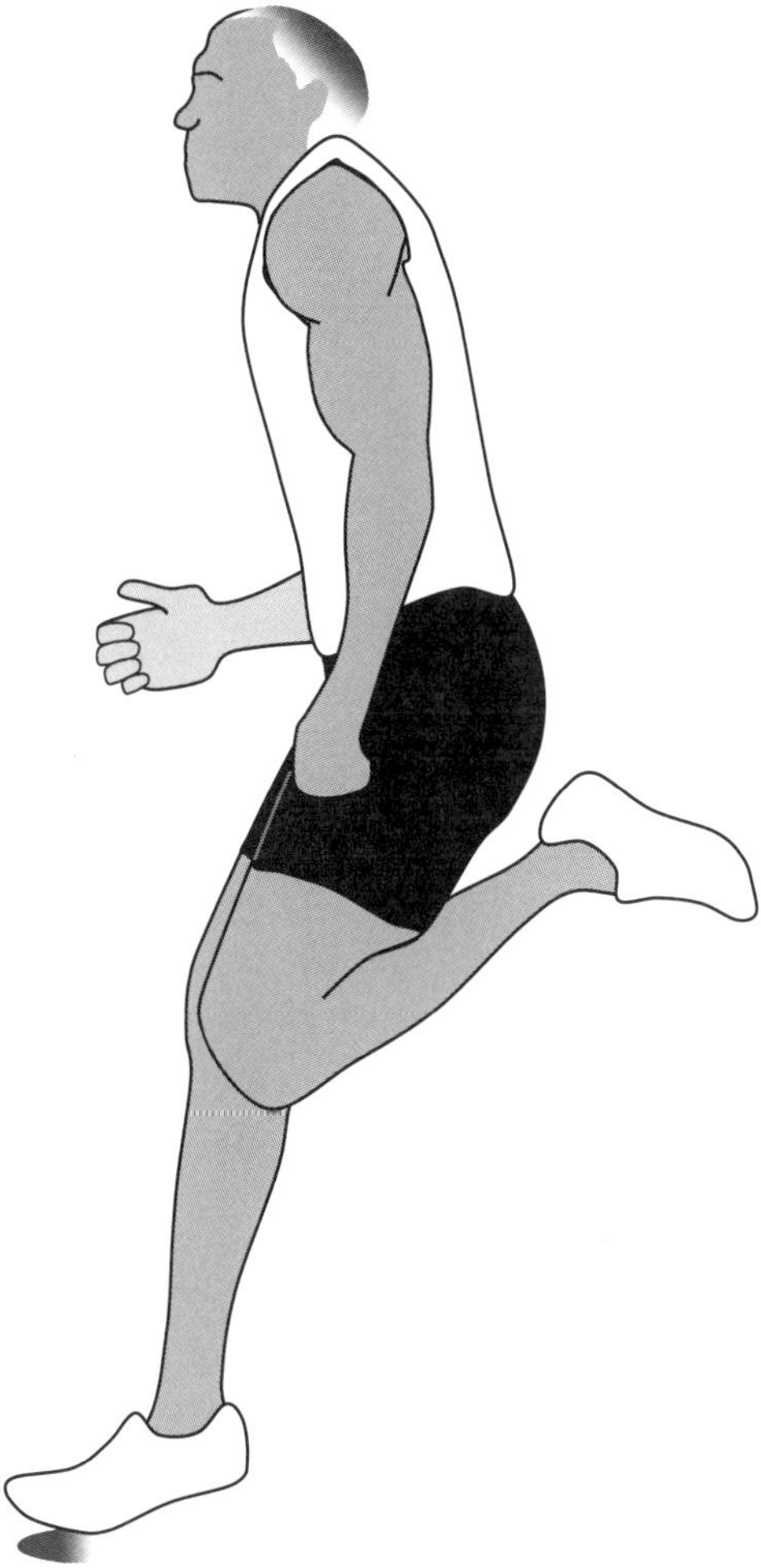

キネティックチェーンのはなし その4
スローイングと体幹

ヒト特有の投げるという動作

ゴリラがひとつかみの土塊を投げる映像を見たことがあります。ごく短い助走から非常に上手に力強く投げるのですが、その投げ方は全く円盤投げのそれでした。あるいは、サッカーのゴールキーパーがボールに手から前腕を巻きつけるように保持して投げる方法によく似ていました。つまり物体をつかんだ側の腕を、肘を伸ばしたまま振り回して投げるというもので、関節の運動としては比較的単純なものに見えました。

一方、我々ヒトが物体を投げる動作様式はご存じの通りかなり多様です。とくに頭上から物を投げる（Overhand Throw）という動作は、ヒト特有のものといわれます。頭上といっても、まさにクリケットの投手ように腕全体を伸ばして頭上から投げる方法もあれば、腕は比較的畳まれた状態で運動し、肩関節の回旋（上腕の長軸周りの回旋）や水平伸展・屈曲が大きく関与するものまでさまざまです。その背景には可動域の大きな肩関節の関与や、複雑な手の機能が大きく関わっていることについては、よく取りざたされることです。

ところで、投げに対する下肢や体幹の関与はどうなっているのでしょうか。例えばピッチャーの投球や、やり投げのオーバーハンドスローは、比較的軽い物体を最も速度、飛距離を大きくできる方法といってよいと思いますが、ここには上肢の動きだけではなく、全身の投げ方向への移動とともに下肢が伴う「起こし-倒し」「反り」「ひねり」といった体幹の動きが大きく関わっています。

ヒトのオーバーハンドスローの発達を追うと、個人差、報告による差はありますが、全く独立した腕のみの動作から始まり、体幹上体の投げ方向へのひねりが出現、その後バックスウィング時に投げ動作と反対方向へのひねりが出現、さらに投げ手と反対側下肢の踏み出しが出現し、踏み出しが大きくなっていくようです（高本ら，2003; 中村ら，2011）。

このような過程を経て上半身に対する下半身の先行Separationが徐々に生まれてくるように見えます。全身に対する骨盤、腹部の先行である反り方向のしなりとひねり方向のため

Separationが同時に関与すると、それは三次元的な動きとなり、複雑さを増すと同時に物体に伝わるエネルギーも格段に大きくなります。

ここでは、投げに関与する下半身から体幹、そして上肢に至るキネティックチェーンのその仕組みについて、単純な動きから見ていきたいと思います。

下肢の自由度と体幹筋群の関与

矢状面内の動きで、手先の速度を大きくするような体幹の働きを考えてみましょう。

図1は、前方への両手オーバーヘッド投げの様子を模式的に示したものです。それぞれの図には矢状面内の動きに関わる主な筋群を模式的に示してあります。Aは足を基底面とした立位、Bは膝と足を基底面、Cは殿部と下肢を基底面とした長座位です。実はこれら

矢状面内の動きに関わる主な筋群を模式的に示した。Aは足を基底面とした立位、Bは膝立姿勢、Cは殿部と下肢を基底面とした長座位。この姿勢によって骨盤の姿勢や、筋の伸張度が変化し、利用されるキネティックチェーン範囲や自由度に変化が生じる。

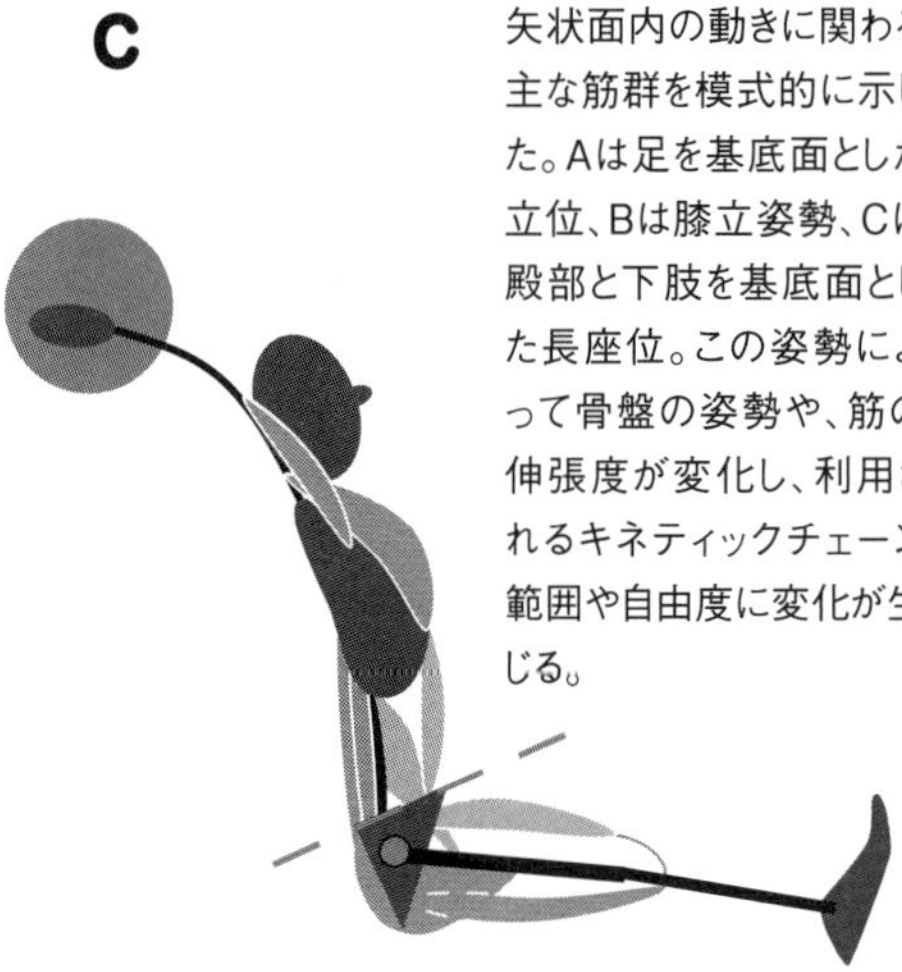

例えばピッチャーの投球や、
やり投げのオーバーハンドスローは、
上肢の動きだけではなく、
全身の投げ方向への移動とともに下肢が関わる
「起こし-倒し」「反り」「ひねり」といった
体幹の動きが大きく関わっている。

図1 両手オーバーヘッドスローの姿勢と筋群の関与（模式図）

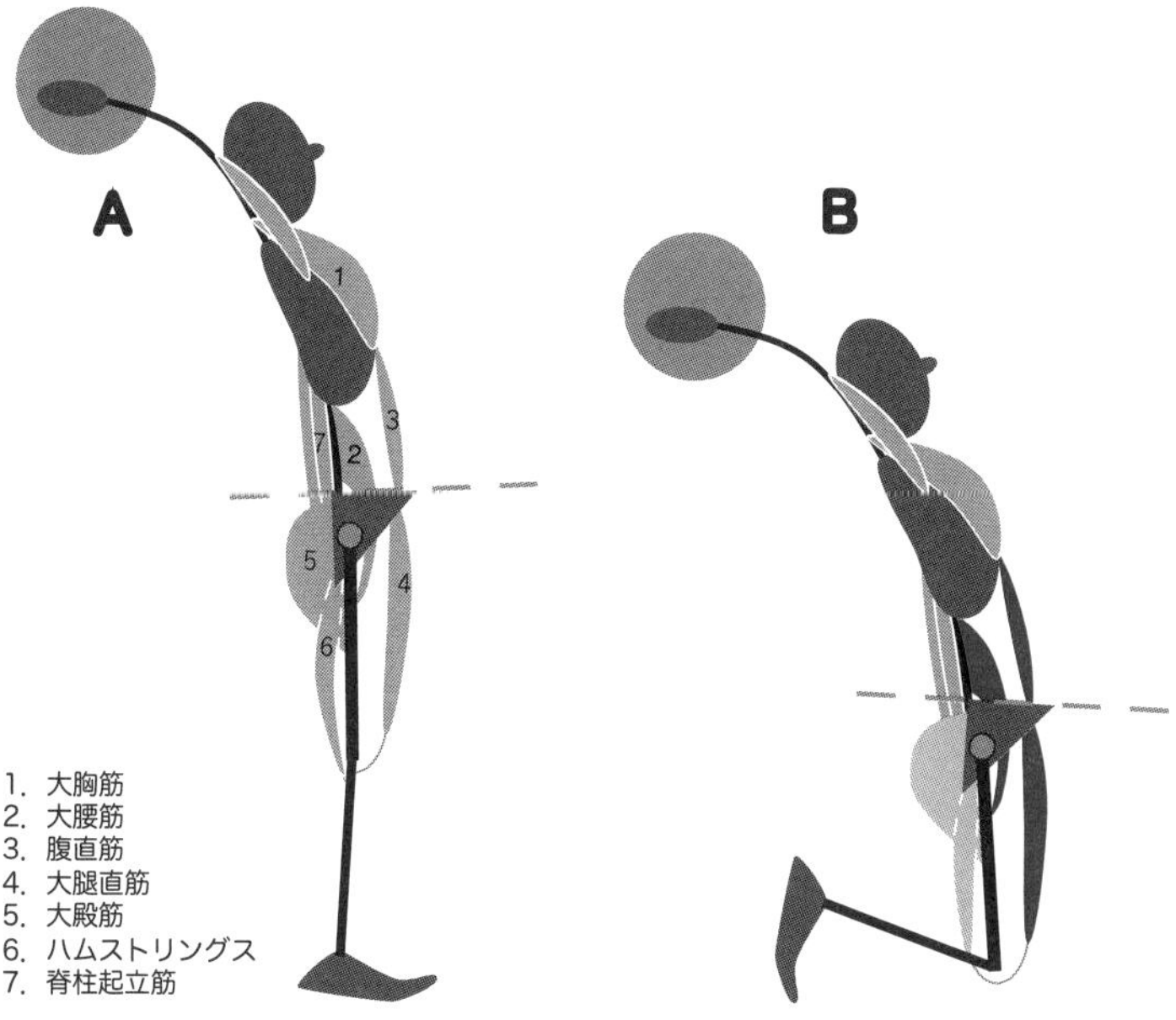

の姿勢の間には、キネティックチェーンをどの範囲で利用するか、どの程度の自由度で利用するかといった、単に脚が使える・使えない以上の違いが生じます。

まず立位での投げを見てみましょう。特に投げの主働筋と考えられる体幹前面の筋群について骨盤との関係から考えてみます。

立位では下肢全体の動きの自由度は確保されていますから、比較的骨盤の角度も、大腿直筋の引き伸ばし具合も、かなり広い範囲で変化させることが可能です。下肢の自由度が高いことから、実際にこの姿勢でオーバーヘッドスローを行うと、かなりの個人差が現れます。トレーニングとして用いる場合でも、当然負荷に個人差が生じることが予想されます。

例えば、足から手先までを大きな弓のように使って、手先の運動範囲や、加速に関与する筋を長い直列のつながりで利用することも可能ですし、逆に体幹への負担を減らすように下肢でコントロールすることも可能です。

さらに、立位ならば姿勢の変化を利用することで積極的に伸張負荷を作り出すことも可能となります。例えばメディシンボールを頭上に保持し、完全伸展した膝関節を屈曲しながら、体重を前方に移動させ、それとともに股関節を伸展させるような動きを極端にやると、体幹の前面から胸に爆発的に伸張を生んで力を溜められます。そこから投げにつなげるといわゆるスネーク投げになります（図2）。

スネーク投げは、脚から骨盤で「あおり」をつくり、その勢いを利用して腹部から胸肩周りの筋群のバネに溜め込むようなイメージです。うまく行うと、身体のしなりの頂点が手先に近づいていくほど蓄積されたエネルギーが増幅していくような感覚になります。

膝立位では、股関節を伸展位に保つことで、大腿直筋や腸腰筋が比較的伸張位になるため、骨盤は前傾され、身体前面

図2 メディシンボールのスネーク投げ

完全伸展した膝関節を屈曲しながら、体重を前方に移動させ股関節を伸展させる動きを極端に行うと、しなりの頂点が徐々に上肢に向かい、体幹の前面から胸に爆発的に伸張を生んで力をためるスネーク投げになる。

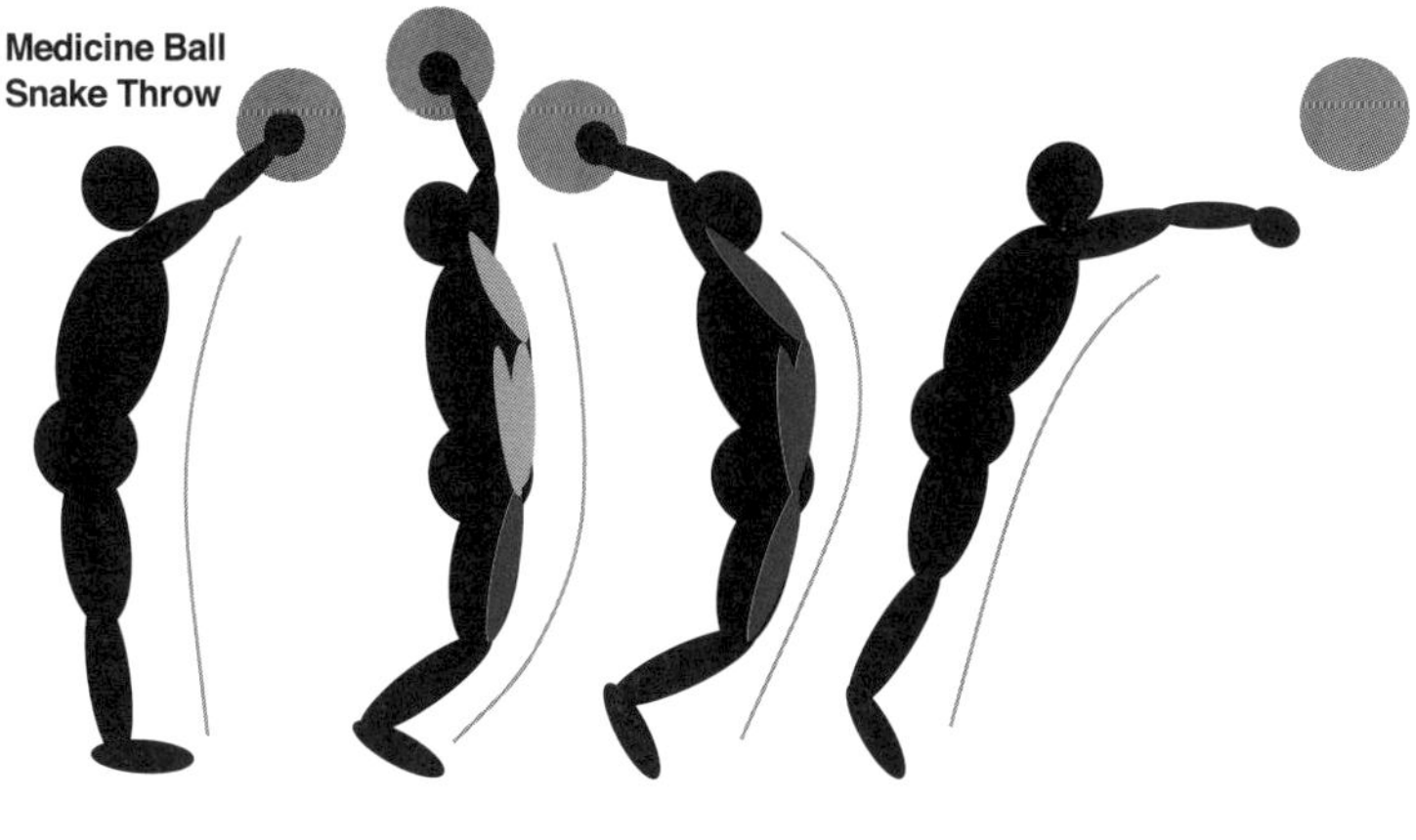

の筋群が伸張されやすい姿勢になります。足関節、膝関節の自由度が制限されることで、上肢への負荷は、よりダイレクトに体幹前面に伝わるでしょう。

例えば、ツイスト系のエクササイズは長座位で行うよりも膝立位のほうが腹斜筋群に強い伸張をつくりやすいでしょう。このとき、腸腰筋も投げやスプリントにおいて、大きな出力が求められる伸張域での活動になります。

長座位では、比較的骨盤が後傾位でコントロールされます。そのため、身体前面の筋群への伸張は生みにくく、大腿直筋や腹部浅層の筋群は短縮域での操作となります。大腰筋は股関節の屈曲位によって、力発揮としては得意な姿勢に当たりますが、筋の長さは短いところでの操作になります。長座位での頭上からの投げは上肢中心の動きになりがちで、体幹前面の筋群はStretch-Shortening Cycleを利用して積極的に投げに参加するというよりは、比較的固定的に働いて投げの土台を固めるような作用が中心となるでしょう。

反り、しなりの力学的意味

ここでは話を簡単にするために、矢状面内の動きを対象としてお話ししてきました。この反り、しなりにはどのような力学的な意味があるのでしょうか。最もシンプルな見方をすると、これらは、続く主動作に対する動作範囲の確保だといえるでしょう。反り、しなりは復元の際の動作範囲を大きく左右します。筋のレベルで見ると、関与する筋を引き伸ばすだけではなく、直列に繋がる筋の連続体を引き伸ばす意味があります。具体的にはぜひこれらの姿勢をそれぞれ実際にとって、ご確認いただくのがよいと思います。

メディシンボールを投げるまで至らなくても、頭上に伸ばした腕を大きく後方に引いてみたとき、どこに伸張を感じるでしょうか。さらに重量のあるものをキャッチしたときはどうでしょうか。キャッチからの跳ね返りで投げたときはというふうに、イメージも実際のエクササイズも進めていっていただきたいです。

ここまでお話しした、矢状面内の動きにひねり方向の動きが加わるとどうでしょうか。下肢からの力を受けて回旋する骨盤は、下半身の先行をより極端なものとし、体幹筋群に大きな伸張を生むでしょう。狭い骨盤の回旋を胸部や肩に伝えるひねりの利用は、腹部や背部、胸や肩の大きくて長い筋を引き伸ばして利用するのに都合がよく、下肢の小さな運動であっても大きく増幅されて上肢に伝えられる可能性があります。

図3は、槍投げを例にとって、伸張されて投げに利用される筋群のキネティックチェーンを模式的に示しています。この局面は左足のブロック動作によって股関節にブレーキがかかり、そのことによって、上から見て反時計回りの急激な回旋が生じますが、それに先立つ下肢の回旋方向の先行によって活動しながら引き伸ばされた内転筋も骨盤の回旋に関わることが予想されます。

骨盤の回旋および前傾は腹部の筋群を伸張し、この力は胸郭を回旋します。胸郭の回旋は前鋸筋を介して肩甲骨上肢へと伝わる繋がりと、大胸筋を介して上腕骨に伝わる繋がりが考えられるでしょう。実際には大殿筋から広背筋への、背中側での繋がりについても想定することができます。

投げ動作中の体幹筋群のStretch-Sh-ortening Cycleの関与については、実験的な検証の報告は少ないといってよいでしょう。オーバーハンドスローではありませんが、円盤投げにおいては宮崎ら（2016）により、腹斜筋群の伸張の様相と筋活動が同時に記録、観察され、爆発的な投げ運動に利用されていることが示されています。

図3 槍投げのブロック動作の骨盤回旋と体幹筋群のキネティックチェーンの模式図

やり投げ左足のブロック動作によって股関節にブレーキがかかる。そのことによって、上から見て反時計回りの急激な回旋が生じる。同時に内転筋の股関節内旋も骨盤を回旋、骨盤の回旋および前傾は腹部の筋群を伸張し胸郭を回旋、胸郭の回旋は大胸筋を介して上腕骨、前鋸筋を介して肩甲骨へ力を伝える。一方で右大殿筋から左広背筋へ向かう背中側での繋がりも考えられる。

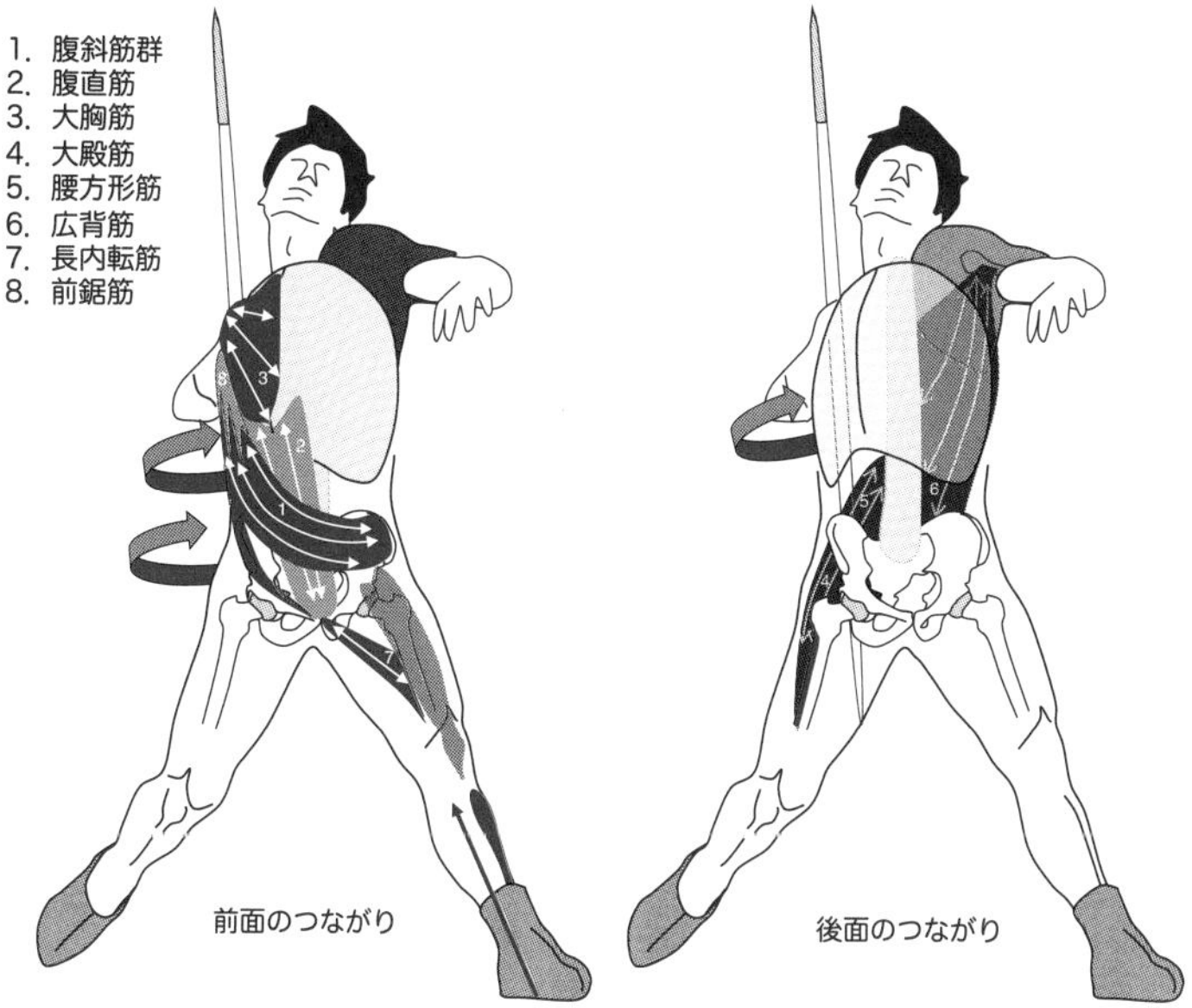

反り、しなりは復元の際の動作範囲を大きく左右する。
筋のレベルで見ると、関与する筋を引き伸ばすだけではなく、
直列に繋がる筋の連続体を引き伸ばす意味がある。

身体の構造と目的の出力
―イルカの運動機構から考える―

イルカの腹筋はどうなっているんだろう？

普段から動き、とくに〝投げ〟のことばかり考えているので、トレーニング的な見どころからヒト以外の動物を観察するときにも、「投げ的」な視点から見る習慣になっています。

生活環境への極端な適応をした動物、例えばイルカの腹筋はどうなっているんだろう？　あれだけ強力に尾を振り回すことができるのだから、相当強力な筋がついているはず。尾を固定したら相当強力に上半身を

振り回すことができるのではないか？　しかし、イルカの腹直筋はどこに付くのだろう？　そもそも存在するのか？　後脚はないけど腸腰筋はどうなったんだ？　骨盤はあったっけ？　考えてみると謎だらけです。

しかし、よく観察してみると、究極の適応を示したといえる動物の運動機構からは学ぶことが多く、究極のトレーニングの結果、どこを目指していくのかを考えるにあたっても有用と考えます。

イルカは進化の過程で一旦陸に上がってから、再び水中生活に適応したと考えられています。そういうわけで、魚と似てはいるものの、運動の様式としては大きく異なります。多くの魚が進行方向に向かって左右方向に尾を振るのに対して、イルカでは上下です。魚類とクジラ類では尾鰭《おひれ》の向きが異なりますよね。クジラの尾鰭で採用された推進のための上下方向への動きは、後肢があった頃の前後方向の屈曲・伸展運動の仕組みを踏襲し誇張したアレンジといえるでしょう。

「いじり甲斐」のあるヒトの運動様式

ヒトを含む動物の運動機構は、非常に精密で合目的的にアレンジされていると感じることが多いものです。実際にわれわれの運動器の構造や動きの仕組みというものは、普段の生活様式、主たる移動手段、食糧を得る方法などがバイアスとなって、生存や遺伝子の存続という目的に適合した形質が残されていったと考えることができるでしょう。

例えば、ヒトの下肢は直立二足姿勢の保持、あるいは直立二足歩行に適した形態を持っています。踵接地に適した足の形状（ウマやイヌの踵は立位では地面に接しません）、足関節の姿勢、完全伸展位ではぼエネルギー消費せずに固定できる膝関節などは二足立位の安定あるいは歩行のために特に重要な構造です。

アスリートが競技の現場で繰り出す高い出力、身体への負担の大きな動きというのは、生存や種の維持に関わらないところであっても、

ヒトと動物の違いは、
目的が同様の動きであっても
意図的、戦略的に
コントロール様式を変えていくことができる点にある。

最大出力や身体を傷つける可能性があるくらいの大きな負荷を「みずからすすんで」つくり出しているわけです。これはきわめて「人間らしい」営みといえるでしょう。

そういう意味では、動物の中ではまったく特殊です。そのようなアスリートの活動であるからこそ、日常生活の負荷ではトレーニング効果を得るには不十分なことがほとんどで、意図的な負荷や動きづくりを考えていく必要があります。

このような見方からいうと、ヒトと動物の違いは、目的が同様の動きであっても意図的、戦略的にコントロール様式を変えていくことができる点ではないでしょうか。さらに、他人からのアドバイスを受けて積極的に動きを変容させることができる点も重要です。

このような観点から見ると、ヒトの運動様式は「いじり甲斐」があります。トレーニングや動きづくりの過程は、我々に備わった仕組みに積極的に働きかける手段です。身体が受ける負荷や出力の様式を戦略的にコントロールして、自分の目的に合った刺激を得たり、求める出力を産み出すことができますし、まさにこれが動きづくりやトレーニングの醍醐味ではないでしょうか。

ただ、観察・分析にあたっては漫然と負荷の大きさや、見た目の運動様式にとらわれていると、所望の結果は得られないでしょう。

同じ手段でも運用方法によって内容は変化

図1は、よく見かけるメディシンボールキャッチ&スローの様子ですが、AとBでは少し運動の様式が異なります。これは、負荷となるボールの飛来する軌道が異なるのです。Aでは上から落ちてくるように投げつけられ、Bでは身体をのけ反らせるように下から投げ上げられます。

体幹を中心に見てみると、Aではひねり方向の負荷はもちろんですが、体幹は屈曲方向への変形を強制され、腹部の筋群はダイナミックな出力の中心となるというよりも、腹圧を高めて体幹が屈曲方向にへしゃげてしまうことに対する防御の働きへの要求が高まるでしょう。その一方で脊柱起立筋や広背筋などは大きな負荷を受け、素早い出力を求められるでしょう。Bでは体幹が伸展方向の変形を強制され、腹直筋や腹斜筋群、腸腰筋など前面の筋群が急激な伸張を受けながら出力することになります。

このようにAとBの両者は、同じメディシンボールを使ったダイナミックなツイスト系の

図1 負荷の入射角と体幹筋の動員（模式図）

同じメディシンボールキャッチ&スローでも、ボールの入射角によって体幹筋群への要求は変化する。

⟷ 胸郭と骨盤の間で予想される変形

⟷ 予想される筋への伸張負荷

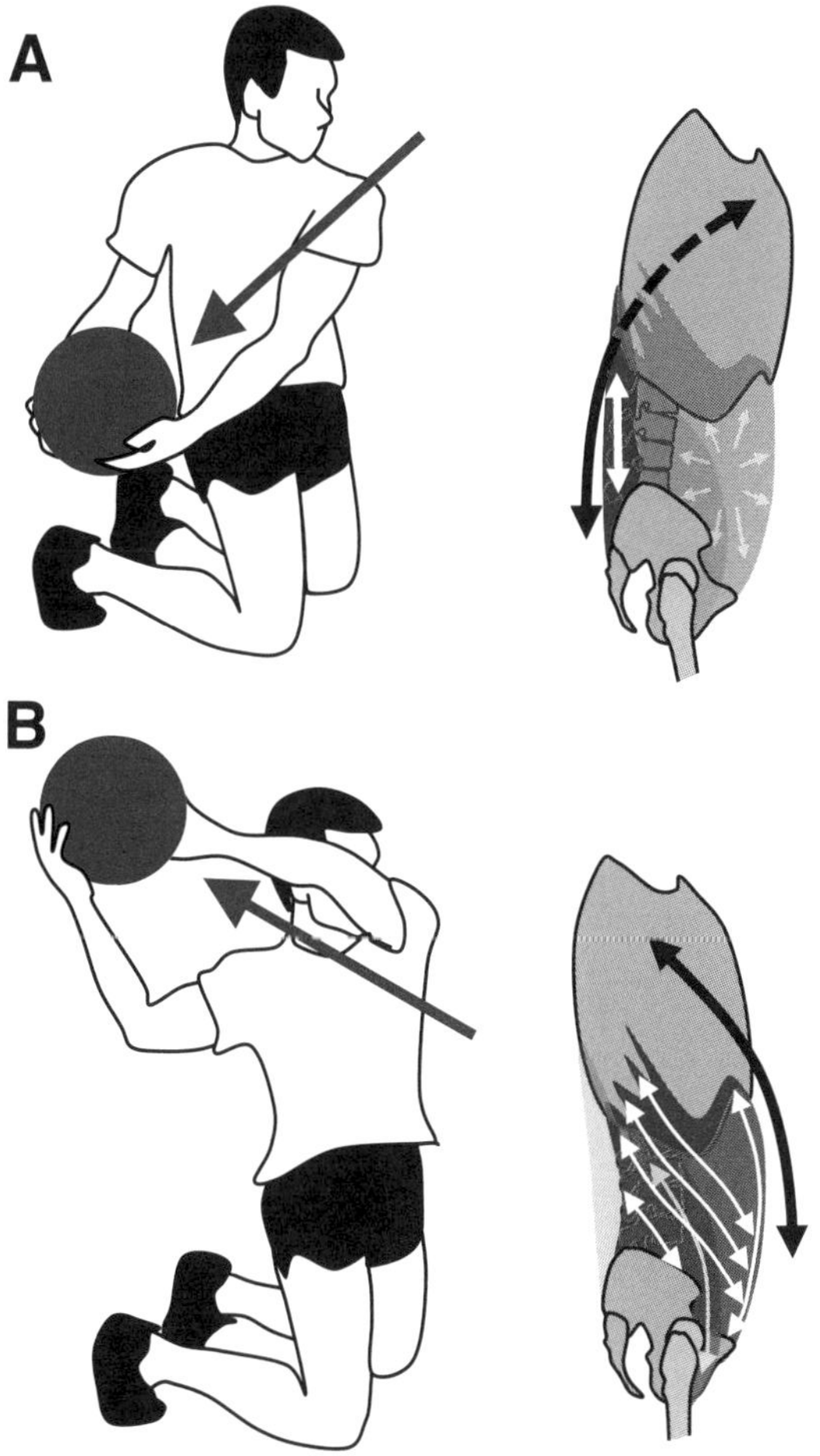

トレーニングですが、得られる負荷は大きく異なります。

さらに、同じ速度、同じ軌道のボールを投げつけられた場合でも、受け手へのインストラクションによって、負荷の様相を変えることができます。「なるべく身体を変形させずバシッと受け止めて」「ゆっくり大きなひねりをとってグイーンと受け止めて」「鋭いひねり動作でスパッと跳ね返して」などパターンは無限に考えられますが、これだけでも関節・筋群の関与の様相を変化させることができます。これらはいかにも人間らしいやり方ですね。

このように一見同じ手段であっても、運用の方法によって内容が大きく変化する事例は実際のトレーニングにおいてはよく見られることですが、注意深くデザインしないと求める負荷が得られないかもしれません。同じ手段でも個々の行い方によって負荷が大きく異なることから、目的の効果を確保するためには個別に丁寧な観察と評価が必要な事例です。

その一方で、負荷に対する解剖学的な構造の配置や機能をよく理解すれば、戦略的に負荷をコントロールすることも可能になり、一つの手段からさまざまな効果を生み出すことも可能でしょう。

美しくアレンジされたイルカの腹側の筋群

水中生活に究極に適応したイルカですが、骨盤の存在は痕跡的だそうです（図2）。重力に抗して内臓を支える必要もないでしょうし、腰をひねろうにも下半身・上半身が一緒に動いてしまいそうですから、強靭な骨盤への要求は少なくなったのだと考えます。

とはいえ尾を上下に振るために重要な腹直筋はちゃんと骨盤に付着していますし、腹壁には腹斜筋もあるようです。ヒトの大腰筋にあたる筋は「軸下筋」として存在し、尾側の肋骨や胸椎から尾椎にかけて起こって、尾椎と尾椎に対応したV字骨（chevron）に付着します（Cotton et al.,2008）。長く強力な筋であり、やはり強い尾の動きに適した構造だということがわかりま

図2　イルカの尾を振り下ろす筋群

イルカには下肢がないが、ヒトの大腰筋に相当する軸下筋が脊柱の前面を走行して、尾部まで至っている。さらに腹直筋も痕跡的となった骨盤や脊柱に付着して、尾を腹側に振り下ろす機能を果たしている。

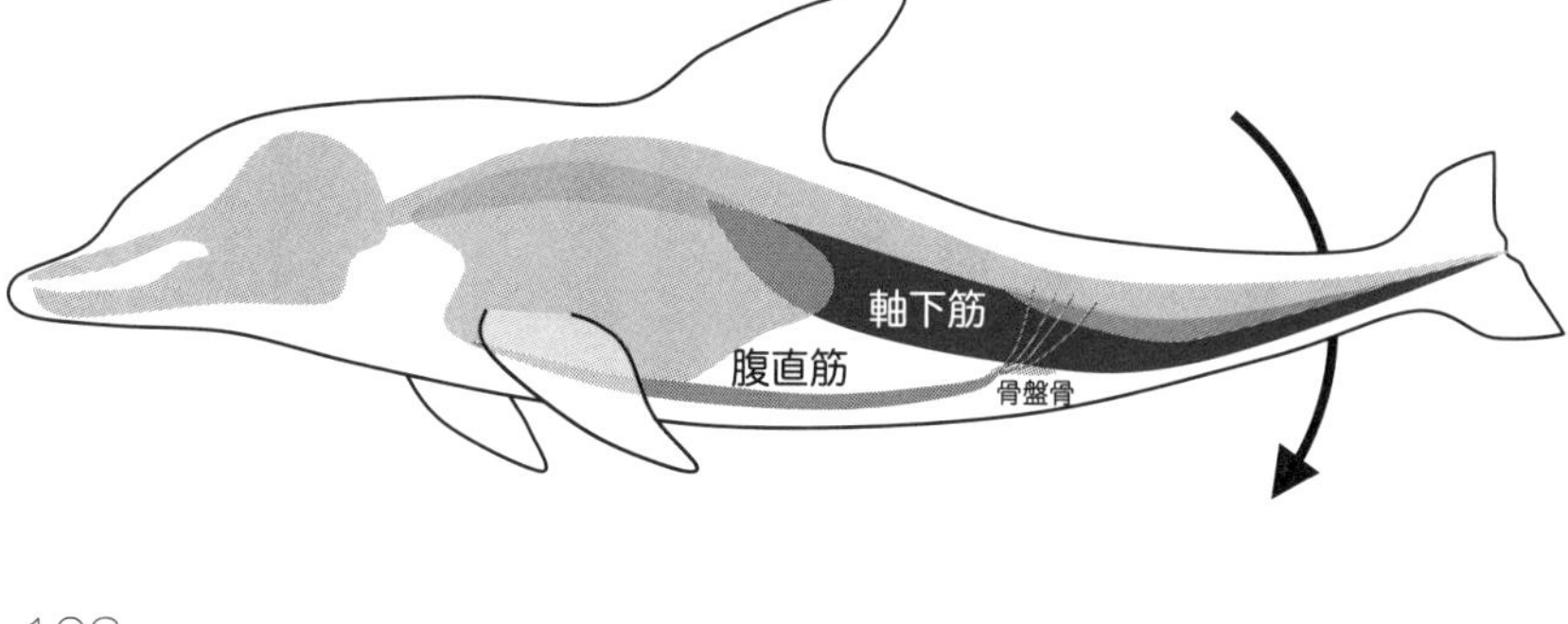

す。

V字骨はこの軸下筋に付着を与えていますが、ヒトにはみられない骨です。三本目の後肢として尾をよく使うカンガルーにもみられる骨です。イルカの美しくアレンジされた腹側の筋群から、進化にまつわる適応の無駄のなさを感じると同時に、構造そのものを変化させることが難しい我々はこの機能を「身体の使い方」で実現しなければならないし、それができるのだということに思いが至ります。

ヒトがイルカのように泳ぐためには、腹側（身体の前側）では、腸腰筋・腹直筋と共に股関節と膝関節をまたぐ大腿直筋や足関節を背屈する前脛骨筋などが美しいキネティックチェーンとなって働く必要がありそうです。

Chapter 3

体幹のはなし

体幹の屈曲と屈曲弛緩現象

ぎっくり腰の思い出

学生時代、同期に非常に競技力が高く、筋力の強い友人がいました。入学したての頃、高校時代から国内トップの彼が、一緒にウェイトトレーニングをやろうと誘ってくれるのですが、あまりにも力の差が大きくむしろ付き合ってもらうことが気の毒に感じていました。一緒にスクワットのセットを組もうとしても、100kgは筆者の最大筋力にあたる重量、彼にとってはウォーミングアップ始まりの挙上重量という感じでした。

しかし、心優しい彼は、筆者の番になると「早く強くなれよ」と言って、大量のプレートを外して付き合ってくれたのです。2年生の頃だったでしょうか、その日も午前の練習で一緒にクリーンのセットを組んだのですが、100kgを挙げるのがやっとの筆者の目の前で、彼は160kgを挙上したのです。これには仰天しました。彼の投動作で見せる爆発力の背景を目の当たりにして、これにはますます追いつけないな〜と遠い世界のものを見るような思いでした。

ところが、その日の午後、その友人から電話がかかってきたのです。

「お〜ぃ、ぎっくり腰だ。助けてくれ〜。動けんわ」

あわてて彼のアパートに駆けつけたのですが、そこには布団に突っ伏し、変わり果てた彼の姿があったのです。やはり、160kgの負担は相当だったのだなと勝手な考察をしていたのですが、よくよく聞いてみると、受傷機転は「掃除機を畳から拾い上げる動作」だったというのです。一体これはどういうことなのでしょうか？　今となっては状況証拠から考察するしかありませんが、本節では床からの物体の挙上動作を取り上げ、姿勢と支持機構の負担について考えていきたいと思います。

脊柱のNeutral ZoneとElastic Zone

脊柱の安定には、非常に複雑な機構が関わっています。詳しく見るときりがないのですが、これらを大きく分類すると、静的な支持機構と動的な支持機構に分けることができます。静的な支持機構は椎骨（脊柱を構成するひとつひとつの骨）同士のはまりこみの構造とともに、椎体（椎骨の丸太のような部分）同士をつなぐ椎間板、隣り合う椎骨同士をつなぐ数多くの靭帯や筋膜が主な要因です。動的な支持機構は筋が担当します。

Panjabi（1992）は、脊柱の動作範囲と安定機構の関係の視点として、Neutral ZoneとElastic Zoneという考え方を提唱しました。

彼は、Neutral Zoneの定義を「生理的な椎間運動の範囲にあって、その範囲内では最小の内部抵抗で脊柱の運動が生成される、柔軟性あるいは弛緩性（ゆるみ）が高い動作範囲」とし、Elastic Zoneの定義を「生理的な椎間運動の範囲にあって、Elastic Zoneの終わりから生理的な限界までの範囲。その範囲内では非常に大きい内部抵抗に抗して脊柱の運動が生成される、スティフネス（剛性）が高い動作範囲」としています。

そして、このZoneは6自由度の運動それぞれ、つまり屈曲・伸展、側屈、回旋、および前後のずれ、左右のずれ、引っ張り方向のずれについて存在するものとしています。

図1には理解を簡単にするために腰椎の屈曲・伸展にしぼって、この考え方を筆者なりの

図1　腰椎屈伸可動域のNeutral Zone（NZ）とElastic Zone（EZ）

中間位周辺のNZでは抵抗が小さいが、伸展方向のEZでは椎間関節の支持への関与が強くなり、屈曲方向のEZでは背側の靭帯や椎間板などの関与が強くなる。

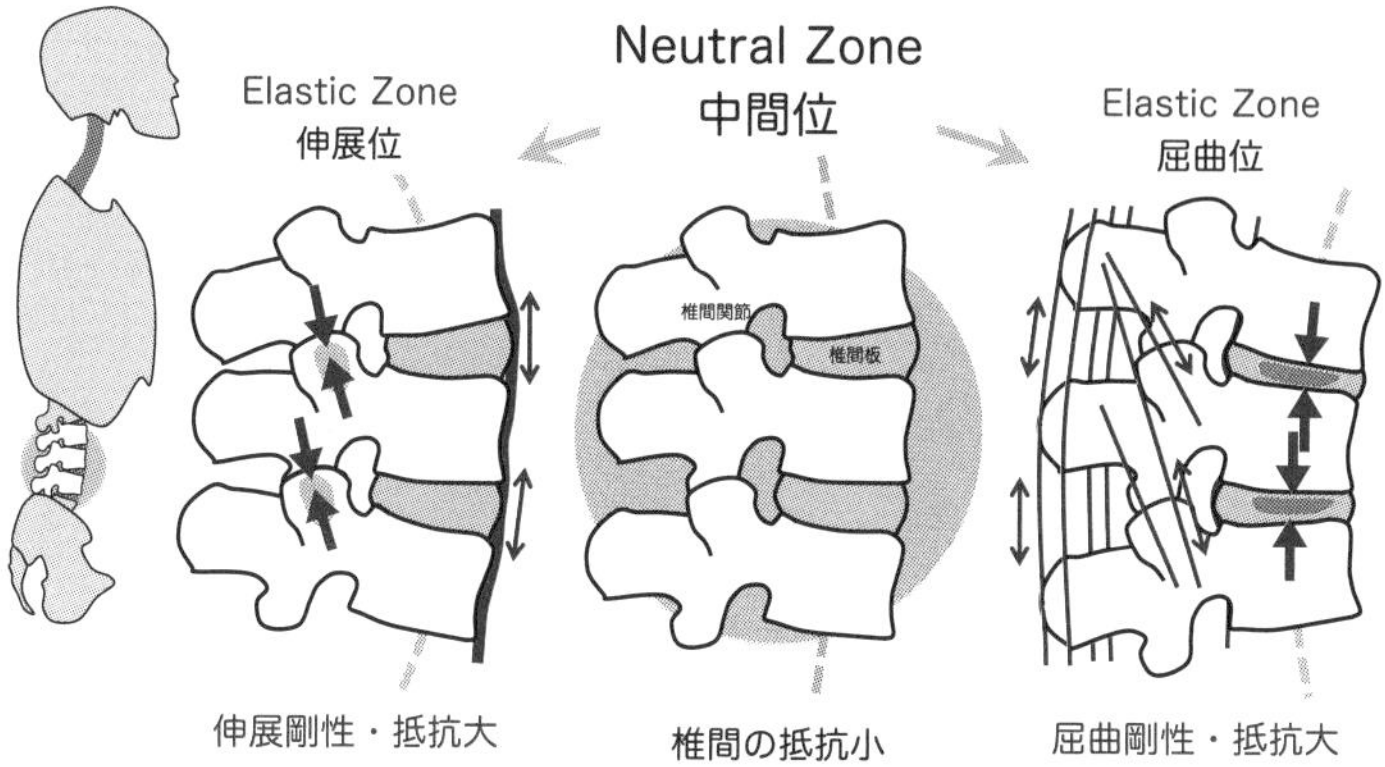

Panjabi（1992）は、
脊柱の動作範囲と安定機構の関係の視点として、
Neutral Zone とElastic Zone と
いう考え方を提唱した。

解釈で模式的に示しました。中央のNeutral Zoneでは腰椎は生理的な前弯（腹側へ出っ張る弯曲）を示し、靭帯など静的な支持機構には緩みがあり、運動の抵抗が小さく、関節の自由度が高い状態です。

このような状態が保たれる動作範囲がいわゆるNeutral Zoneで、動的な支持機構である筋の関与で安定的にコントロールされています。この範囲での運動は支持機構への負担も小さく余裕があるため、傷害につながりにくいといわれています。それに対して、大きな伸展位（左）では腰椎の前弯が強まることで、椎骨同士をつなぐ関節である椎間関節がぶつかり、大きな荷重にさらされています。そのため伸展方向の剛性が高く抵抗が大きいElastic Zoneにあるといえるでしょう。

一方、大きな屈曲位（右）では、腰椎の前弯が消失し、背側にある靭帯に代表される静的な支持機構には緩みがなくなって、腹側の椎間板が受ける圧力も大きくなっています。静的な支持機構の関与が高まり、靭帯が「効いた」状態になって積極的に支持に参加しています。このような状況になる動作範囲が屈曲側のElastic Zoneです。

Elastic Zone内での運動が日常的に長く持続したり、この範囲に入り込むような大きな変位が頻繁に強制される状況は支持機構の破綻（＝傷害）につながります。

屈曲弛緩(Flexion-Relaxation)のこと

いわゆる前屈動作を行う際、脊柱起立筋が突然、活動をやめてしまう現象が知られています。これを屈曲弛緩現象（Flexion-Relaxation Phenomenon：ＦＲＰ）と呼びます。なぜこのような現象が起こるのかについて、脊柱起立筋の筋活動を観察した研究からメカニズムが以下のように説明されています。

脊柱の屈曲が深くなればなるほど筋や靭帯など、後方支持組織の「受動的な張力（筋活動を伴わない組織自体の張力）」が大きくなってきますが、屈曲が深くなると、あるところで筋活動によって得られる張力を超える局面に至ります。そこではもはや筋の張力がなくても脊柱の支持ができるわけですから、筋活動への要求が急激に小さくなり、弛緩に至ると考えられています（Floyd and Silver,1955）。

実際に重りを肩にしばらく載せて、即時的に椎間を狭くすると、相対的に短くなった靭帯の影響によって、筋による支持への要求が高まり、同じ前屈角度であっても筋活動が大きくなったことが報告されています（Zhang et al., 2012）。

図2に、体幹の前屈位において筋活動がある状態と、筋が活動をやめた屈曲弛緩の状態の両方を模式的に示しました。

床から荷物を持ち上げる際、我々は上肢とともに、下肢や体幹の関節を動かして手先を床付近に到達させ、手に保持した上で挙上に至ります。この一連の動作を、股関節、膝関節の関与を十分確保して行えば、おのずと比較的上体が起こされたスクワット運動に近い動作になります。このような動作はLeg Lift と呼ばれています。

これに対して、膝関節、股関節の動きとも不十分で、過度に脊柱の屈曲・伸展に頼った動きはBack Liftと呼ばれ、日常生活動作や労働環境における腰部障害の発生要因として注意が必要です。極端なBack Liftでは、負荷を保持しながらも屈曲弛緩、あるいはそれに近い状況が起こっている可能性があります。Leg LiftとBack Liftについては、トレーニング動作との関連も深いので、次節であらためて議論したいと思います。

弛緩に至った支持系は「受動的」なものですから、急激な負荷の変化や外乱に対して脆《もろ》いと考えられます。いわゆるぎっくり腰が背側支持機構の部分的破綻だと仮定するなら、やは

図2 屈曲弛緩現象 Flexion-Relaxation Phenomenon (FRP)

前屈の深い姿勢における脊柱の屈曲位では静的支持機構の緊張が大きくなり、脊柱を支持する筋群への要求が小さくなった結果、筋群が活動を休止してしまう。これを屈曲弛緩現象という。筋群が作用しないため、腰椎間の靭帯等、静的な支持機構に大きな負担がかかる。

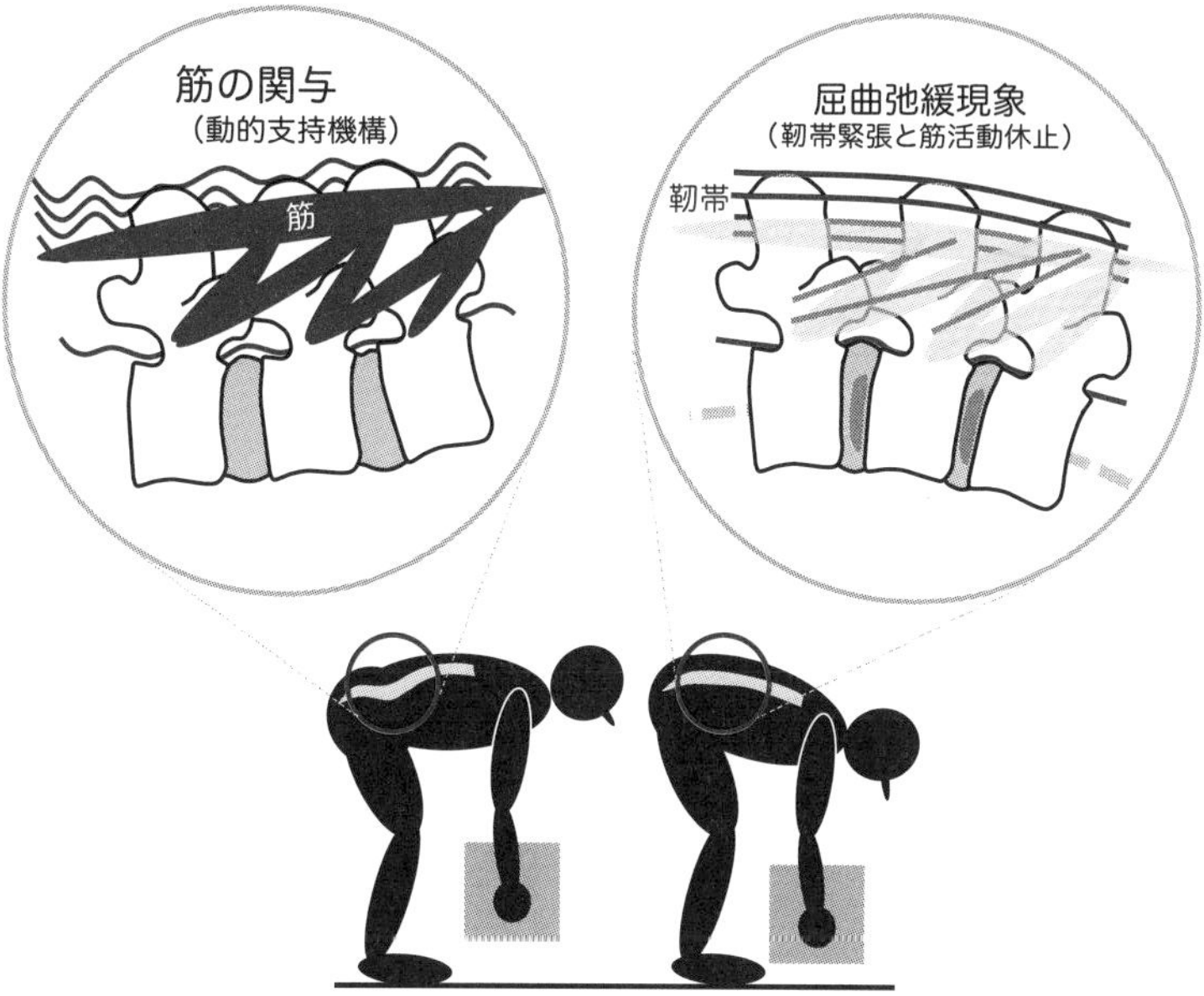

屈曲弛緩の様相は腰痛のある人と
そうでない人でも異なることが知られている。
腰痛のある人では筋が緊張傾向にあり、
屈曲弛緩が観察されにくいことが報告されている。

り屈曲弛緩の局面でそのリスクが高いことは容易に想像できます。屈曲弛緩の様相は腰痛のある人とそうでない人でも異なることが知られています。腰痛のある人では筋が緊張傾向にあり、屈曲弛緩が観察されにくいことが報告されています（三瀧ら,2007）。

さて、件のぎっくり腰ですが、何が要因だったのでしょうか？

直前のリフティングで体幹・下肢の筋群に疲労があったことも影響していたでしょうし、まずは軽い重量の掃除機を拾い上げるにあたって、体幹の筋群は十分な準備をしていなかったことでしょう。

彼自身は、少し体幹をひねった姿勢で拾い上げようとしたと振り返っていました。軽量物だという油断のもとで、股関節の関与が不十分な、脊柱の動きに頼った動作：Back Liftだったかもしれません。小さな掃除機を拾い上げるには、深い体幹の前屈が必要です。脊柱周囲の筋群は屈曲弛緩の状態だったかもしれません。動的な支持機構（筋）の関与が不十分で、背景に静的な支持機構の緩みや微細な損傷があったとすれば、支持機構の大きな破綻を生むためには十分な要因だったのかもしれません。

Leg Lift と Back Lift

「どっこいしょ」の正体

日常の立ち座りにおいて、無意識のうちに「どっこいしょ〜」などと言うと、若者からの冷ややかな視線を感じることがあります。また、中高年の方からなかば自虐的に「最近、立ったり座ったりの度に〝どっこいしょ〜〟いうて声が出てしまうわ。もうおっさんやなー」みたいな声が聞こえてくることもあります。しかし、これは恥ずべきことではありません。「どっこいしょ」の正体は喉頭が閉じて怒責《どせき》（息を詰めること）が生じていることの現れです。

我々は姿勢変換において、喉頭を閉じて息をこらえることで胸腔内の圧を高め、腹圧を上げて体幹を守っています。「どっ」は強い息こらえ、「こい」は少し弱めた息こらえ、「しょ～」は息こらえからの解放（気道抵抗は高め）です。つまり体幹を守る息こらえを、安全確認とともに段階的に解放していく技術の表出こそ「どっこいしょ～」だというのが筆者の見立てです。

この掛け声が「やっほっへ～」ではダメなのです。つまり日常生活の運動技術に習熟した中高年は、安全なスキルとしてこの掛け声を身につけたということですから、もっと自慢してよいのではないかと考えています。

一方で、日常生活動作においても安全を高めるスキルが必要になるほど、運動器の余裕がなくなってきているという見方もできると思います。つまるところ、しなやかな脊柱を持つ若者が羨ましいな～ということでしょうか。

閑話休題――。トレーニング現場におけるリフティングに限らず、日常生活動作においても立位から前かがみになって、頭部、上肢の位置を低くする動作は頻繁に見られます。例えば、床に落ちた物を拾い上げる、子どもを抱き上げる。それほど深いかがみこみでなくても、洗面所で顔を洗う、歯を磨いて口を濯ぐような状況は日常的といってよいでしょう。このような場面でも腰部への負担は非常に大きなものになります。

本節では、このような場面で用いられる動作戦略についてお話ししていきたいと思います。

Leg Lift と Back Lift

前節の「屈曲弛緩」でもお話ししたように、床から荷物を持ち上げる際、我々は上肢とともに、下肢や体幹の関節を動かして手先を床に近づけ、手に保持して挙上します。この際の挙上スタイルにLeg Lift とBack Liftという対照的な二者があるとされています（図1）。

両者の定義についての表現は人によりさまざまです。比較的古いところではGerg and Harrin（1979）がシンプルな表現で「背中をまっすぐにし、膝を曲げる」Leg Liftに対して、Back Liftを「腰を曲げる」挙上姿勢であると述べています。Toussaint et al.（1997）は「背中をまっすぐ 膝を曲げる」Leg Lift、「膝をまっすぐ 背中を曲げる」Back Liftとしています。

これらはわかりやすい表現での区別ですが、日常生活動作ではこれほどはっきりとした区分は難しく、両者の間のグレーゾーンが無数にあることは、説明するまでもありません。両者の違いを探る検証実験では、Leg Liftに膝関節を屈曲しない試技を選択したものも見受け

図1 Leg LiftとBack Lift

ます。そのような極端なものもあるので、一概に先行研究の情報を元に両者の差異を議論することは難しいですが、一般的な常識の範囲でお話を進めていきます。

前述のような一連の挙上動作を、股関節、膝関節の関与を十分確保して行えば、おのずと比較的上体が起こされたスクワット運動に近い動作になります。より丁寧に説明を加えると、このような体幹の傾き変化を少なく抑え、下肢による屈伸を中心とした挙上動作をLeg Lift（Squat Lift）と呼んでいます。

これに対して、下肢関節の動作範囲が不十分で、過度に体幹の傾斜の変化や脊柱自体の運動に頼った動きをBack Lift（Stoop Lift）と呼んでいます。Back Liftについては、日常生活動作や労働環境における腰部障害の発生要因として注意が必要です。一方で理想的と思われがちなLeg Liftですが、股関節との仕事の分配が適切に行えないと、膝関節の負担が大きくなりやすいことも予想されます。足関節の可動域に制限が

理想的と思われがちなLeg Liftだが、
股関節との仕事の分配が適切に行えないと、
膝関節の負担が大きくなりやすいことも予想される。

大きい人（足首が硬い人）にとっても負担が大きいかもしれません。

Back Liftはなぜ危険？

Back Liftでは、脊柱の屈曲・伸展による仕事が優位となりますから、屈曲位の腰椎について過度な屈曲リスクが予想されます。大きな屈曲は、腰背部筋群の屈曲弛緩の誘発にもつながり、主に椎間の靭帯や筋、椎間円板といった後方支持機構へのストレスを大きくし、これらの損傷の原因となる可能性もあります。

筋活動の観点からもリスクとなる点があります。膝関節伸展位におけるBack Liftにおいて、大腿直筋の活動量が極端に小さくなる事実が、先行研究の報告の中でも見られます（Prilutsky et al., 1998）。大腿直筋は膝の伸筋であるとともに、股関節の屈筋であり、骨盤を前傾方向にコントロールする作用も持っています。この筋の活動が弱いことは、骨盤の前傾および腰椎の前弯を維持する上ではマイナスです。すなわち骨盤の後傾方向への回転のリスクを高めるものと考えることができます。

小さいプレートの危険

　挙上する物の形状や大きさによっても動作は制限を受けます。図2は地面に置いたバーベルを挙上する際の体幹姿勢への要求について、模式的に示したものです。Aの大きなプレートでは、地面から手の距離が十分確保できるため、上半身の傾斜は軽度で抑えることができます。一方で、プレートの直径が小さい場合は、地面から手の距離はおのずと短く制限され、股関節はより深い屈曲、体幹にはより大きな前傾が求められることになります（上肢長や肩関節・胸椎の可動域にも影響を受けます）。

　プレートの直径が小さい、あるいは地面にシャ

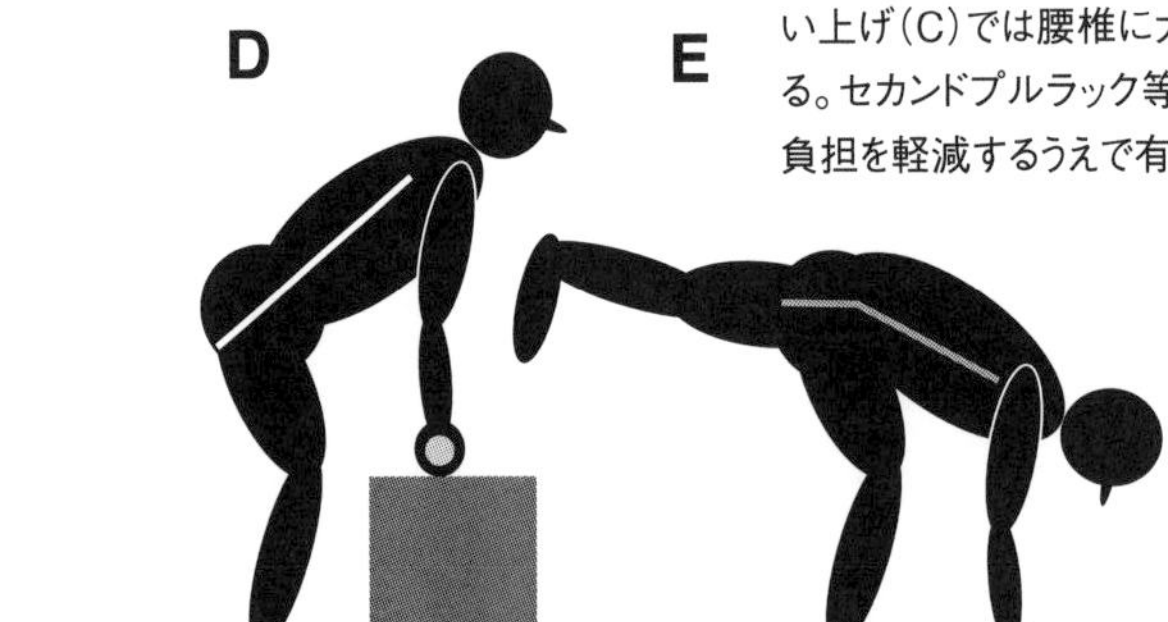

プレートの直径が小さくなるほど、深い前屈が必要になる。その結果プレートなしのシャフト拾い上げ（C）では腰椎に大きな屈曲が必要になる。セカンドプルラック等の利用（D）も腰部の負担を軽減するうえで有効となる。片脚支持では、非支持側を挙上することで、骨盤の傾斜をコントロールできる（E）。

フトのみが置いてある状況では、かなりの熟練者であっても腰椎を屈曲させずにシャフトを拾い上げることは難しいです。このような視点から考えると、地面からのリフティングで初心者の腰部が丸まっている（腰椎間の屈曲が増加している）状況がよく観察されますが、これは必ずしもフォームが身に付いていないことのみが原因ではないということを確認しておく必要があります。

腰部を守る工夫と動作技術

小さいプレートしかない場合は、図2のDのようにボックスやセカンドプルラックあるいはスクワットラックの低い段を使うこともあります。筆者は、クリーンやスナッチといったリフティング

図2　プレートの直径によって異なる拾い上げの姿勢

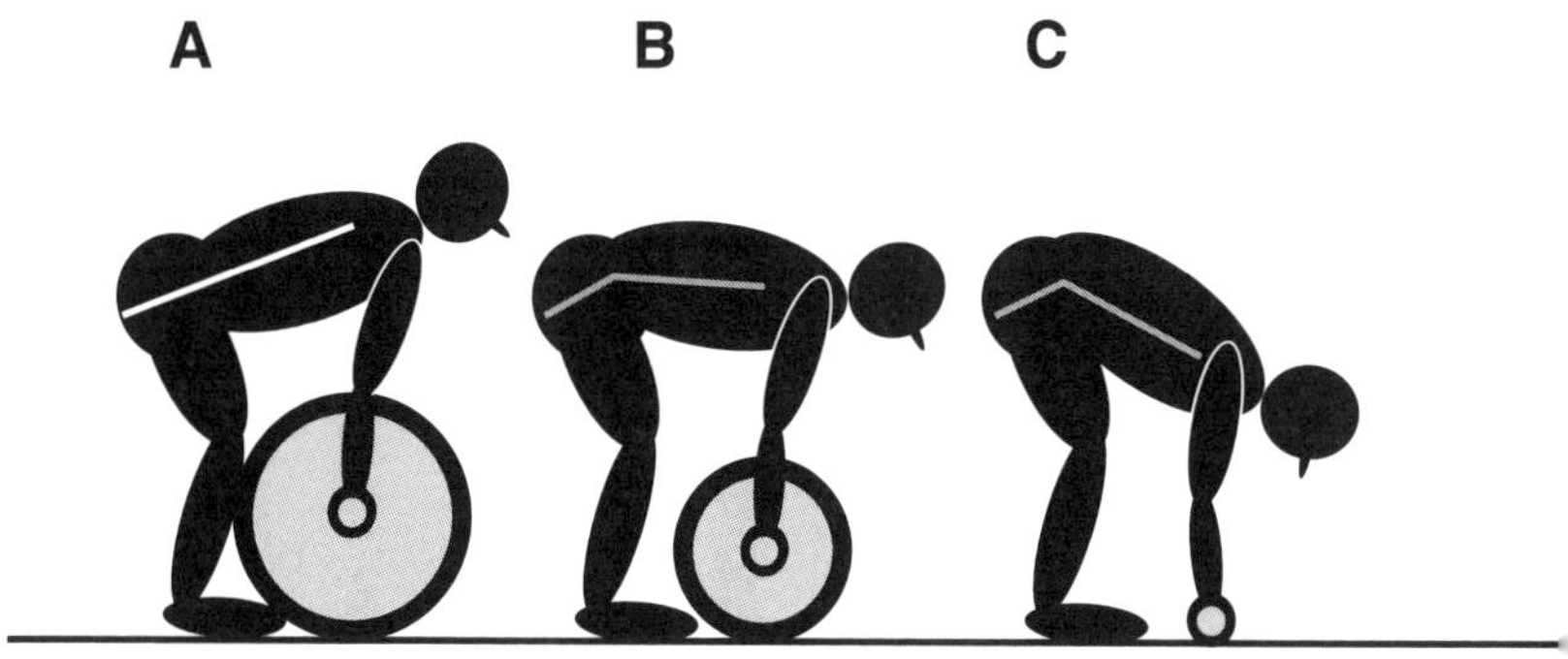

の見本を見せる際、無理してでも大きなプレートで行うようにしています。これは怪我を防ぐことと、腰が丸まっているところを見せないためです。どうしても小さいプレートしかないときは、正面を見せて拾い上げた後、身体の側面を見せて行うようにしています。しかし、さらに元をたどって白状すると、小さいプレートで高重量を扱い、仙腸関節を損傷したことがあるのです……。

プロゴルファーはグリーン上のボールを拾う際、片脚で支持し、反対脚を高く上げる動作をよく見せます（図2E）。この動作は、非支持側脚によってバランスが保たれると同時に骨盤が前傾しやすくなって腰椎の負担が軽減するのではないかと考えています。足の位置を前後にずらしてしゃがみこむ動きも同様の効果があるでしょう。同様に、洗面台の前に小さな台を置いて前足をその上に載せることが、前かがみになる際の腰の負担を減らすとされています。台の上に足を置くことで、反対脚を後方に下げたままにできることから、こちらも骨盤の前傾を確保しやすいのだと考えます。

日常生活動作でも、ひと工夫で身体を守る方法が他にもあるのではないでしょうか。

プロゴルファーがグリーン上のボールを拾う際、
片脚で支持し、反対脚を高く上げる動作は、
非支持側脚によってバランスが保たれると同時に
骨盤が前傾しやすくなって
腰椎の負担が軽減するのではないかと考える。

あらためて体幹の役割を考える

ネコのジャンプとヒトのジャンプ

ネコのジャンプをご覧になったことがありますか？　少し塀の下で身構えたかと思うと、音も立てず静かに〝ひょいっ〟と塀に跳び乗るのです。静止状態から跳ぶネコは、激しい準備動作がなくても高い跳躍高、大きな跳躍距離をいとも簡単に得ているように見えます（図1）。その様子に遭遇するたび、ヒトもあんなふうに跳べたらいいのになぁと思います。しかし、ヒトのジャンプとネコのジャンプ、何かが違います。ネコのジャンプはなんというのでしょうか……いわば忍者のジャンプとでもいうのでしょうか。助走もなく音も立てずにふわりと踏み切ります。

垂直跳びを思い起こしてみましょう。ヒトの場合はしゃがみ込みで反動をつけると同時に、腕を大きく振り込んで下肢を力強く伸展し離地に至ります（図2）。一方で、ネコはしっかり振り込めるほど前肢は長くも重くもないこともあり、前肢を積極的に振り込んでいる様子はありません。しかし、確かにジャンプ前はしゃがみ込んでいるのです。前肢後肢ともに縮めて体幹を水平にした状態でしゃがみ込んだ後、先に前肢が伸展を始め、前肢による推進に加えて体幹筋群自体の積極的な働きで頭部と体幹が後肢の踏み切りに先行して跳躍方向に動きます。しなやかに動く体幹の後端にはしっかり力を溜めた後肢があり、これが粘り強く地面を蹴ってネコの身体は宙に舞い上がるのです。

図1　ネコのジャンプ

ネコは激しい準備動作がなくても高い跳躍高、大きな跳躍距離をいとも簡単に得ているように見える。四肢でしゃがみ込んだ後、水平になった体幹をただ起こすだけでなく、しなやかな体幹を利用して「振り込み動作」に相当する技術を利用している可能性がある。

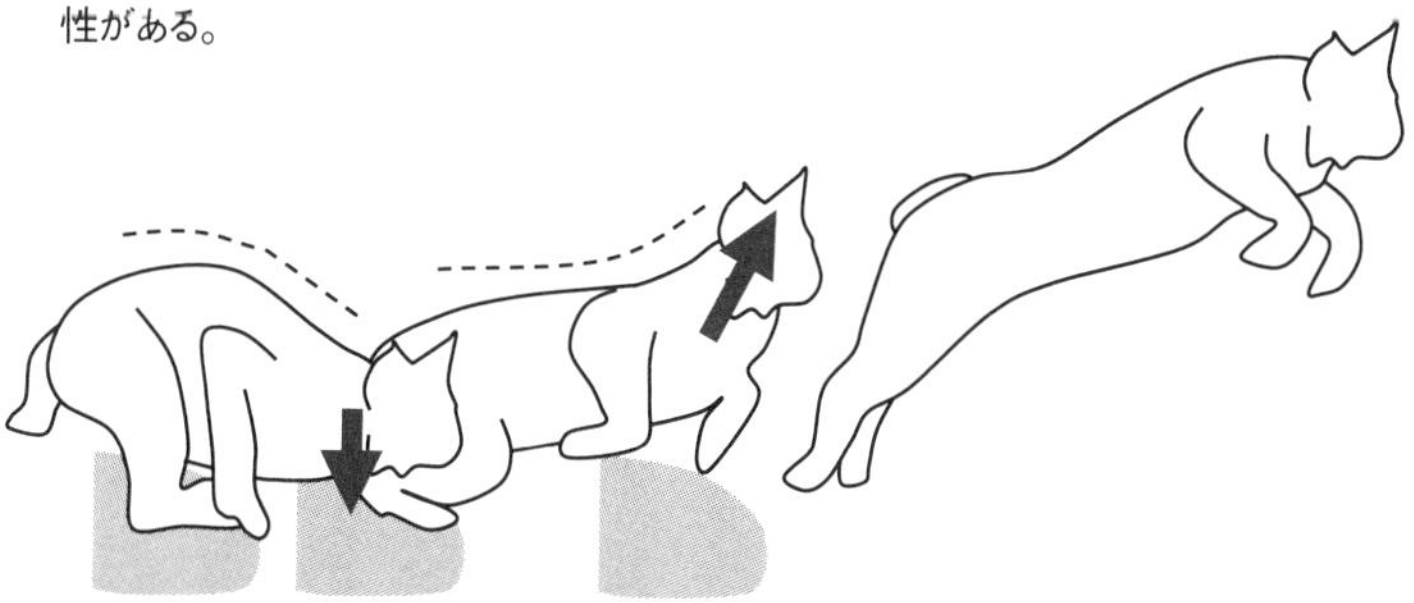

このように見ると、ネコは腕（前肢）の振り込みこそ使えないですが、前肢の仕事と体幹のしなやかさを背景に「体幹を振り込んでいる」のだと気づきました。

一方で、ヒトの場合の上肢の振り込みや、片脚踏み切りの際の遊脚の振り込みは、踏み切り足の地面反力を大きくしたり、振り込まれた腕や脚のエネルギーが体幹に流入することで跳躍をより力強いものにします。

ヒトのジャンプ動作において上肢の振り込みを制限すると、跳躍高、跳躍距離も大きな制限を受けます。ネコの場合は、前肢はヒトほど自由に振り回すことはで

図2　ヒトの垂直跳びと上肢の振り込み

ヒトの垂直跳びではしゃがみ込みで反動をつけると同時に、腕を大きく振り込んで下肢を力強く伸展し離地に至る。上肢の振り込みの効果は大きく、上肢の振り込みを制限すると跳躍高も大きな制限を受ける。

きなそうです。ネコは水平になった体幹をただ起こすだけでなく、しなやかな体幹を利用して、「振り込み動作」に相当する技術を利用しているように見えます。陸上哺乳類最速といわれるチーターのスプリントについても、よく観察してみるとしなやかな体幹の関与による肢の動作範囲の大きさと、後肢の出力を高める、振り込みに相当するような体幹の振る舞いがあるように見受けられます。

ヒトの体幹の働き・役割を考える

スポーツ場面におけるヒトの体幹の働きを考える際、多くの場合は比較的固定的な「体軸」の視点であったり、下肢による推進の対象となる荷重としての捉えられ方、あるいは投げる、打つ上肢の土台として観察されるように思います。確かに体幹は四肢に比べると質量が大きく可動域が小さいため運動エネルギーの発生よりも蓄積の機能、効果器としての四肢に足場を与える役割に注目が集まるのでしょう。

実際、阿江と藤井(2002)は、慣性が大きいことで動かしにくい体幹だが、動き始めると質量や慣性モーメントが大きいので大きな力学的エネルギーを蓄え必要に応じて上肢・下肢との間でやり取りできると述べ、体幹がエネルギー貯蔵庫としての役割を担っていることを示しています。その一方で、体幹、特に胴体の筋群は大きく、大きな力を発揮することができるので、上肢よりもかなり大きな仕事やパワーを発揮することができる、としています。さらに四肢に至る大筋群に安定した付着部を与えていることも全身運動への関与という観点からは重要な点でしょう。

ところで、効果器、動力系としての体幹自体の役割はいかなるものでしょうか。前述のように、ネコやチーターの例からは、四足動物においてはどうやら体幹が単なる土台としてのみならず、積極的に動きを生み出しているらしいことはいえそうです。それではヒトではどうでしょうか？

図3は、ハイジャンパーの技術練習の事例です。座位で足を地面から離し、腕を組んだ状態から、体幹の屈伸による伸縮でジャンプするというものです。四肢の関与を完全に排除することはできませんが、体幹のしなやかな動きがいわゆる「振り込み」に代わる動作となって殿部が地面に作用する力をつくり出すわけです。

実際の跳躍動作中にも踏み切り脚の動きに合わせて遊脚や上肢の振り込みが活用されてい

図3　ハイジャンパーがトレーニングに用いる体幹の動きを利用したジャンプ

跳躍には四肢の振り込み動作以外にも、屈曲した（縮めた）体幹を伸ばす際の反動が利用されることがある。腕を組み、足を地面から浮かせた姿勢から体幹のしなやかな動きがいわゆる「振り込み」動作となって殿部が地面に作用する力を作り出している。実際の跳躍動作中にも踏み切り脚の動きに合わせて遊脚や上肢の振り込みが活用されていることはよく知られているが、このような体幹の屈伸動作もより強い踏み切りや重心の引き上げに貢献していると考えられる。

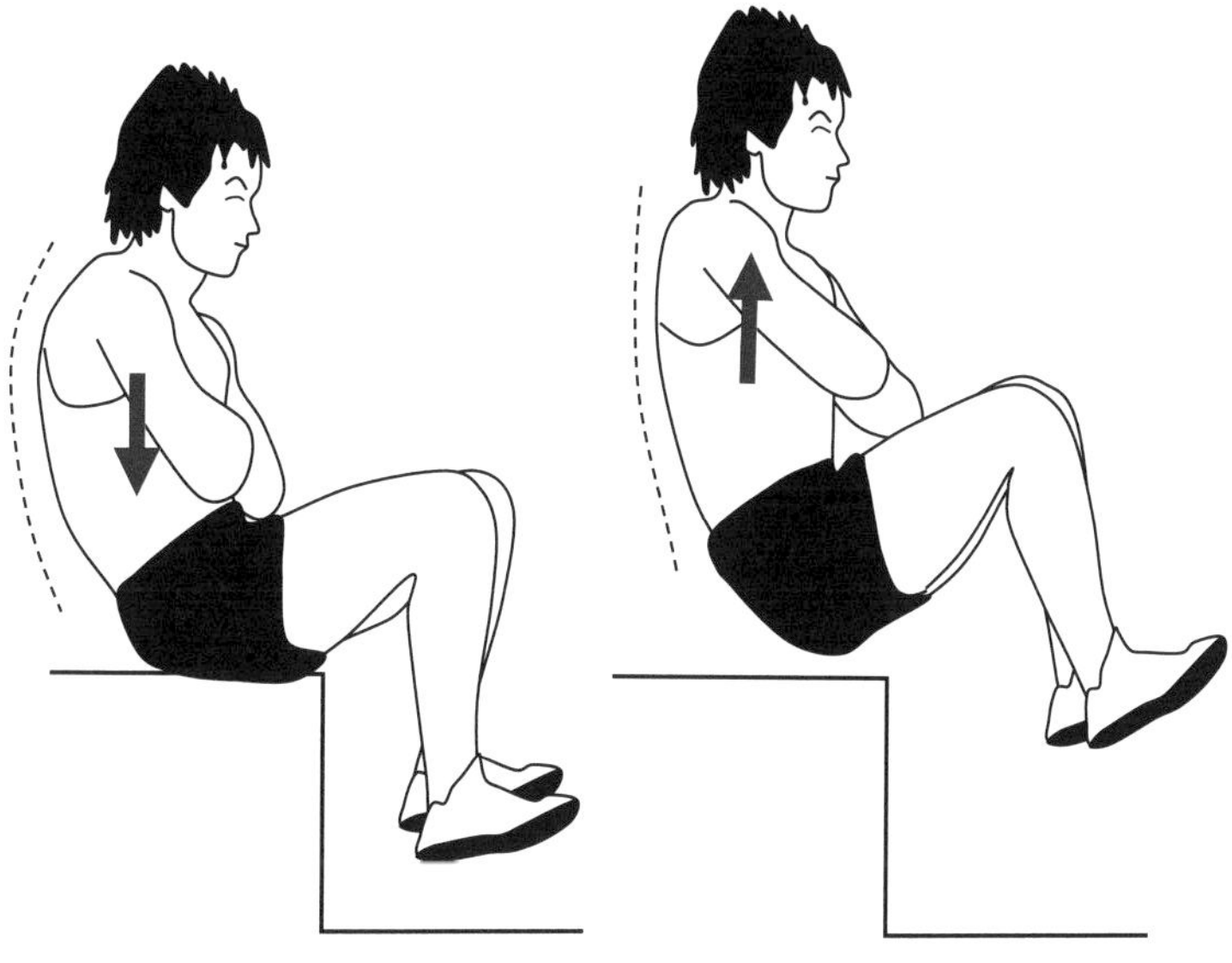

ヒトにおいても、体幹自体の変形や動きを
推進に積極的に利用する試みがなされている。

ることはよく知られていますが、このような体幹の屈伸動作もより強い踏み切りや重心の引き上げに貢献していると考えられます。下肢の関与のないところで身体を数センチ浮かせることができるわけですから、1センチ、1ミリを競う競技の場面では十分大きな効果を持った技術ということができるでしょう。このようにヒトにおいても、体幹自体の変形や動きを推進に積極的に利用する試みがなされているのです。

推進力に関与する体幹のバネ

スプリンターに関しても、体幹は推進に大きく関与しています。初心者は体幹の「軸」を構築するのが精一杯ということが多いですが、熟練すると軸の意識が確立されてくるものです。さらに熟練すると、体幹の中にバネをためたり積極的に体幹の変形・動きを推進に関わらせていくことができるようになります。

世界選手権の代表レベルの、ある400mハードルで47秒台の記録を持つ競技者が面白い話をしてくれたことがありました。長身で脚長も長い彼は「高速で走っている際、上半身と下半身の間に、ある程度容積のあるバランスボールのような弾性体が入っている意識を持ち、一歩一歩それを弾ませる」のだと言っていました。その弾みのタイミングが合うと推進がうまくいくのだそうです。つまり彼は、体幹に溜まったバネのエネルギーを推進に利用するような意識をはっきり持っていたわけです。一般的に注目される脚のバネではなく体幹のバネ、あるいは体幹と下肢とが一体になったバネの利用をかなり意識して大切にしていたのだと思います。

当時、直接この話を聞いたときには、非常にイメージしやすい表現に驚くとともに、一体、このバランスボールの役割を果たす解剖学的な要因はどのようなものなのだろうと考えたものです。

図4はヒトが高速のスプリントで移動している最中の姿勢を正面から見たところです。体幹は真っ直ぐに直立しているのではなく、側方にもわずかにたわんでいることがわかります。もちろん左右方向のみならず体幹の屈伸方向の変形については、一般的によく認識されているものと思われます。このような体幹のたわみが疾走中に見られることから、筋・筋膜や靭帯など支持機構へのエネルギーの蓄積やたわみの復元による推進の増強が利用されていることが予想されます。

図4　スプリンターと体幹のたわみ

スプリントで移動している最中の姿勢を正面から見ると、体幹は側方にもわずかにたわんでいる。その背景には筋、筋膜や靭帯など支持機構へのエネルギーの蓄積やたわみの復元による推進の増強が予想される。この体幹のたわみは、バネ的な振る舞いで下肢による推進を助けているように見える。

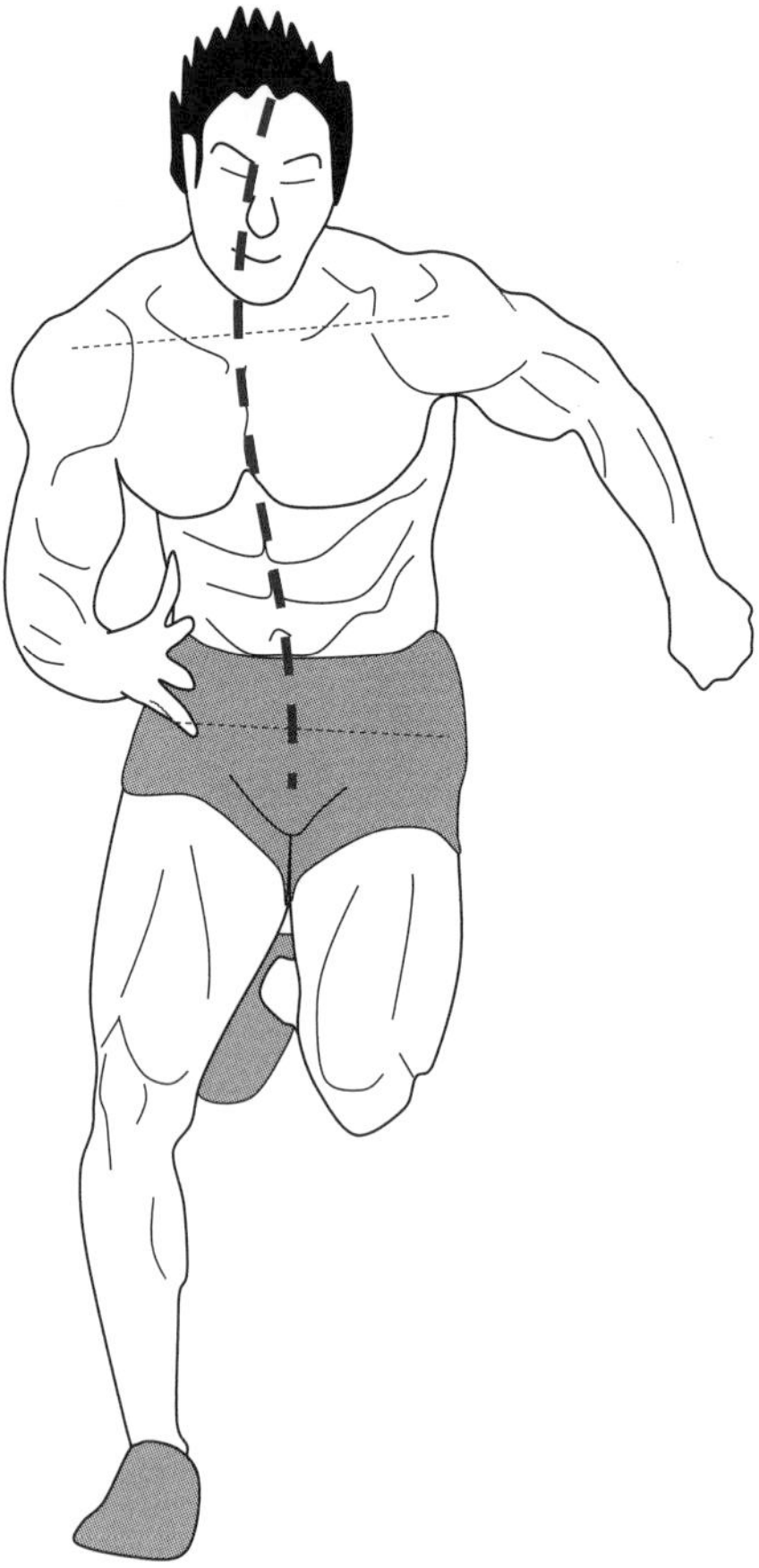

疾走中の動きをよく観察すると、この体幹のたわみは、バネ的な振る舞いで下肢による推進を助けているように見えます。上肢や遊脚の振り込みと共同して、体幹のバネが利用されることで、地面へと伝達される力が大きくなったり、作用時間が長くなったり、作用時間を調整できる可能性があります。

身体の推進のみならず、投げにおいても体幹のしなり、たわみは活用されています。円盤投げの動作中に腹部筋群でStretch-Shortening Cycle（ストレッチショートニングサイクル）が生じていることも報告されています。これについてはあらためて取り扱いたいと思います。

体幹のひねりと腹部筋群のStretch-Shortening Cycle（SSC）

体幹のトレーニングといえば「腹筋」を思い浮かべる人も多いと思います。腹筋エクササイズで腹直筋を鍛え上げて筋のボリュームを大きくし、皮下脂肪を削って、いわゆるsix pack（もともとは6本詰め容器のことです）になるのは、トレーニングを志す者の登竜門であり、ストイックなアスリート生活のメルクマールでもあります。

この腹直筋の筋腹間にある縦の割れ目は「白線」、横の割れ目は「腱画」と呼ばれる腱様の組織です。この腱画は肋骨、すなわち身体の文節の名残だと考えられていたこともありますが、学術的な研究においては、支配神経から見ても、構造的にもこの点について否定的です。実際に腹直筋を解剖してみると、筋腹と筋腹を完全に仕切っていると思っていた腱画は、多くの場合表側にしか存在しないようです（山田と萬年,1995：猪口ら,1978）。意外ですね。

閑話休題――。

体幹の四肢に対する重要な役割

腹壁の筋群をイメージする際、まず頭に浮かぶのは体幹の「安定」に関わる作用ではないでしょうか。腹部筋群の体幹の安定への関与についてはよく取り沙汰されます。その一方で、体幹は四肢を取り付ける土台であり、上肢・下肢を中枢側で動かす大きな筋肉に付着を与え、筋の長さを確保することで、四肢の運動の速度を高くするためにも重要な役割を果たしています。

上肢に関していえば、広背筋や大胸筋といった、体幹にはじまり上腕骨に付着して上肢を振り回す作用を持つ筋が十分な筋長を確保しているのは体幹に大きな付着部を確保できるからといってよいでしょう。

少し視点を変えてみると、体幹の筋群が積極的に「動き」を生み出す作用についても、我々の大きな出力の投げや打撃においては不可欠なものです（キネティックチェーンのはなし　その2のところでも取り上げました）。例えばジャンプやスプリントのように、体幹から下肢末端に閉じ込められた力の通り道であるClosed Kinetic Chainが地面からの大きな力を受けてSSCを遂行する推進動作に対して、投げやキックといった四肢の末端が自由なOpen Kinetic Chainでの運動においては、四肢自体や保持している用具の質量（慣性）の影響とともに、中枢側に位置する体幹の動きの先行がSSC遂行の重要な要因になります。体幹の動きやそのタイミングによって、出力の様相は大きく変わるといってよいでしょう。

投げや打撃で見られる下肢による全身の推進や回転を適切なタイミングで、さらに増幅して上肢に伝える場面。あるいは上体を固定して軸足周りに骨盤を回旋させ、下肢に力を伝えるキックのような場面においては、体幹の動きは末端の加速に積極的に関わっています。

体幹トレーニングというと、「体幹を固める」「体幹を安定化させる」ところに主眼が置かれがちですが、このような背景から、実際にトレーニング手段を考えるうえでは四肢末端の大きな速度を生むために骨盤に対する胸郭の動き、胸郭に対する骨盤の動きを積極的に生み出すことも重要な意味を持っていることに注意を払う必要があります。

体幹筋のStretch-Shortening Cycle

運動において下肢が「エネルギー発生源」として重視されるのに対して、体幹は質量が大きく、比較的可動域が小さいので、「エネルギー貯蔵庫」として捉えられることが多いように感じます。しかし、ここまで述べてきたように、よく観察してみると限られた可動域の中であってもかなりダイナミックに働いている様子が見受けられます。質量が大きいわけですから、限られた可動域とはいっても運動全体には大きな影響を与えます。矢状面内の動きについては既に述べましたが、ここでは体幹のひねり方向の動きに着目してみましょう。

図1は円盤投げにおける腹斜筋群の動態を、全長の変化と背景にある筋活動から観察したものです（宮崎ら,2016）。円盤投げはいわゆる「体幹のひねり」が大きな種目として知られています。円盤投げでは全身の回転から下肢による推進で骨盤の回旋が先行し、ひねり戻された胸郭からさらに振り出された上肢が、最終的に円盤を加速して振り切りに至ります。

グラフは腹斜筋群の活動と筋腱の全長（肋骨側付着部-臍-反対側腸骨稜を結んだ線の長さ）変化です。実際の円盤投げ動作中の被験者の身体に反射マーカーを貼り、モーションキ

図1　円盤投げ動作における腹斜筋の長さ変化と筋活動

円盤投げの投擲中に筋活動と皮膚マーカーの位置から腹斜筋（外腹斜筋+内腹斜筋）の筋長変化を記録した。下半身が上半身に先行して回転する移行局面の前半で伸張、終盤で短縮が開始している。宮崎ら（2016）に筆者加筆。

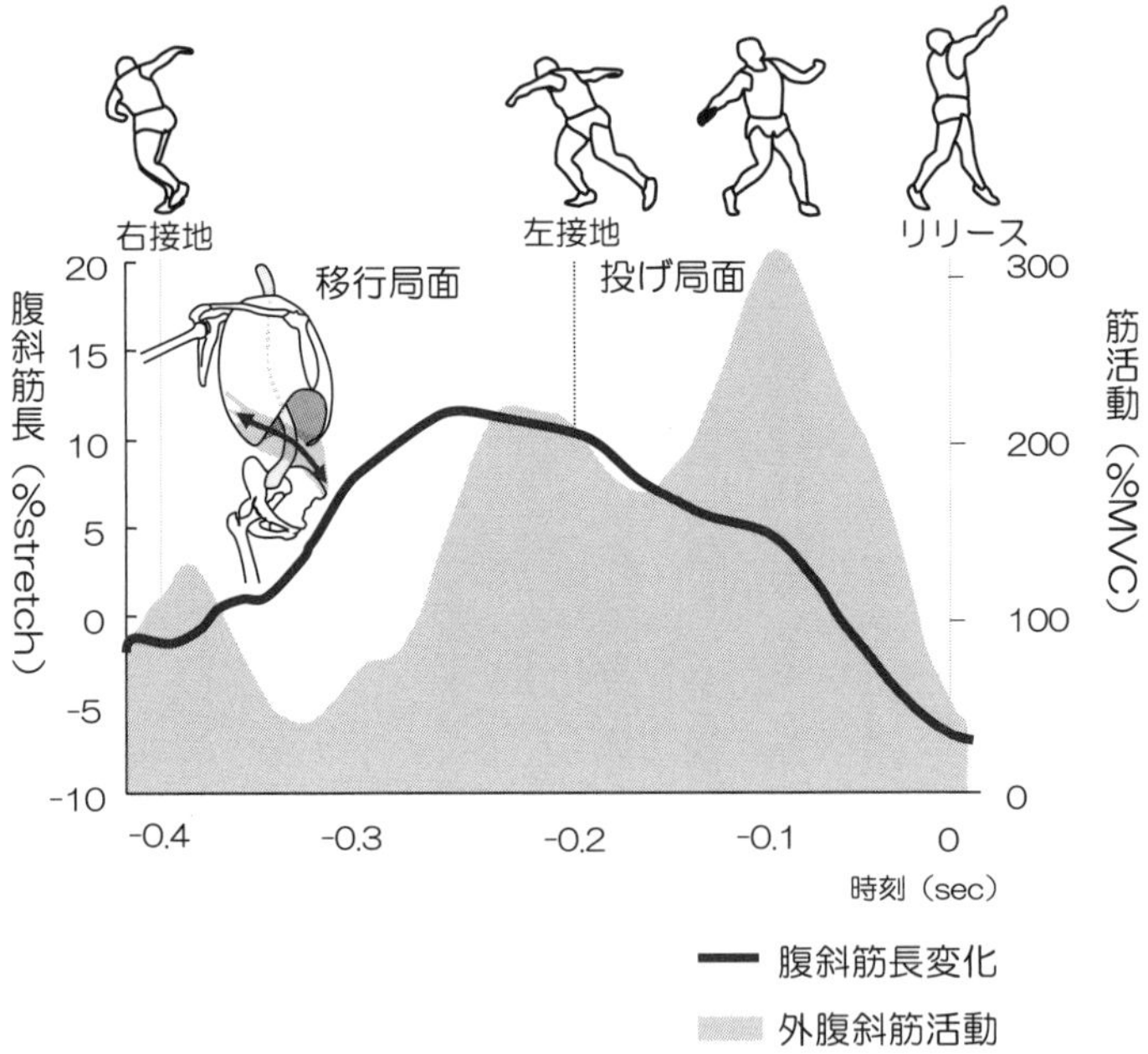

体幹は質量が大きく、比較的可動域が小さいので、
「エネルギー貯蔵庫」として捉えられることが
多いように感じるが、
よく観察してみると限られた可動域の中であっても
かなりダイナミックに働いている様子が見受けられる。

ャプチャによって身体各部の三次元座標を取得して得られたデータです。投げの構えをつくる局面では腹斜筋の全長は大きく引き伸ばされますが、投げの構えが完成する直前でピークとなり投げに向かって急速に短縮しています。

背景にある筋活動は伸張局面から活動を徐々に増加させ、投げの構え完成に向かって急速に活動を増加し、リリースの0・1秒前あたりでピークを迎え、リリースに至ります。張力を発揮している（電気的な活動のある）筋を急激に引き伸ばしその後の急速な短縮を主動作に利用する仕組みは、まさにStretch-Shortening Cycle（SSC）です。腹斜筋は、振り切りの胸郭の急速な回旋に向けて　パワーを蓄積するTorsion Coilとして働いているわけです。四肢の筋同様、体幹筋が急速で大きな力発揮に利用されている好例でしょう。

少し視点を変えて、サッカーのキックを考えてみましょう。インステップキック時の下肢筋活動は複数報告されていますが、残念ながら体幹のキネティックチェーンに着目した報告は管見の限り見当たりません。図2はサッカーのインステップキックの姿勢と、考えられる筋の関与から、蹴り足に向かうキネティックチェーンを模式的に示したものです。

股関節外旋ぎみで接地している軸脚は同側股関節の進行をブロックすることで骨盤の回旋

図2　インステップキックのキネティックチェーン（模式図）

考えられる筋の関与から、蹴り足に向かうキネティックチェーンを模式的に示した。軸脚は同側股関節をブロックすることで骨盤の回旋の起点となる。素早く大きく開いた左腕・左半身が腹斜筋群を伸張するとともに、アンカーポイントとなり、胸郭から上が回転しにくい（固定された）状態にあることで、腹斜筋群は胸郭を起点として、骨盤をキックに向かう回転方向に引き出す力を発揮することが予想される。

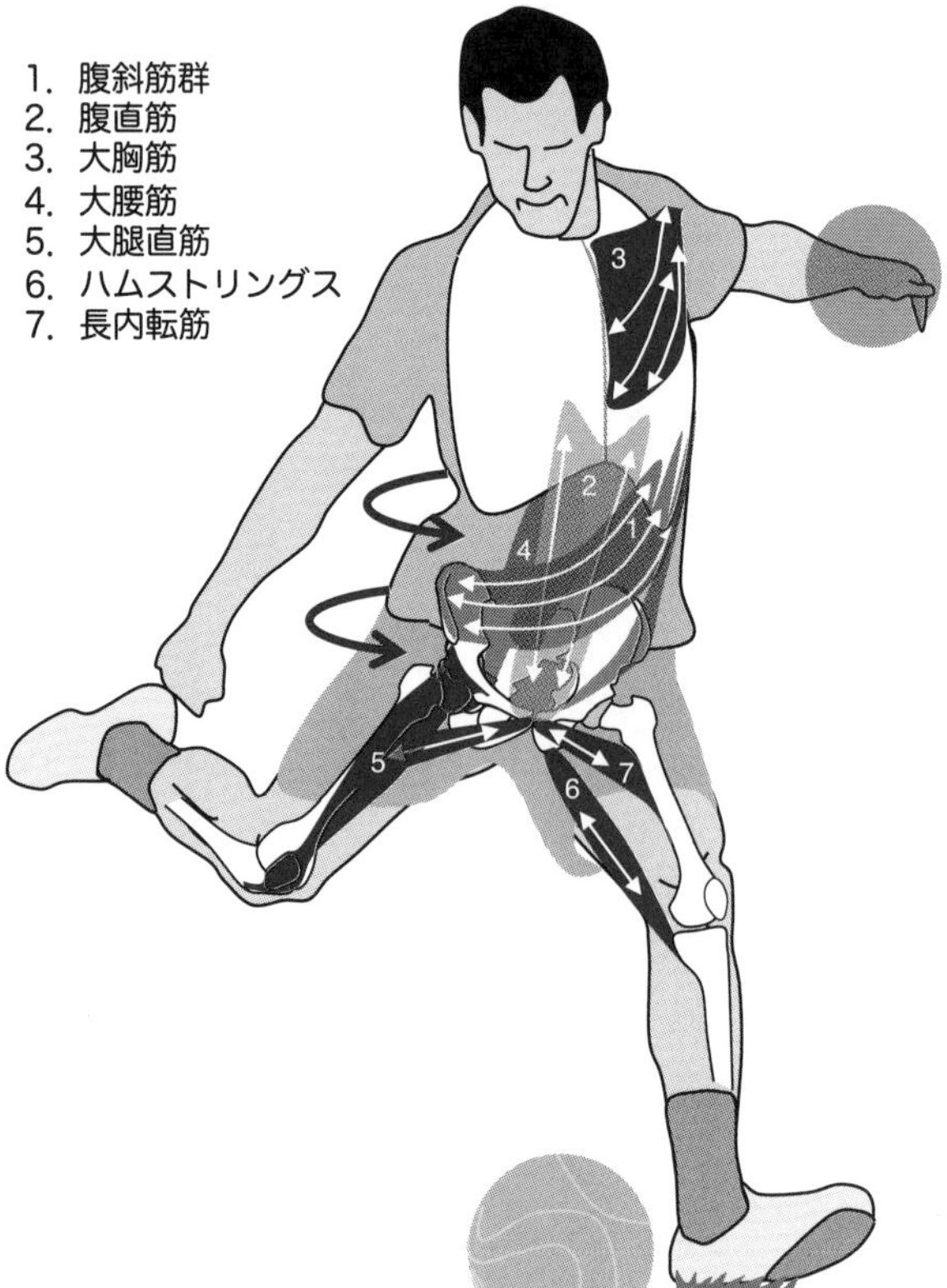

の起点となるでしょう。それと同時に内転筋やハムストリングスなどの作用で、骨盤をキック方向に急速に回旋させるでしょう。

ここではキックに先立つ踏み込みのタイミングで素早く大きく開いた左腕がアンカーポイントとなり、胸郭から上が回転しにくい（固定された）状態です。腹斜筋群は左半身の開きで伸張されるとともに、固定された胸郭を起点として、骨盤をキックに向かう回転方向に引き出す力を発揮することが予想されます。

キネティックチェーンのつながりを注意深く観察すると、キック力を高めるためのトレーニングの視点は、下肢にとどまらず多岐にわたることがわかります。体幹の筋群はもちろん、例えば大胸筋もキックの出力に深く関与している可能性が考えられます。

「腰の回転」の正体

—腰をひねる—

スローイングやバッティングの指導場面で「腰をひねる」「腰を回す」「肩が開いている」などという表現に出くわします。〝腰が回る〟なんて、よく考えると変な言い方ですよね。ただ、我々は日常的に身体が長軸周りに方向を変える動作について、腰や肩で生じる動きを中心に意識しているようです。

実際のところこの「ひねり」「回し」は、大まかには鉛直軸周りの身体の回旋（ボディターン）および、脊柱で起こる回旋の全体像を指していう場合が多いと考えます。いわゆる「体幹のねじれ」という表現も、これらに関連した概念を表すものとして考えることができるでしょう。ここでは、身体の長軸周りの回旋のありかやその様相について観察していきたいと思います。

腰椎は回旋が苦手

脊柱が頚椎、胸椎、腰椎の分節ごとにどれくらい回旋するかについては、たくさんの報告がありますが、屈曲・伸展や側屈に関する情報も含め、複数の学術論文や教科書におけるデータが、Šavlovskis（2022）の報告でわかりやすく網羅的にまとめられています。この報告を参考に検討してみましょう（図1）。

時に「首が回らなくなる」と言われる頚椎ですが、実際は回旋が得意です。前述のŠavlovskis（2022）で示された平均値では、第2頚椎から第7頚椎の間で44・5度さらに第1頚椎（環椎）と後頭骨との間の関節でも40・5度の回旋が可能とされています。実に、トータルで85度もの回旋が可能ということです。これは我々が日常的に感じている通りでしょう。パッと後方を振り向く際、頚部の回旋がまず先行するでしょう。実際には頚部の回旋と眼球の動きのみで真横よりも後方の視野まで確保することができるわけです。

付着する肋骨等とともに胸郭を構成するため動作範囲が狭くなりそうに見える胸椎ですが、全体で約47度と実際には回旋が得意です。頚部の回旋は大きいですが、スローイングやバッ

図1　脊柱の可動域（表は Šavlovskis, 2022 をもとに作成）

頸椎はいずれの運動の可動域も大きい。胸椎は回旋の可動域が大きいのに対して、腰椎の回旋可動域は非常に小さい。腰椎で屈曲や側屈の可動域が大きいにもかかわらず回旋に制限があるのは椎間関節面の向きも一因となっている。

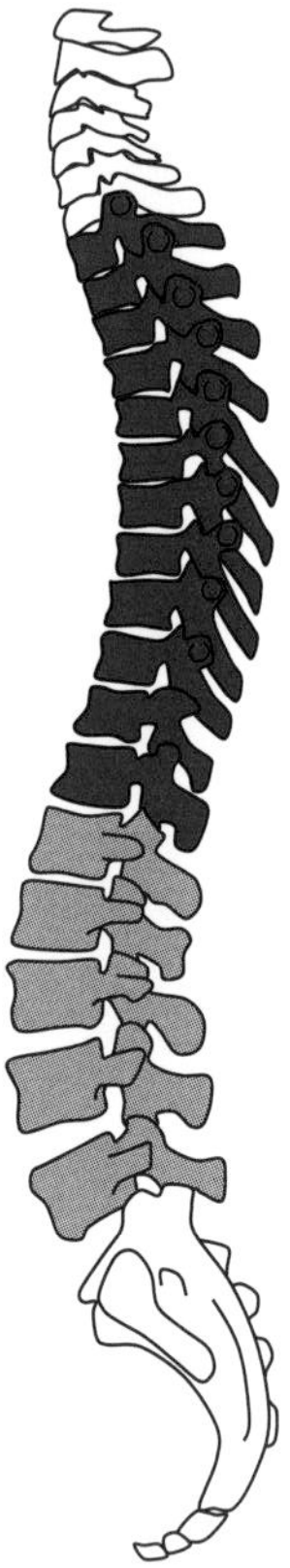

＜脊柱の可動域＞

	回旋	側屈	屈曲	伸展
頸椎	85	49	64	63
胸椎	47	30	26	22
腰椎	15.3	30	65	31

*単位はいずれも°、回旋側屈は片側のみの値

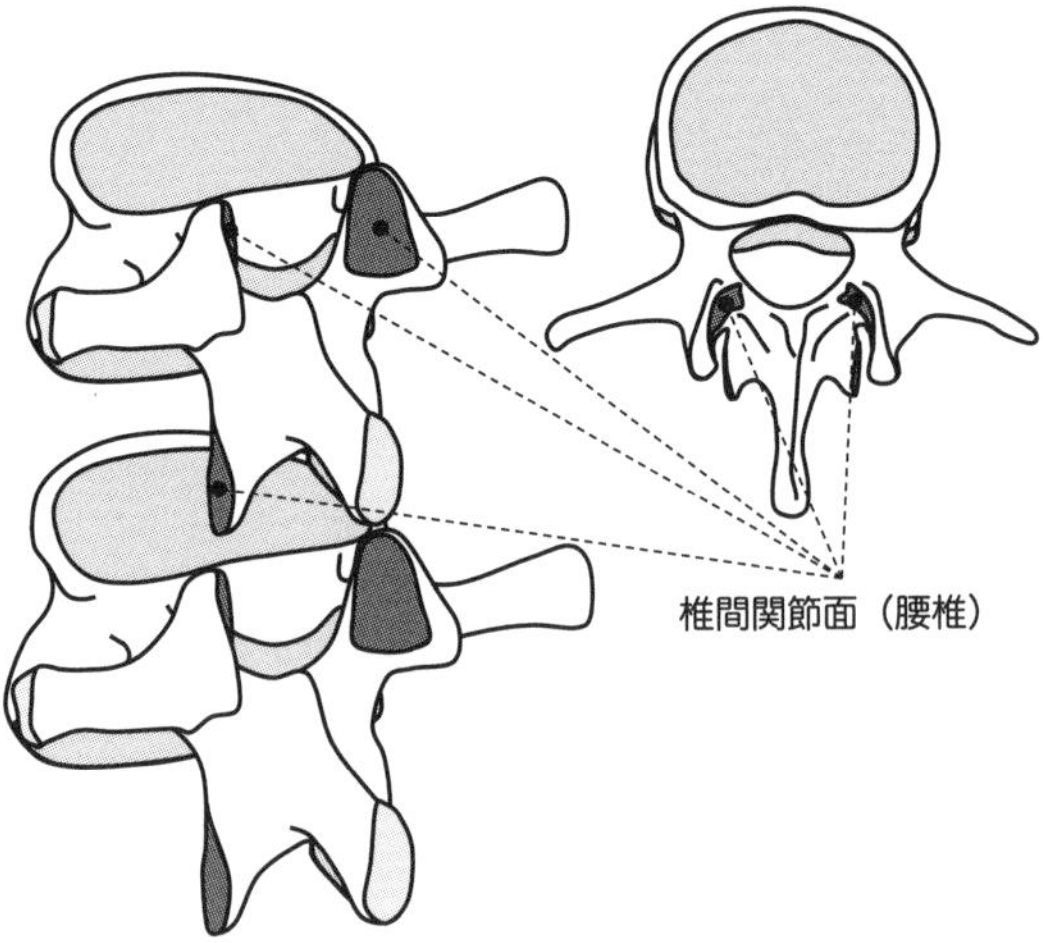

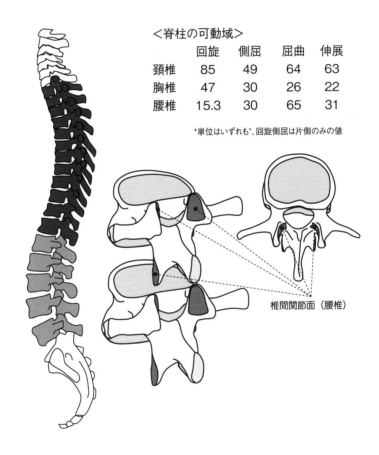

ティングのボールや打具の加速に直接関与することはできません。すなわち上肢が取り付けられた胸郭の動きを大きく左右する、胸椎の回旋が重要になるのです。この特性からも明らかなように、上肢の操作につながる回旋を生む上では、脊柱の中では胸椎の関与が特に大きいのです。このような視点からも、スローイングのトレーニングやリハビリテーションにおいては、胸椎の可動域確保やコントロールが重視されています。

一方で、腰椎についてはŠavlovskis（2022）の示した平均値では、各椎間でわずかに3度前後、トータルで15・3度と回旋は苦手です。椎間関節の関節面は矢状面に近い面内に収まっているため、屈曲・伸展や側屈は得意ですが、回旋方向には関節の滑りが生じにくく、回旋には向いていないのでしょう。ということは……「腰を回す」「腰をひねる」は腰部が中心的な役割をしているわけではないということがいえそうです。

図2は、「腰のひねり」が極端に大きいことで有名な野茂英雄投手のトルネード投法のワインドアップ姿勢です。〝さあ投げるぞ〟という、最も大きく身体の前面を投げと反対方向に向けた局面です。

図の観察から胸郭は投げと反対向きに180度程度捻られていますが、脊椎の回旋がユニ

図2　野茂英雄投手のトルネード投法

ワインドアップ（左）からリリース（右）の間には、180°を超える骨盤の回旋が観察できる。さらに骨盤回旋の背景には大きな股関節変位が関与している。骨盤部の水平断を模式的に示した。図中の太い矢印は静止立位における体幹の正面。

腰椎は椎間関節の関節面は
矢状面に近い面内に収まっているため、
屈曲・伸展や側屈は得意だが、
回旋方向には関節の滑りが生じにくく、
回旋には向いていない。

フォームの上からわかるほど胸部・腰部が捻られている様子は見受けられません。前述の胸椎と腰椎の回旋可動域を足し合わせると62・3度ですが、脊柱全体の回旋を使ってもこの動作範囲を確保することは難しそうです。それでは、この大きな身体の方向変換はどこの関節で起こっているのでしょう。

ボディターンは大部分が骨盤の回旋

図をさらによく観察してみると、ワインドアップ時の軸足である右足と骨盤との間には、静止立位から骨盤が90度程度、上から見て時計回りに回旋していることがわかります。これによって、トルネード投法では、最大ワインドアップ時とボールリリースの間で、骨盤の回旋が実に180度以上利用されていることがわかります。

この姿勢において、脊柱内の回旋の関与は当然あると思われますが、運動の開始と終末局面を観察しただけでは完全に分析できません。ひとまず、動作範囲から見ることで「腰のひねり」と呼ばれるボディターンは、大部分が骨盤の回旋だということがわかります。

それでは骨盤の回旋はどの関節で起こっているのでしょうか？　図2のワインドアップ姿

勢がすべてを物語っていますが、右足の向きと骨盤の向きに大きな違いがある、この窮屈な姿勢はどの関節の変位で起こっているのでしょうか。足関節の動きや、膝関節でわずかに起こる回旋ももちろん影響するでしょうが、当然ながら骨盤と大腿を直接結びつける股関節の関与が大きくなります。

先述の骨盤の回旋を、右股関節の内旋に帰着して見直してみると、ワインドアップ姿勢では、静止立位と比較して、右の股関節が90度程度も内旋していることがわかります。トルネード投法において股関節が重要な役割を担っている事実を改めて認識するとともに、頻回にわたる投球を、この姿勢から安定して繰り出す野茂投手には驚くばかりです。相当大きな股関節可動域をお持ちだったのだと推察します。

股関節の回旋と骨盤の回旋の関係について、もう少し詳しく見ていきましょう。

我々は、直立位で両足を地面につけたままでも骨盤を左右に回旋させる

動作範囲から見ることで
「腰のひねり」と呼ばれるボディターンは、
大部分が骨盤の回旋だということがわかる。

図3 股関節の回旋制限と骨盤の回旋制限

股関節の回旋制限は骨盤の回旋を制限する。直立位で両足を地面につけたままでも骨盤を左右に回旋させることができる(A→B)。地面に足の裏全体をべったり地面に着けた状態よりも、踵の接地離地を自由にした方が骨盤の回旋可動域は大きくなる(C)。これは足部の動きが自由になることに伴う股関節の回旋可動域の解放による。足底を地面につけたまま股関節を強い外旋位に固定したり、逆に強い内旋位に固定したまま骨盤の回旋を行おうとすると、骨盤の回旋は極端な制限を受ける(D、E)。

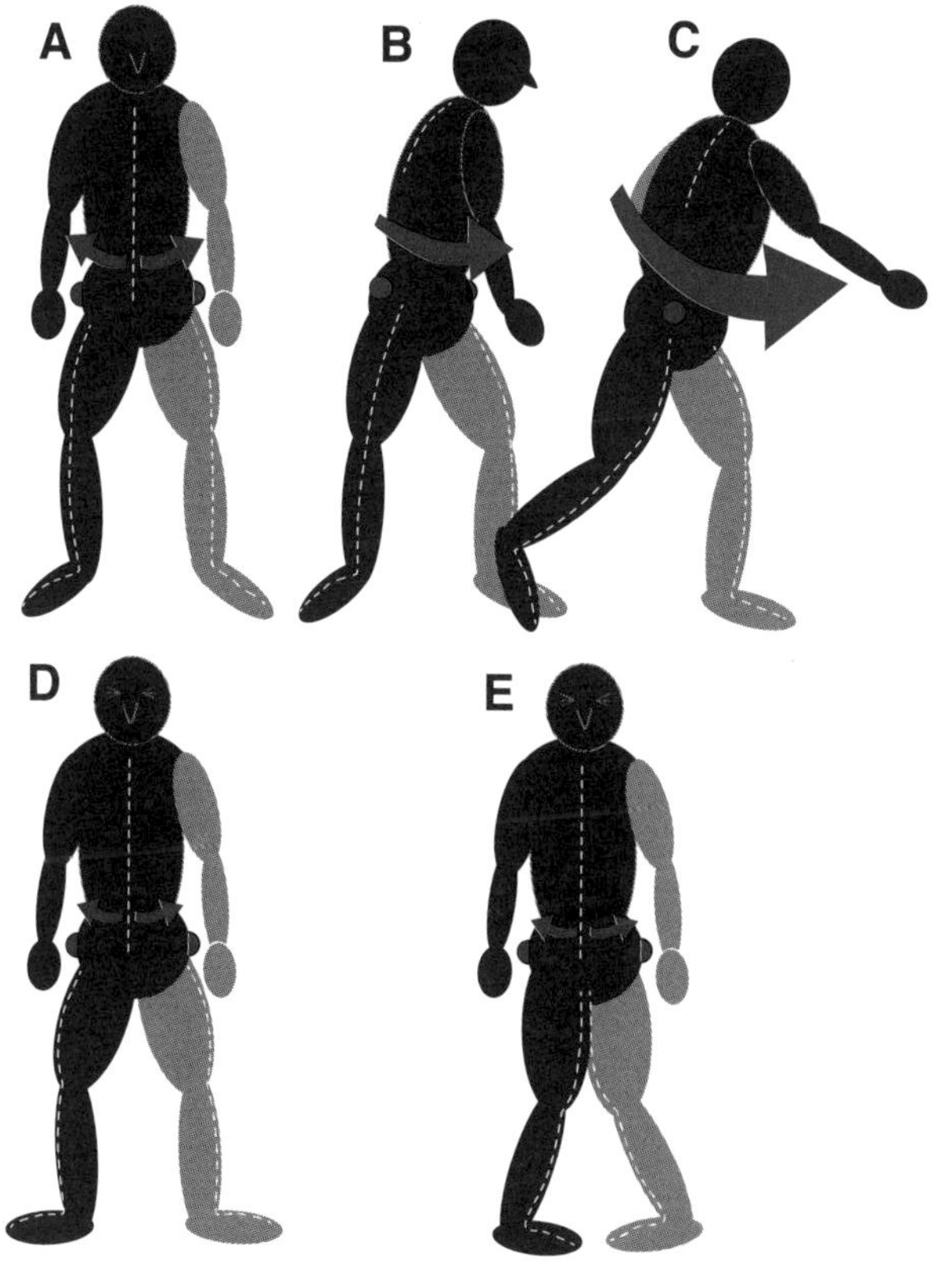

ことができます。しかし地面に足の裏全体をべったり着けた状態よりも、踵の接地・離地を自由にした方が骨盤の回旋可動域は大きくなります。実際にやってみるとよくわかりますが、これは足部の動きが自由になることに伴う股関節の回旋可動域の解放によるものです（図3-C）。

これを物語るように、足底を地面につけたまま股関節を強い外旋位に固定したり、逆に強い内旋位に固定したまま骨盤の回旋を行おうとすると、骨盤の回旋は極端な制限を受けることになります（図3-D・E）。

このような観点から、股関節の回旋可動域の制限が骨盤回旋、ひいてはボディターン全体の制限につながることも多いのです。足部接地の向きや位置、さらに股関節回旋筋群の緊張状態などによって骨盤の回旋可動域は制限されます。股関節に端を発した骨盤の回旋制限は、脊椎の回旋への要求を大きくします。股関節が担当しきれないボディターンを脊柱が肩代わりするわけです。

このような状況では、回旋可動域の小さい腰椎には非常に大きな負担がかかるようです。

筆者が長年観察してきた陸上競技の投擲種目においても、足部の「方向づけ」が不十分な例や、スタンスがクローズになる接地位置が不適切な場合に、骨盤回旋の制限から腰痛を引き起こす事例を多く目にしてきました。

肩甲帯の動きも見かけ上の回旋に

地面に対する両肩を結ぶラインの回旋を考えるとき、実は胸郭上で移動する肩甲骨の動きも大きく影響します。例えば、胸骨（左右大胸筋の間にある平坦な部分）は正面に向けたまま、右肩を前方へ突き出し、左肩を後方に引いた姿勢では、両肩を結んだラインは、上から見て反時計回り方向に回旋した状態になります。しかし胸骨は向きを変えていませんから、胸郭は回旋していない状態にあります。

ダイナミックな状況としては、胸を進行方向に正対させたままランニングの腕振りを大袈裟に行ってみてください。このとき胸郭の長軸周りの回旋は大きくなくても、見かけ上は右肩と左肩の前後関係、すなわち両肩を結んだ線の方向は時々刻々変化していることになります。

このように、スローイングやヒッティングでも問題になる両肩を結んだ線の回旋、いわゆる「肩の回転」には骨盤や脊柱の回旋以外にも胸鎖関節、肩鎖関節を中心とした、胸郭に対する上肢帯の動作が大きく関わっています。

Chapter 4

上肢のはなし

上肢の突き出し動作と背中の筋群

投擲競技者の発達した背部筋群に注目！

腕っ節自慢といわれる砲丸投げ競技者には、その競技特性からも想像がつくように、ベンチプレスが強い人が目につきます。Ｔｏｋｙｏ２０２０で４位、２０２２年世界室内に優勝しているDarlan Romani選手（ＢＲＡ）が、３００kgを２回挙上することは、投擲競技に関わる皆さんの間では有名です。当然、大胸筋の発達は著しく、静止立位が窮屈そうに見えるほどです。腕を下垂位にしても上腕と胸郭との間に大胸筋が挟まって、腕が体幹から離れてしまいます。

しかし、それと共に目立つのが背中の発達です。胸部を正面から見た袖なしシャツの腋窩《えきか》の向こう側には、巨大な背部筋群が鎮座しています。Romani選手に限らず、世界のトップレベルで活躍する砲丸投げ競技者を間近に見る機会が幾度となくありましたが、驚くのは胸郭の厚み（矢状径）です。前にも後ろにも「出っ張っている」という表現がぴったりです。

さらに円盤投げ競技者で特に顕著ですが、広背筋の発達が著しく、体幹はドラム缶のように太いのにもかかわらず、背側から見たシルエットは「逆三角形」です。僧帽筋の筋量が多く、凹凸が目立つのも特徴です。砲丸投げの突き出しや円盤投げの振り切り動作の主働筋である肩関節前面の筋群で大きな出力が要求されることから、前面の筋群が発達していることはその機能的な要求から自然に感じます。

その一方で、前面の筋群が出力する際、いわば反対側にあって、一般的には拮抗筋とみなされる背中の筋群は何をしているのでしょうか。彼ら投擲競技者の背部筋群の発達は、単に筋力トレーニングの影響だけではなく、専門競技動作への動員による合目的的な形態変化の影響も大きいと考えるのです。

ベンチプレスと肩甲帯の固定

一口に背中の筋群といっても、その付着はさまざまです。胸椎と肋骨をつなぐもの（上《じょう》後鋸筋《こうきょきん》など）、胸郭と肩甲骨をつなぐもの（僧帽筋、菱形筋《りょうけいきん》、前鋸筋《ぜんきょきん》、広背筋の一部など）、胸郭と上腕骨を直接つなぐもの（広背筋の大部分）、脊柱の間をつなぐもの（脊柱起立筋など）と多様であり、肩甲骨背側の筋群（棘上筋、棘下筋、小円筋、大円筋、三角筋後部など）を入れるとさらにたくさんの筋が働き合い補い合って機能しています。

例えばベンチプレスの指導を行う際、肩関節の位置が定まらずグラグラしたり、肩が前方に突き出して安定しないことを経験されたことはありませんか。そのような事例では、腕を突き出す大胸筋や、三角筋前部の活動は十分でも、それらのいわゆる拮抗筋に当たる背中の筋群の活動が十分でないことが見受けられます。図1にベンチプレス中の筋群の関与を模式的に示しました。図は胸郭の水平断面です。

通常のトレーニング動作について、単一の筋のみが作用している状況というのは考えにくいと思われますが、極端な事例をもとに考えてみます。

図1のbは肩関節前面の筋群が作用しているものの、肩関節後面から背中の筋群はほとんど活動していない状況です。初心者に多い肩関節を前方に突き出してグラグラしたベンチプレスは、このような状況で行われていると推察します。上腕骨を引く大筋群の張力が、肩甲

図1 ベンチプレス(BP)と背中の筋群

a では、背中の筋群が積極的に関与し、肩甲骨が安定しているのに対して、b では背中の筋群の関与が少なく、肩関節前面の筋群(図中には大胸筋のみを表示)の作用によって肩関節が前方に引き出され不安定になっている。

a) 背中の緊張をともなったBP

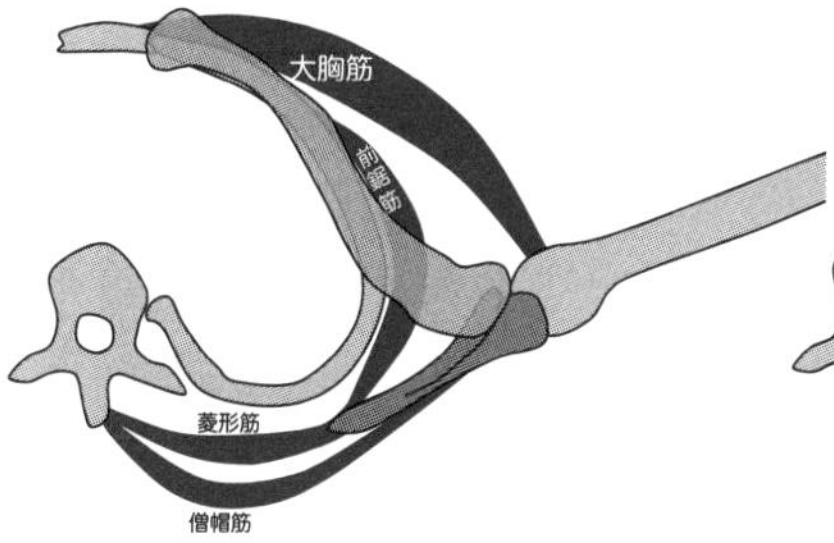

b) 前面筋群のみ緊張したBP

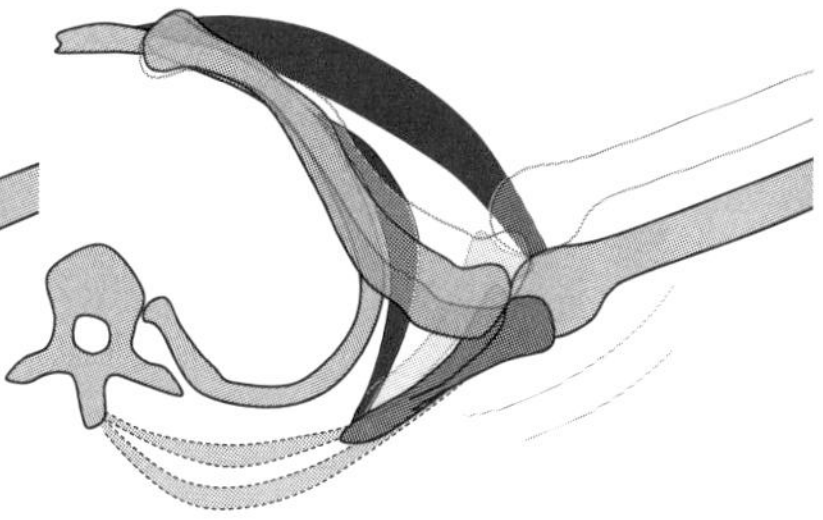

ベンチプレス

骨自体を動かしてしまうため、挙上とともに肩甲骨も動いてしまい、おのずと肩関節が前方に出てきやすくなるでしょう。肩甲骨の位置が決まらない、あるいは挙上の状況によって時々刻々の変化が大きくなるため、大胸筋、三角筋などの大筋群も十分に出力できません。力発揮が安定せず、腱板筋群も肩関節の安定のためのより大きな負担を強いられることでしょう。

それに対して図1のaでは、肩甲骨を胸郭に結びつける筋群がしっかり作用し、肩甲骨、すなわち肩関節の位置が安定した状態です。両肩関節は後方に引かれた状態で、大胸筋や三角筋も適度な伸張状態で作用することになります。

ここでは詳しく述べませんが、前鋸筋の関与も重要です。前鋸筋は通常のベンチプレスやインクラインプレスでの活発な活動が報告されています（半田ら,2008）。前鋸筋は肩甲骨内側縁を胸郭に引きつける役割も持っています。前鋸筋を支配する長胸神経の麻痺では、前鋸筋の張力低下により上肢運動時に肩甲骨の内側が胸郭から浮き上がったwinged scapula（翼状肩甲《よくじょうけんこう》）と呼ばれる状態になり上肢のコントロールに支障が出ることがあります（Martin and Fish, 2008）。図1のaで、前鋸筋とともに菱形筋や僧帽筋が活動している状態では、肩甲骨は多方向からの負荷に対して安定となることが予想されます。

ベンチプレスはさまざまな目的で行われると思います。刺激したい筋群や関節はもちろんのこと、どのような場面での出力を想定しているのかによって、望ましい方法も変化することでしょう。しかし、肩甲骨を含む上肢帯（肩甲帯）の安定は、いかなる出力においても重要な要求となります。このことは股関節周りの出力が、骨盤姿勢のコントロールで大きく変化することと類似しています（木越ら、2012）。

砲丸投げや相撲の突き押しのような大きな出力、あるいは肩周りを固めて当たるタックルやショルダーチャージはベンチプレスとよく類似した状況で、積極的な固定が要求される場面でしょう。一方で走りの腕振りや、オーバーハ

ベンチプレスは様々な目的で行われる。
刺激したい筋群や関節はもちろんのこと、
どのような場面での出力を想定しているのかによって、
望ましい方法も変化する。
しかし、肩甲骨を含む上肢帯（肩甲帯）の安定は、
いかなる出力においても重要な要求となる。

ンドスローでは、しなやかでダイナミックな肩甲骨のコントロールが要求されるでしょう。このような競技場面での作用を考える場合でも、ベンチプレスのようなより単純な運動におけるコントロールが基盤をなすということは、トレーニング、あるいはトレーニング指導の経験を積む過程でよく認識させられることです。

「弓を引く」筋群のトレーニング

ピッチングの腕を振り出す直前や、バレーボールのスパイクへの準備、砲丸投げの突き出し開始直前（図2）など、あたかも「弓を引き絞る」ように肩甲帯が後方に引かれ、力を溜める局面が見受けられます。このような投げや打撃の主動作は肩関節に関して見れば、内旋（後方に残した前腕を前方に振り出す）や水平屈曲（胸を張って後方に残した腕を前方に振り出す）、伸展（大きく挙上した腕を前方から振り下ろす）といった運動が中心となります。逆に「弓を引き絞る」動作は、肩関節の外旋や水平伸展、そして肩甲骨の内転などが深く関わっているでしょう。

これらの「弓を引く」筋群のトレーニングについて考えてみます。大胸筋や三角筋の前部

図2　砲丸投げの突き出し動作と肩関節周囲筋群の関与（模式図）

投擲物の最終加速に向けて準備する局面では、胸の張りを強めるとともに肩甲骨を安定化し、前面の筋群を出力しやすい伸張位に保つ作用をする。このとき背中の筋群には短縮域の窮屈な姿勢で持続的に活動する場面が見られる（図中〜→）。

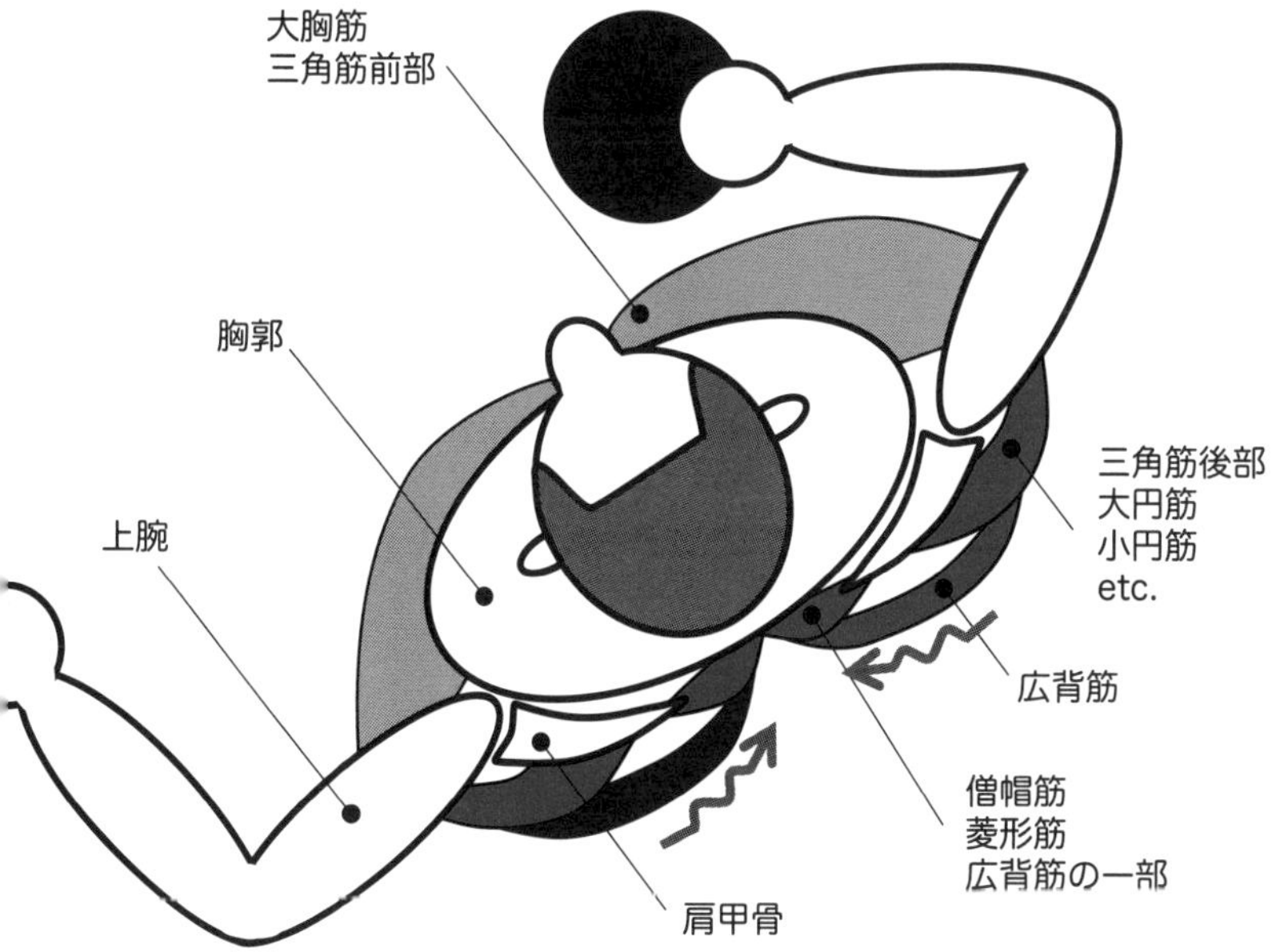

大出力を意図したトレーニングは、
いきおいSSCを意識したものになりがちだが、
特に背中については、
引き絞った窮屈な姿勢で
「耐える」ような力の出し方も、重要になると考える。

を引き伸ばすほど肩甲帯を後方に引くためには、僧帽筋や菱形筋、広背筋はかなり「短縮した」状態で張力を発揮することになります（図2）。

実際、筆者が以前、円盤投げ動作中の筋活動を記録した実験では、投げに向かう振り切りを準備する局面において、僧帽筋の中部に1・5秒以上も持続する非常に強い筋活動が認められました。現場での動作の観察や、自分の経験から薄々は認識していたのですが、この実験での筋活動の観察が、背中の筋群の働きについて強く認識する機会となりました。

すなわち、肩関節前面の筋群を伸張域で有効に作用させるためには、背中の筋群はかなり無理な状況での力発揮を強いられることになります。このような背中の使い方を意識したトレーニングは、おのずと筋群の短縮域（引き絞った姿勢）での実施が求められることになります。大出力を意図したトレーニングは、いきおいＳＳＣ（Stretch-Shortening Cycle）を意識したものになりがちですが、特に背中については、引き絞った窮屈な姿勢で「耐える」ような力の出し方も、重要になると考えます。肩関節前面筋群の爆発的な出力を求められる、投擲競技のトレーニング現場では、ベンチプルやベントオーバーローイングといったいわゆる背中の種目が多用されます。

しかし、筋群の実際の関与の様相を意識すれば、反動を使ったような伸張域での爆発的出力を重視した手段とともに、挙上位、筋の短縮域で耐える、瞬発的な力発揮からは程遠い手段も求められるのです。

さらに、図2からは非投げ側の動きを介した、投げの出力増大にも背中の筋群が関与していることがうかがえます。今後は、体幹の運動への関与についても考えていきたいと思います。

肘関節のはなし その1

肘関節の構造

表面形状のみの観察では不十分!?

有名な落語の一節にこんな言葉があります。

「骨隠す皮には誰も迷うなり、好きも嫌いも皮のワザなり」

後半部分はさておき、前半部分は解剖学的な生体観察においても確かにその通りです。全身の基本的な形態を形づくるのは骨格のフレームワークですが、やせ、肥満も骨だけでは決まりません。これとは反対に、皮膚に現れる表面形状のみの観察では、細かい解剖学的構造の同定はままなりません。

解剖学的な構造の同定や、それらの相対的な位置関係の確認には、体表から触知できる骨のランドマークが役立ちます。ランドマークから骨の位置を同定し、骨格との相対的な関係から筋腱についても理解していこうというわけです。

一般的な解剖図は平面的で、実際に身体を観察した際、対応関係の理解が難しいことがあります。例えば、大腿前面に表在する筋群を前方からの視点で示した図は平面ですから、大腿四頭筋と内転筋群、縫工筋は同じ平面上にあるように見えてしまいます。

しかし実際に身体に触れてみると、大腿四頭筋自体にも前後方向（腹背方向）に厚みがありますし、外側広筋《がいそくこうきん》の筋腹をたどっていくと、いつのまにか腸脛靭帯があり、すぐにハムストリングスに触れてしまいます。縫工筋は長い筋ですから、腸骨にある起始部は身体の「前面」にあるといってよい位置ですが、鵞足《がそく》となる脛骨への停止はもう「内側」です。そのあたりは、場合によっては平面図からは読み取りにくいことがあります。

肘関節を触ってみる

前腕の筋群の多くは上腕骨から始まって三次元的に配置されています。比較的筋腹の小さい筋が多いですから、手の回内・回外によって筋の位置関係が変化し、肩関節の内旋・外旋によって正面からの見え方が変化するため、パッと見て個々の筋を判別するには少々熟練が必要です。筆者も筋電図計測の際に、わかっていたつもりの前腕筋の位置関係がつかめず実験当日に苦労した経験があります。

このような場合、骨のランドマークを基準にして、周辺の筋や腱の位置や走行を特定できると、肢位や見る方向が変化しても解剖学的な構造の確認が行いやすくなります。さらに関節の運動軸と各構造の位置関係の理解にもつながることから、機能的な意義についても考察しやすくなります。

●肘関節周囲の骨ランドマーク

他の部位同様、肘関節を理解する上で基準となる、代表的な骨のランドマークがあります(図1、2)。右肘を左手の指で実際に触って確認しましょう。まず、わかりやすいのは肘《ちゅう》頭《とう》です。例示が乱暴なのですが、肘鉄、エルボードロップの際、打突部分となる肘の背側にある比較的尖った出っ張りです。

肘関節を完全屈曲位にしてみましょう。このとき特に小指側の角張った部分は皮下にはっきりと骨を感じることができますが、これは前腕の尺骨の一部、肘頭です(ここから手に向

図1　肘関節（右上肢を前方より見る）

上腕骨滑車と尺骨、上腕骨小頭と橈骨が関節し肘関節の屈伸が起こる。橈尺関節では橈骨の長軸周りの回旋が可能である。バットのグリップエンドのような橈骨頭の近位端はくぼんで、上腕骨小頭と接している面も滑動できるため、腕橈関節も屈伸と同時に回旋が可能である。

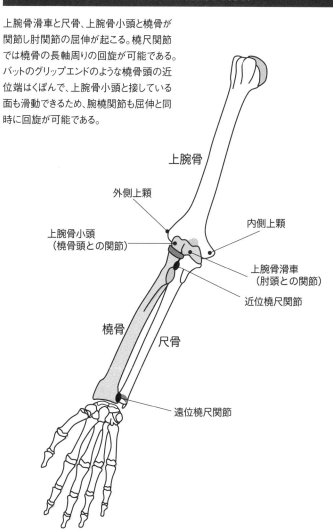

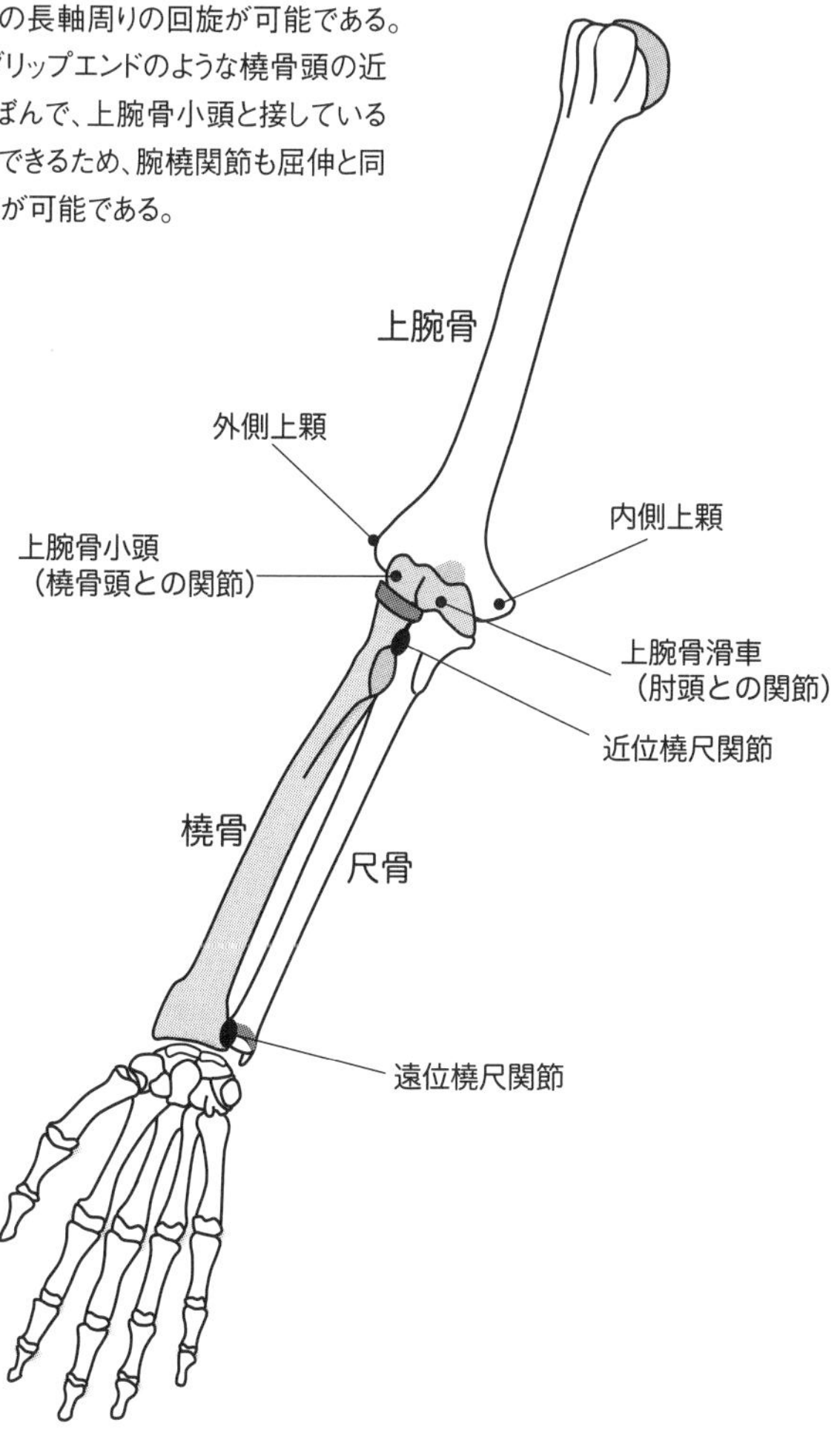

図2　右肘の骨ランドマークを左手で確認

左手の示指は肘頭、母指は内側上顆、中指は外側上顆に触れている。内側上顆からは手首、手指の屈筋群や回内筋が起始している。外側上顆からは手首、手指の伸筋群が起始している。肘頭と内側上顆の間は尺骨神経溝があり、尺骨神経に触れることができる。外側上顆のわずかに遠位には橈骨頭があり、回内回外の際にくるくると回旋する様子を確認することができる。

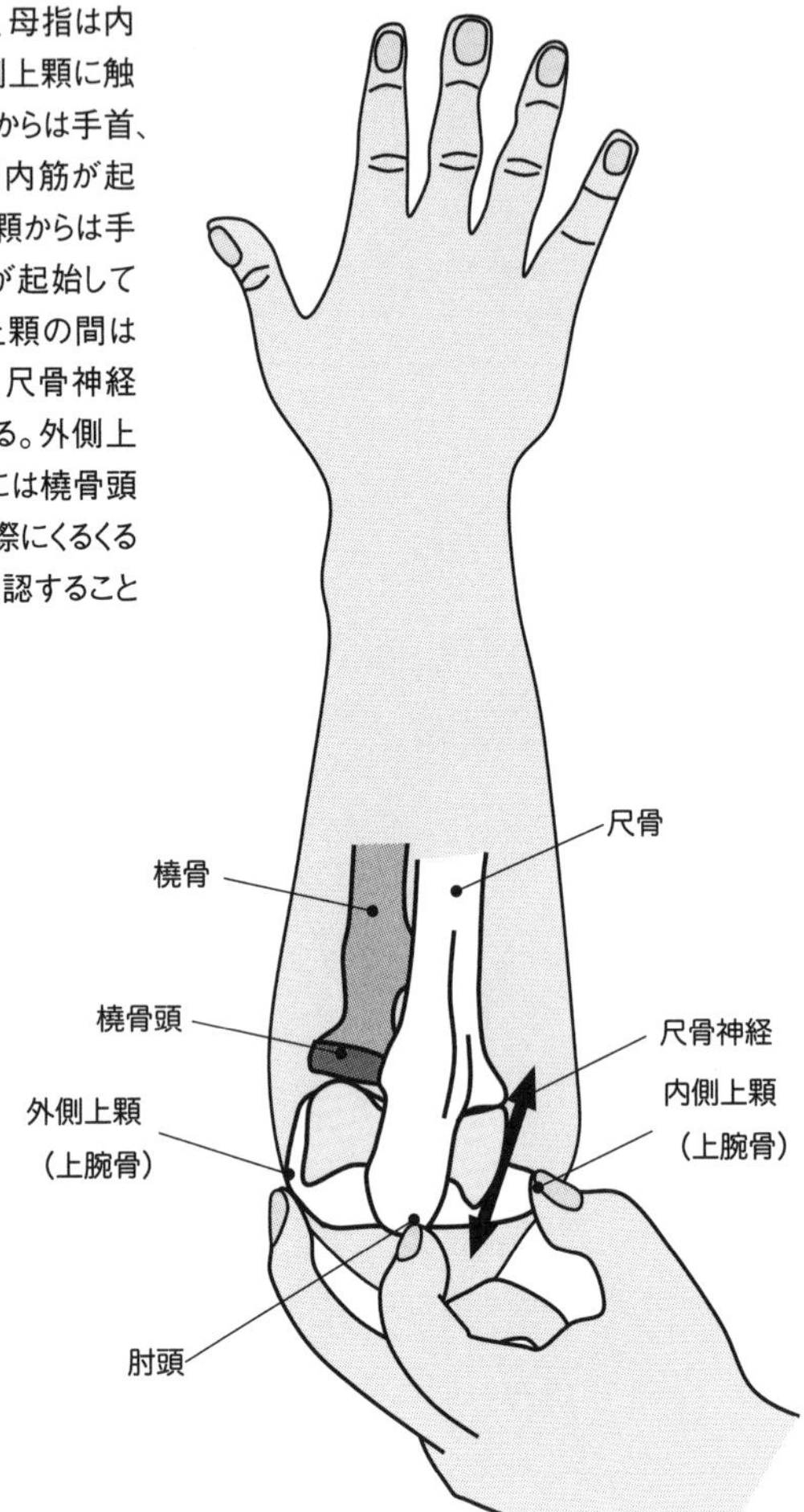

かって骨を感じながら指先を動かしていくと手首の外側にたどり着きます）。ちなみに肘頭の外側に位置する、肘頭よりも少し低い出っ張りは上腕骨です。肘頭は問題なく特定できると思いますので、左手の示指（人差し指）の指先で肘頭の先端に触れておきます。

次は少し難しくなりますが、内側上顆《ないそくじょうか》です。肘関節を完全に屈曲した状態で、肘頭よりも内側を屈曲でできるしわに向かって母指の先で探っていくと、比較的鋭い出っ張りがあります。これが内側上顆です。肘頭との間にはすこし柔らかい部分がありますが、この部分には尺骨神経（図中の矢印）が走っており、指先でしっかり触れると硬い索状の神経を感じることができます。

3つ目のポイントは外側上顆《がいそくじょうか》です。肘頭の外側を中指の先で探っていきます。肘筋《ちゅうきん》を含む柔らかい部分を越えて外側、肘頭から見て内側上顆のちょうど反対側に骨の出っ張りがあります。これが外側上顆です。内側上顆と比較すると少し起伏が少ないため、慣れないとわ

骨のランドマークを基準にして、
周辺の筋や腱の位置や走行を特定できると、
肢位や見る方向が変化しても
解剖学的な構造の確認が行いやすくなる。

かりづらいかもしれません。外側上顆がうまく見つけられない場合は肘頭と内側上顆のみでも大丈夫です。しっかり確認しておきましょう。

内側上顆には手指の屈筋や手首（手関節）の屈筋、手の回内筋の大部分が付着しています。内側上顆を触れたまま手指を握ってみたり、手首を掌屈《しょうくつ》（手のひら側への屈曲）すると、周辺にある筋や筋膜が緊張する様子がわかります。外側上顆では同様に、手指や手首の伸筋の収縮に直接触れることができます。内側上顆と外側上顆に指先がちゃんと触れているかどうかは、筋を収縮させてみることで確認できるわけです。

これらの代表的な骨のランドマークは、靭帯の位置の同定や、痛みのありかが解剖学的にどのような構造の部分なのかを理解するためにも必須の情報となります。

意外と複雑、肘関節の構造

肘関節は上腕骨と前腕小指側の尺骨、母指側の橈骨《とうこつ》との3つの骨の間の関節で（図1）、一つの関節包に包まれています（国, 2016）。肘関節の運動といえば伸展・屈曲で、肘関節といえば、一般的には単純な蝶番《ちょうばん》関節の代表という印象が強いかもしれません。確かに上腕骨と尺骨の間の関節は上腕骨滑車が肘頭の滑車切痕《せっこん》にはまり込んでいる様子から、典型的な蝶番《ちょうつがい》であることは間違いないのです。上腕骨と尺骨との間では意識できるほどの回旋も起こりません。

しかし、ここで忘れてならないのは橈骨です。橈骨は、野球バットのグリップエンドのような形状をした橈骨頭で、上腕骨の上腕骨小頭と関節しています。グリップエンドの端の部分には浅いくぼみがあり、上腕骨小頭の小さな出っ張りの曲面と接しています。肘関節の屈曲・伸展においては橈骨頭のくぼみが上腕骨小頭上を滑ります。尺骨の肘頭には橈骨頭をおさめるくぼみがあります。橈骨頭のグリップエンド部分は全体的に軟骨に覆われています。すなわち、尺骨と接する近位橈尺関節の部分にも運動があるということです。

橈骨頭と尺骨の間の近位橈尺関節は車軸関節に分類されます。つまり尺骨のくぼみが軸受となり、橈骨が長軸周りに回転するのです。しかしこの回旋、見た目には、肘関節の骨同士の位置関係を変化させるものではないように見えます。一体どのような運動につながっているのでしょう。橈骨の形状を知ることで、この長軸周りの回旋の意味が見えてきます。

全体がほぼ真っ直ぐな尺骨に対して、橈骨は大きく弯曲しています。実際に橈骨頭の部分を持って動かしてみるとわかるのですが、橈骨頭部分で長軸の回旋を行うと、手関節（手首）の大きな受けになっている橈骨の遠位端が大きく動きます。これはとりもなおさず、手の回内・回外にあたる動きを再現したものなのです。

図3には回内・回外の動きを模式的に示しました。尺骨の掌側を回転した橈骨の遠位部分が乗り越えて、手を回内位に回す様子がわかります。このとき、橈骨の近位側は長軸周りに回旋するだけで、尺骨との位置関係がほとんど変化していませんが、遠位側は大きく動くことになります。動きの小さく見える近位橈尺関節ですが、図2をたよりに橈骨頭の部分を見つけ、橈骨頭に用心深く触れながら回内・回外をやってみると、皮下で橈骨頭がくるくると回っていることがわかるはずです。

橈骨頭をうまく見つけるためには、外側上顆から指先をわずかに遠位（手の方向）にずらすと、腕橈関節の関節裂隙《れつげき》（骨と骨の隙間）に触れることができます。裂隙の近位は上腕骨小頭、遠位側は橈骨頭です。肘関節が伸展位であろうと屈曲位であろうと、屈伸中であろうと姿勢にほぼ関係なく回内・回外が滑らかに行えるのはこのような構造、仕組みが背景にあるのです。

図3 手の回内・回外

橈骨の近位側は長軸周りに回旋するだけで、尺骨との位置関係がほとんど変化していないが、弯曲した橈骨の遠位側は大きく動く。尺骨の掌側を回転した橈骨の遠位部分が乗り越えて、手を回内位に回していることがわかる。

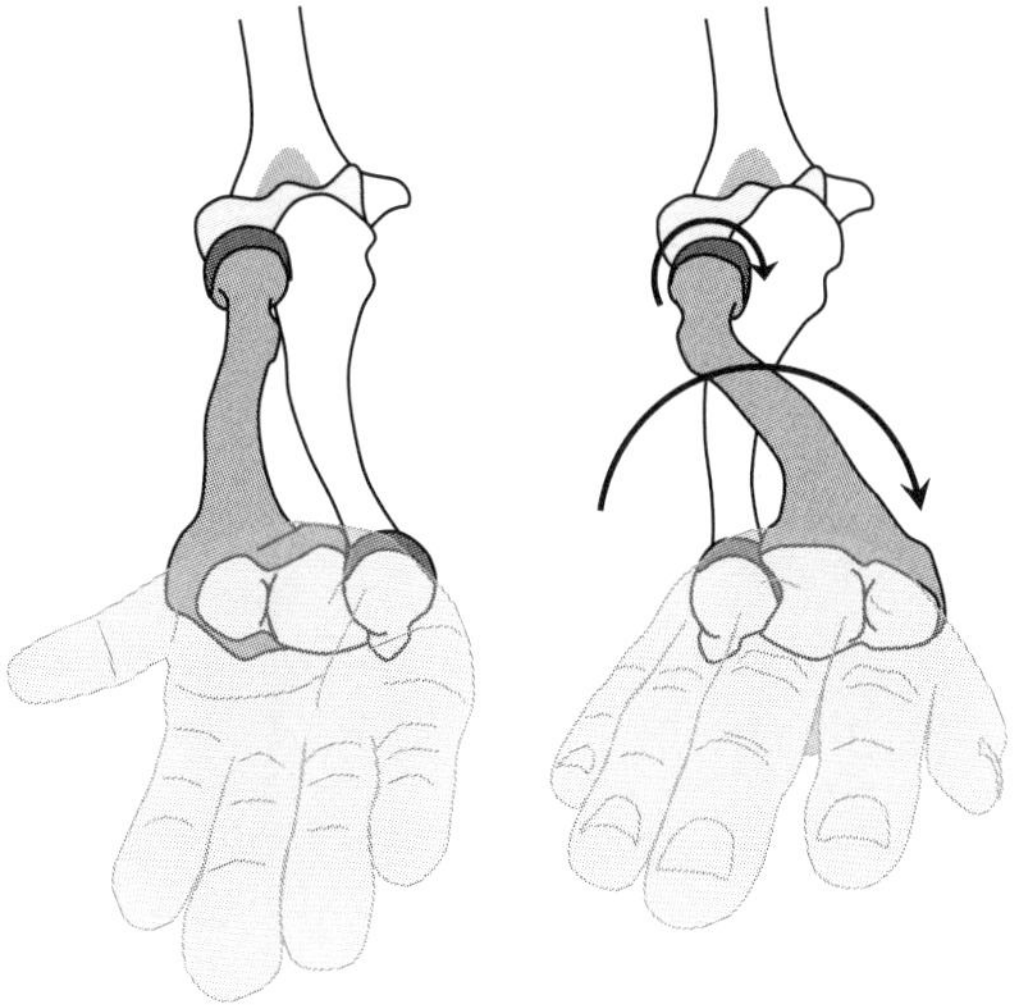

全体がほぼ真っ直ぐな尺骨に対して、
橈骨は大きく弯曲している。
橈骨頭部分で長軸の回旋を行うと、
手関節(手首)の大きな受けになっている
橈骨の遠位端が大きく動く。
これはとりもなおさず、
手の回内・回外にあたる動きを再現したもの。

肘関節のはなし その2

肘関節の損傷

筆者の苦い体験談

中高と砲丸投げ一筋だった筆者は、槍投げへの憧れを抱いて大学に入学しました。大学にはいつでも投げられるグラウンドと槍が確保され、身近にお手本となる競技者がたくさんいます。いきおい、投げてみることになります。最初はよくわからず、槍の尾部で後頭部や背中を強打したりしていたのですが、そのうち、槍のグリップや姿勢制御にも理解が進み、なんとか腕を振って投げることができるようになってきました。

しかし、そこは浅学の身、投げ方はほぼボール投げと変わらないという理解です。体幹はガチガチ、腕の振りに頼って槍を投げるたび、右肘の内側に引き伸ばされるようなストレスを感じ、投げ終わると数日間肘の内側に筋肉痛のような痛みが残りました。今思うと強引に引き伸ばされる内側上顆に付着する筋群からのSOSだったのだと思います。とはいえ、槍投げとは「そんなものだ」と思っていた19歳は気にもとめません。それが大きな間違いでした。

ある日、力任せに槍を振り切った瞬間、右肘内側に「パチン」と衝撃を覚えました。そうです、内側側副靭帯（MCL＝UCL）が断裂したのです。筋腱や靭帯の損傷時に「POP音を感じる」という表現がありますが、まさにそんな感覚でした。酷使され疲弊していた動的な支持機構（筋群）はすでに機能不全を起こし、ダイレクトに負荷を受けた静的支持機構（靭帯）が破綻したというわけです。

いまだに緩い右肘を実感するにつけ、内側へのダメージの残存に少し時間をおくことや、正しい技術を身につけることを優先できなかった勉強不足に残念な気持ちになります。

肘関節と外反ストレス

スポーツの場面では、さまざまな肘の傷害が見られますが、いわゆる「野球肘」とよばれる、肘関節の損傷は、野球の投手で問題になることが多く、報道でも比較的よく目にするものです。

野球肘の病態はさまざまで、肘の外反によって、強く引っ張られる内側の靭帯や、筋の付着部周辺の問題が多く見受けられますが、外反によって軟骨同士のぶつかりが強くなる外側や肘頭の周囲にも問題が生じることがあります。重い事例では、軟骨や骨に損傷が起こる離断性骨軟骨炎によって遊離骨片が関節内に生じる場合もあります。

野球の投手が肘を痛め、手術を余儀なくされたという事例では、投げに伴う外反ストレスが関与する内側側副靭帯の断裂が問題になることがありますが、一発の過大な負荷、頻回の負荷の繰り返し、そして両者の組み合わせが、大きな損傷につながります。

上腕骨と前腕の骨をつなぐ関節のおおまかな構造については前節でお話ししたのですが、ここでは肘の屈曲・伸展を行う蝶番関節としての肘関節と、その蝶番の軸を無視して無理やり曲げる動きである外反を制動する仕組みについて考えてみましょう。

例えば投球を行う際、肘関節には内側を開くような「外反」のストレスがかかることが知られています。外反の制動を考えるとき、まずは肘関節内側の静的な支持機構を観察してみましょう。

肘関節内側には内側側副靭帯があって、肘関節の内側を広げるようなストレスに対抗しています（図1）。この靭帯は複数の線維束によって構成されています。大まかには前斜走線維束、後斜走線維束、そして横走線維束の3つの線維束です。

このなかで、内側の安定性（外反の制動）に最も深く関わっているとされるのは、肘関節の屈伸運動で靭帯長がほとんど変化しない前斜走線維束で（岡,2016）、もっとも強靭な線維束です。後斜走線維束は扇状に広がるように走行し、尺骨に広く停止します。この線維束は肘関節の屈曲位で伸張します。横走線維束は後斜走線維束を補強する役割をもっていると考えられています。内側側副靭帯の傷害予防や、障害の再発予防にテーピングを行うことがありますが、その際、この靭帯の構造、走行を意識した方法を選択するという視点が有効になります。

テーピングで留めることができるのは主に皮膚なのですが、適切な走行でこれを行うことによって、目的の靭帯の負担を軽減することが可能になります。この後触れる、肘関節をまたぐ筋群の走行などと合わせて、知識として整理しておきたい情報です。

内側側副靭帯が断裂し、肘関節の外反動揺性が高まった事例では、手術適用となる場合も

図1　内側から見た肘関節と内側側副靱帯

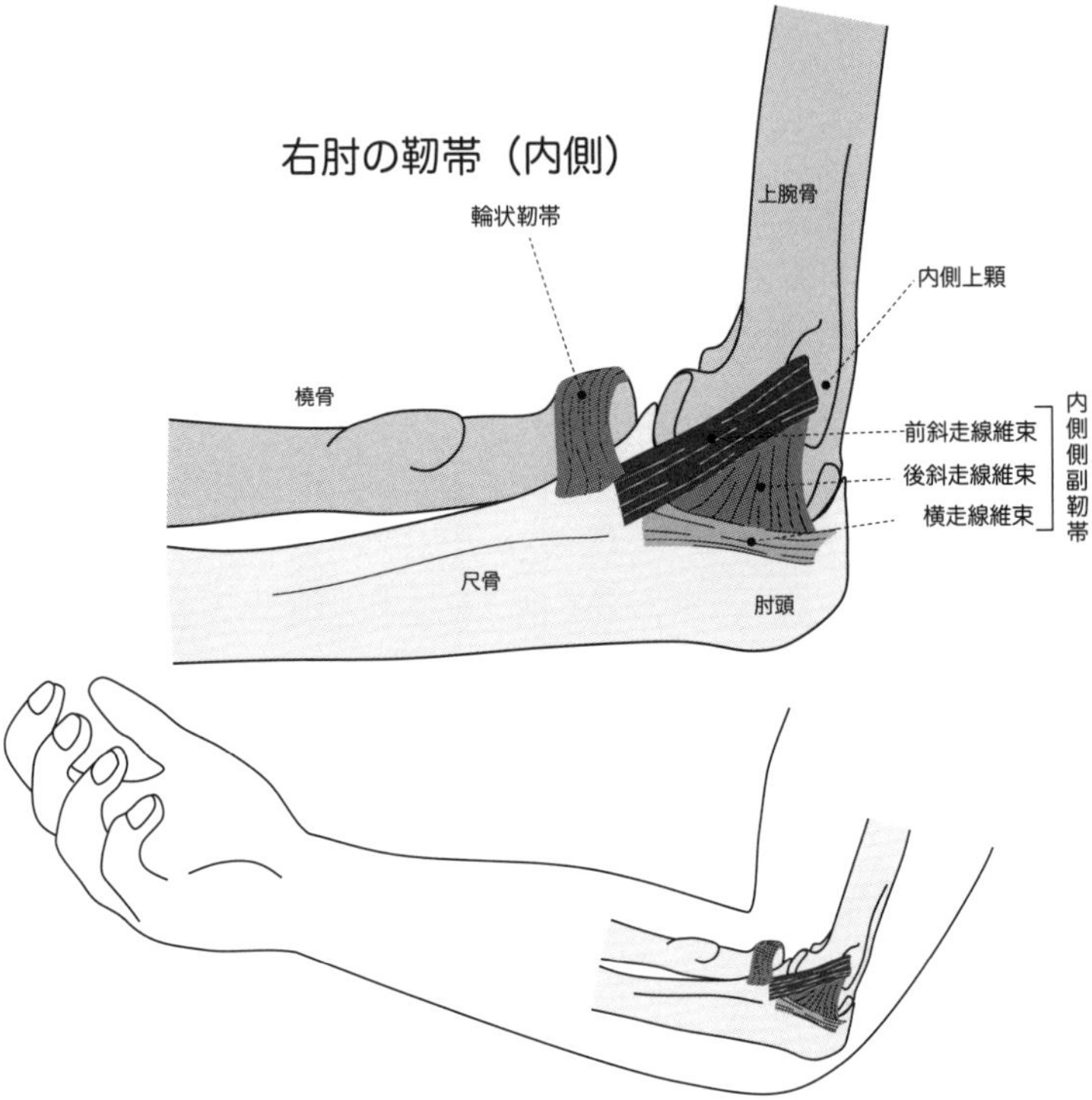

肘関節内側には
内側側副靭帯（MCL=UCL）があって、
肘関節の内側を広げるようなストレスに対抗している。

あります。損傷した内側側副靭帯を長掌筋や薄筋など肘以外から持ってきた腱の組織で再建する方法でよく知られているのが、「トミー・ジョン手術」という方法です。Frank Jobe医師が内側側副靭帯を断裂したTommy John投手に対して執刀し、復帰後の活躍にまで至ったのが最初の症例とされ、このような名称になっています。

肘関節内側の動的な支持機構

外反に対抗する肘関節内側の動的な支持機構は、肘関節の内側をまたいで内側上顆に付着する筋群ということになります。内側上顆には尺側手根屈筋《しゃくそくしゅこんくっきん》、長掌筋、橈側手根屈筋、円回内筋が広い腱膜で表層に付着し、浅指屈筋《せんしくっきん》が深層に付着しています。つまり、肘関節をまたいでいるのです。

Park and Ahmad（2004）による、関節周囲から関節包と靭帯以外の組織を取り除いた屍体標本を用いて個々の筋の張力の影響を検討した研究によると、これらの筋群のうち、外反の制動に最も大きく関わるのは尺側手根屈筋で、次に浅指屈筋、円回内筋と続きます（図2）。

図3は内側側副靭帯が断裂した状態を模した肘関節に対し、30°屈曲した肢位、90°屈曲した

図2　肘関節の内側をまたぐ筋群（模式図）

ここでは、尺側手根屈筋、浅指屈筋、円回内筋の走行のみを模式的に示し、内側側副靭帯の走行と比較した（長掌筋、橈側手根屈筋は省略。尺側手根屈筋と浅指屈筋には前腕に起始する部分もある）。

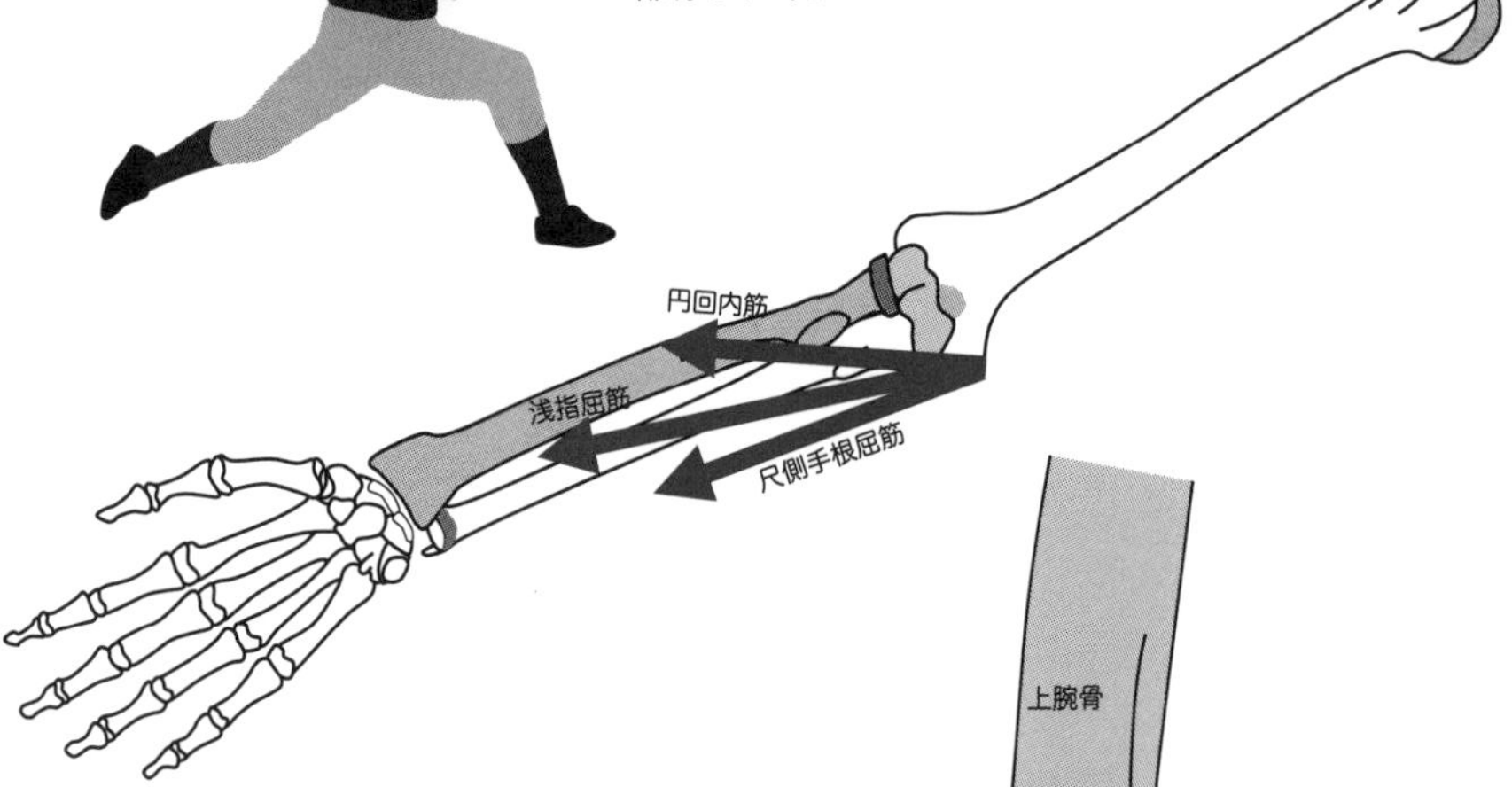

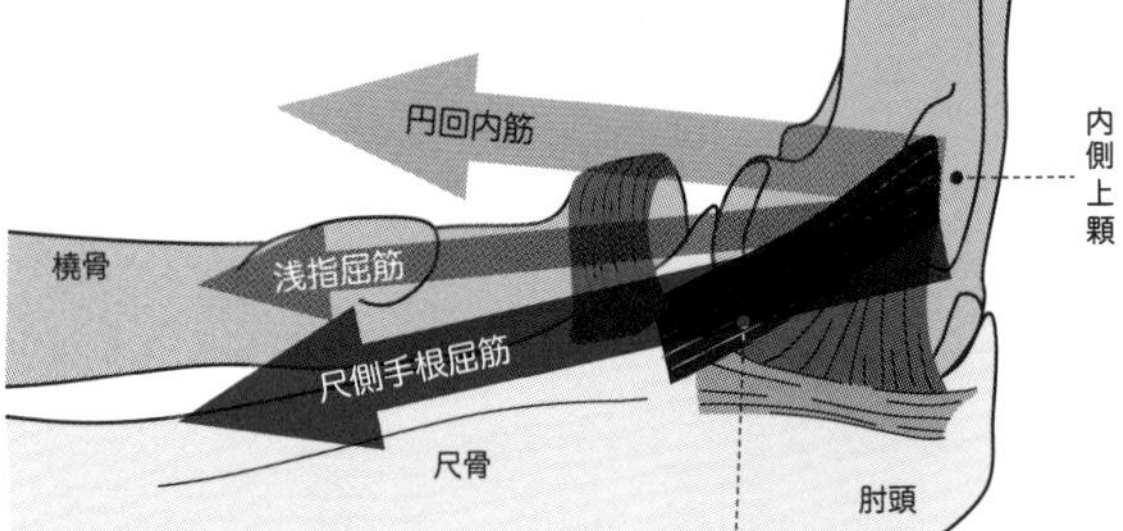

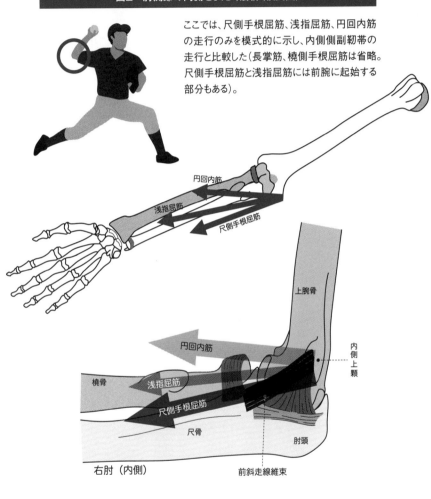

図3 肘関節内側の筋群と外反抑制 (Park and Ahmad, 2004に筆者加筆)

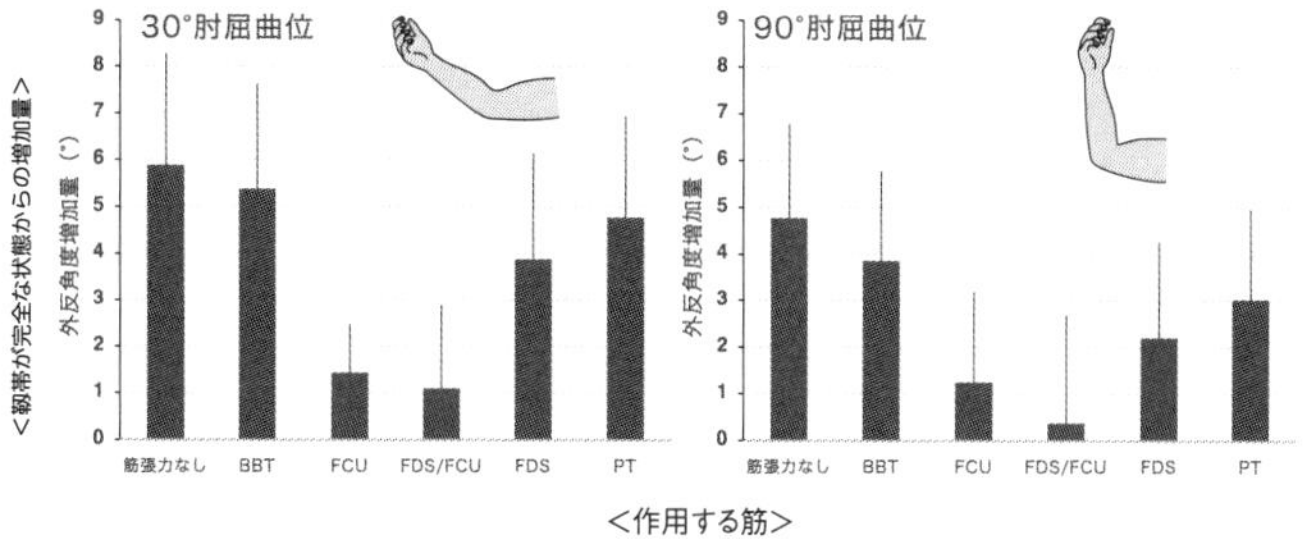

BBT：上腕二頭筋・上腕筋が張力発揮

FCU：尺側手根屈筋が張力発揮

FDS：浅指屈筋が張力発揮

PT：円回内筋が張力発揮

FDS/FCU：浅指屈筋・尺側手根屈筋が同時張力発揮　　*いずれの条件も靭帯なし

内側側副靭帯が断裂した状態を模した屍体肘関節に対し、30°屈曲位（左グラフ）、90°屈曲位（右グラフ）においてそれぞれの筋がどの程度外反を抑制するかを調べた。内側側副靭帯が完全な状態の外反角度を基準とし、そこからの増加量を示した。一番左（No Load）は筋の張力が作用していない状態を表し、このときの外反変形が最も大きい。BBT（上腕二頭筋-上腕筋-上腕三頭筋が張力発揮）条件における外反変形の減少はわずか。単独ではFCU（尺側手根屈筋が張力を発揮した条件）で最も外反の制動が顕著。FDS（浅指屈筋）、PT（円回内筋）がそれに続く。FDS/FCU（浅指屈筋と尺側手根屈筋が同時に張力を発揮した条件）では、さらに外反の角度が大きく減少しており、これらの筋の関与が肘関節外反ストレスを低減する可能性を示唆する。

肢位において外反ストレスをかけた状態で、それぞれの筋が作用した際に、どの程度実際に外反が起こるかを調べたものです。

棒グラフの縦軸0は、内側側副靭帯が完全な状態の外反角度を表しています。一番左(No Load)は筋の張力が作用していない状態を表し、このときの外反変形が最も大きいことを示しています。BBTは上腕二頭筋-上腕筋-上腕三頭筋が張力を発揮した状態です。この条件における外反変形の減少はわずかで、これらの筋は関節面を押し付ける作用を持っていますが、外反の制動に果たす役割は大きくないことがわかります。

一方で、単独ではFCU(尺側手根屈筋)が張力を発揮した条件)で最も外反の制動が顕著で、FDS(浅指屈筋)、PT(円回内筋)がそれに続いています。さらにFCU／FDS(尺側手根屈筋と浅指屈筋が同時に張力を発揮した条件)では、さらに外反の角度が大きく減少しており、これらの筋の関与が肘関節外反ストレスを低減する可能性を示唆しています。

ところで、これらの筋がうまく関与し、靭帯への過大な負担を減らすためにはどのような工夫が必要でしょうか。投げの全体像、いわゆる投球フォームの改善についてはさておき、まず、関与しているが絶対的な張力が足りていない場合は、シンプルに筋群の強化を図ることも求められるでしょう。

例えば、指の屈筋のうち浅指屈筋や深指屈筋のように前腕や上腕から起こっているものは、手首（手関節）に対しても作用します。したがって、手首を固定したまま手を握る際には、手首や手指の「伸筋」群も働きます。手を強く握りながら、前腕手の甲側の筋群に触れてみてください。収縮を感じることができます。外側上顆炎の痛みが物を握ることで増強することもあります。

つまり、屈筋が目的どおりに張力（正確には所望の関節トルク）を生むためには、伸筋も動員されて部分的に関節への作用を中和するような状況が求められるわけです。すなわち、目的の主運動を損なわず、肘の内側側副靭帯を筋活動によって守ろうと考えたなら、動作全体の再教育、再学習が必要になるということは容易に想像がつきます。

投げの様相を大きく変化させずに、特定の筋の関与を大きくするためには、直接靭帯を補強する筋のみならず、その拮抗筋に関しても強化やコーディネーションに配慮してトレーニングを進めることが重要となるでしょう。

肘関節のはなし　その3
オーバーハンドスロー

オーバーハンドスローはヒト特有⁉

ヒト以外の動物が物を投げる様子をご覧になったことがあるでしょうか。霊長類の投げは、ヒト以外でも観察されますが、単純なものが多いように見受けます。

管見の限り、ヒトのオーバーハンドスローは速度、精度ともに動物の投げの中ではナンバーワンでしょう。ゴリラは円盤投げのように、肘を伸ばしたまま振り回すような投げを見せます。チンパンジーは助走をつけて石を投げることもありますが、主にアンダーハンドスローです。

驚いたのは、オランウータンのオーバーハンドスローです。筆者が映像で目にしたものは、頭上から肩関節の伸展と肘関節の伸展を組み合わせて果物の皮を投げている様子でしたが、ただ手が頭上から出ているだけではなく、手指による微妙なコントロールが利いて、非常にヒトの投げに近いものでした。しかもその投げに肩関節の回旋も関与しているように見えました。ただし、この事例は座位でアンダーハンドスローが制限された状況下であったことが影響しているようにも見えます。

このような例外はあるものの、オーバーハンドスローであっても肩関節外転位（腕を側方に挙上した姿勢）で、大きな内旋から外旋で力を溜め、そして内旋で加速する、いわゆるコッキングを明確に含む投げは、あるいは獲物を狙ってスピードの高い物体を投げ出す動きはヒト特有といってよいのではないでしょうか。ただし、ヒトはその代償として肘や肩の傷害に苦しむことになったわけです。

投げと肘関節のけが

強いオーバーハンドスローは、上腕に対して後方に残った前腕を、投げ方向に急速に引き戻してくるその加速メカニズムから、宿命的に肘関節への負担を背負っているといっても言い過ぎではないでしょう。

実際には個人差もあるのですが、野球ボールによるオーバーハンドスローの際に、特に投げの最終局面でのボール速度への貢献が大きい肩関節運動は内旋といわれています（宮西ら, 1996）。

いわゆる、投げにおける「コッキング動作」は、肘関節が屈曲した状態での、肩関節内外旋を表しています。肩関節の内旋に関わる筋は多く（大胸筋、肩甲下筋、広背筋、大円筋など）、大胸筋や広背筋のように筋線維の長い筋が上腕骨を投げ方向に引き出しながら（伸展、水平屈曲しながら）長軸周りに回旋するように作用します。

このように、張力、短縮速度ともに大きな大筋群を活用できる利点に加えて、機構的な利点もあります。一般的なオーバーハンドスローにおいて投擲物を加速するのは、屈曲された肘関節から前腕を介した手先です。つまり、回転半径の小さな上腕骨に付いた筋が、回転中心からの距離が大きな手先を動かすという機構です。肩関節の回旋を利用した投げは、大きな速度を出すには理にかなった「ギア比の高い」仕組みを利用した動きだと考えることができます。

一方でこの肩関節内旋を単純なモデルで考えてみると、この内旋の利用こそが肘関節内側を開くようなストレス（外反ストレス）を生じることも見えてきます（図1）。
Freisig et al.（2015）は、先行研究を引用しながら、オーバーハンドスローにおける肘関節内側側副靭帯へのストレスについて述べています。肘関節内側側副靭帯へのストレスが最も大きくなるのは、肘関節が90°付近、肩関節が最大外旋を迎える直前の局面で、コッキングの肩関節外旋が、肩関節内旋トルクによって減速される局面です。

このとき肘関節の外反ストレスを表す最大内反トルク（およそ90Ｎｍ）が発生し、そのうち50Ｎｍを内側側副靭帯が負担しているとしています。ちなみに90Ｎｍは１ｍの棒の先に約９kg重のおもりをつけたときに棒の反対側に生じる回転力です。このような強烈な外反ストレスですが、肩関節の外旋可動域が制限されているとどうでしょうか？

投げ局面における肩関節外旋の制限は、肘関節の内側を投げ方向に向けたままで加速する時間が長くなることにつながります。例えば、最大外旋で十分な肩関節外旋が得られない状況を想像してみてください。本来、外旋によって前腕が後方に残ることで軽減されていた、加速初期に外反が増加する局面における外反ストレスは、外旋角度の制限が大きい状態ではさらに強く肘関節の内側を開くように作用するでしょう。

図1　オーバーハンドスローと肘関節へのストレス

オーバーハンドスローの肩関節最大外旋直前、肘関節には最も大きな外反ストレスが生じる。筋が上腕骨を投げ方向に引き出す関節力(1)、上腕骨を長軸周りに回旋する内旋トルク(2)が肘関節を外反するストレスの主な原因となる。

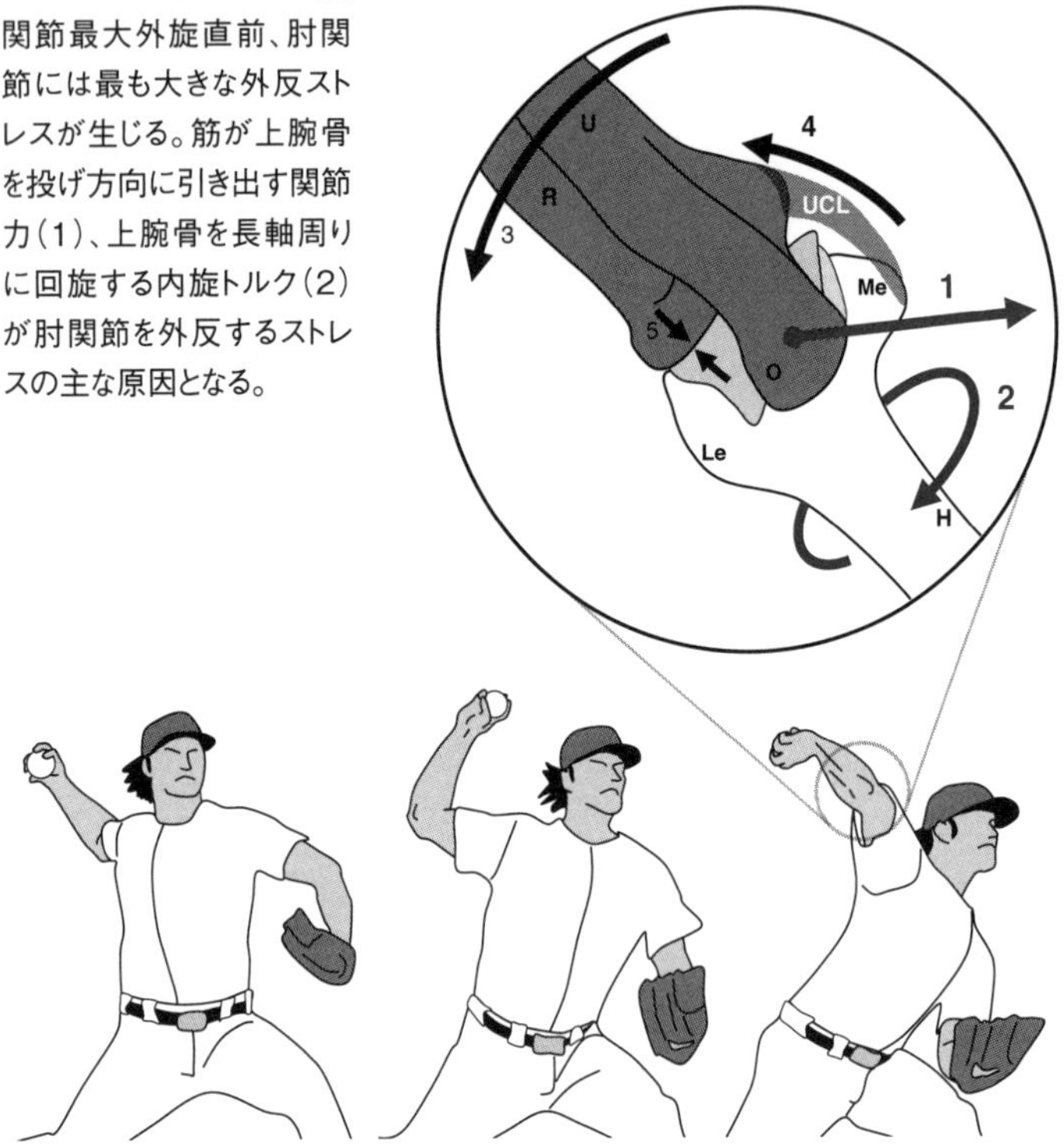

1 上腕骨の動きが肘関節を引き出す力
2 上腕骨を内旋するトルク
3 1,2によって生じる肘関節外反
4 内側側副靭帯への牽引ストレス
5 肘関節外側への圧縮ストレス

U: 尺骨,R: 橈骨,H: 上腕骨
UCL: 内側側副靭帯
O: 肘頭,Me: 内側上顆,Le: 外側上顆

このような肩関節の外旋可動域が小さい（肩が硬い）競技者は肘関節を傷めやすいという印象があります。実際に高校生の野球選手を対象にした研究では、肘関節の受傷歴のある選手のほうが、受傷歴のない選手よりも肩関節の最大外旋可動域が小さいことが報告されています（Miyashita et al., 2008）。

肘の高さと肘関節への負担

肘関節の障害を防ぐ投球動作の指導において、「肘関節を高く保つ」ことが強調されます。一体どういうことなのでしょうか？　理由は単一ではないと思いますが、上腕の回旋可動域の影響が大きいと考えます。

というのは、我々の上腕の回旋可動域は、外転位（肘を側方に挙上した姿勢）のほうが大きいからです。肘が下がらない方が上腕に対して前腕が遅れた姿勢を作りやすいのはこのことが影響していると考えます。

ここで上腕の動きについて考える際、単に肩甲上腕関節だけでなく、肩甲骨の胸郭に対する自由度も視野に入れるとよいと思います。また、肘が高く保たれた姿勢は、肩関節の伸展に関わる筋群が引き伸ばされて力を出しやすい状況です。このような肩関節外転姿勢からの投げでは、おのずとこれらの関節運動が有効に動員されるでしょう。

反対に、これらの筋群がすでに短縮した肩関節内転位では、手先の速度増加に無理やり内旋や水平屈曲を動員せざるを得なくなり、その結果肘関節内側のストレスを増やすことになってしまうのではないでしょうか。

内側側副靭帯損傷のリスクファクター

野球の投手に関しては、投球数や登板回数、球種の影響がしばしば取り沙汰されます。実際には何が重要なリスクファクターなのでしょうか?

メジャーリーグの投手83名を対象にした研究では、内側側副靭帯の再建が必要となった投手はそうでない投手に比べて球速が高いわけではないものの、投球に占める速球のパーセンテージが高いことが報告されています(Keller et al., 2015)。

野球の投手に関しては、投球数や登板回数、
球種の影響がしばしば取り沙汰される。
実際には何が重要なリスクファクターなのか?

日本国内の例では、アマチュア野球投手を対象にトミー・ジョン手術経験者74名と対照群74名との比較をトラッキングデータを用いて行った酒折ら（2017）の研究があります。そこで明らかになったのは、先発投手については、球種数が少ないこと、リリース位置が体から横に離れていること、1試合当たりの投球数が多いこと、そしてリリーフ投手に関しては、球種数が少ないこと、リリース位置が体から横に離れていること、速球の球速が高いこと、登板間隔が短いことがリスク要因であることがわかりました。

一方、マイナーリーグの投手について、肘関節内側側副靭帯の再建後復帰した投手40名と対照群40名とのバイオメカニクス的な比較を行った結果、投球フォームの特徴に大きな差異は見られませんでした（Freisig et al., 2015）。

ただ、手術経験者のなかでも復帰できた投手が対象となっていたため、投球フォームの影響がどの程度あるのかに関しては、難しいですが前向きの研究によってさらに詳しく調べる必要がありそうです。

Moving Valgus Stress Test

Moving Valgus Stress Testという内側側副靭帯の損傷を調べるテストがあります（O'Driscoll et al., 2005）。これは、肩関節を90度外転（肘を側方肩の高さに挙上した姿勢）で、肩関節を最大外旋し、肘関節には外反のストレスをかけながら完全屈曲位から伸展位に急速に動かしていくというものです（図2）。

肘関節が関節角度によって骨同士のはまり込みの様相や靭帯の関与が変化することを想定すると同時に、オーバーハンドスローの際のストレスを再現した方法といえるでしょう。

図中の120度-70度に当たる〝Shear Angle〟は、

図2 Moving Valgus Stress Test

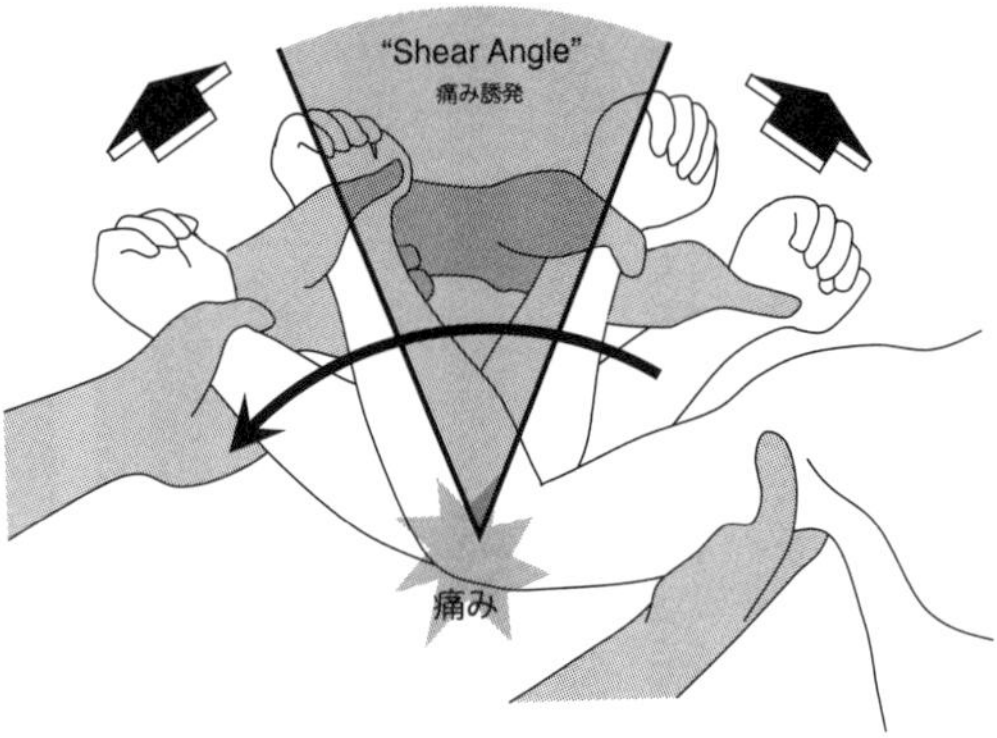

O'Driscoll et al.(2005)を参考に筆者作図。肘関節内側側副靭帯損傷の評価に用いられる。オーバーハンドスローにおける肩関節最大外旋付近の肘関節への負荷を再現している。

オーバーハンドスロー動作における前足接地後の胸の開きと対応したLate Cockingから最大外旋、加速初期に対応しており、内側側副靭帯に問題がある場合、この範囲で痛みや不安感が生じます。オーバーハンドスローにともなう肘関節内側の評価には頻繁に用いられているようです。

投げと肩甲骨と腕の振り

投げの筋肉痛はどこにくる？

筋肉痛にもさまざまありますが、運動後にしばらくの時間を経過してから強くなるのが「遅発性筋痛（DOMS）」です。不思議なことに、短縮性の収縮のみではほとんど起こらないといわれています。つまりエキセントリックな力発揮があって初めて生じるそうです。歳をとると発現が遅れるという噂もあり、この時間遅れの有無に年齢を実感し一喜一憂する人もいます。

ところで、久しぶりにやった草野球の後、筋肉痛はどこに現れるでしょうか？　これにはかなり個人差があると思います。「全身」「身体中」という例はさておき、強く頻回の投げの後に大胸筋の筋肉痛がひどいという事例は比較的少ないように思います。やり投げでは大胸筋周辺に筋肉痛を訴える事例も見かけます。

その一方で「背中にくる」「肩の後ろが痛い」という訴えは、野球、やり投げの別を問わずよく聞きます。胸郭上を滑る肩甲骨をコントロールし、大きく伸縮する背中の筋群の負担が大きいことを物語っています。

また、強く素早い肩関節の内旋が手先の加速に大きく貢献していることは疑いの余地がありませんが、ボールリリース後にこの内旋にブレーキをかける外旋筋群には強烈なエキセントリックな負荷がかかるのでしょう。同様に肩関節の内旋、そして腕全体を引き抜くような力を急激に止める動作においては、関節窩後方の関節包や、肩甲骨に付着する上腕三頭筋長頭の付着部にも大きな負荷がかかり、関節窩の後下方に骨棘（Bennett lesion）を生じることがあります。野球経験の長い人に多い病変といわれています。

肩関節内旋筋の個性

肩関節には多くの内旋筋があります。比較的表層にある大きな筋では、大胸筋、大円筋、広背筋。そして、いわゆるインナーマッスルの中では肩関節の前方を回り込む肩甲下筋に内旋の作用があります。一方で、外旋の作用を持つのは棘下筋と小円筋ということになります。

ところで、オーバーハンドスロー時の肩関節内旋に効いている筋は何なのでしょうか？

実際にワイヤー電極でピッチング中の筋活動を記録した研究（Digiovine et al., 1992）では、前足接地から最大外旋の間に当たるLate cocking期には、肩関節内旋筋群の中では大胸筋や広背筋が中程度以下の活動だったのに対して、肩甲下筋は非常に強い活動を示していました。この局面において、内旋筋群はまさにStretch-Shortening Cycle（ＳＳＣ）の筋が引き伸ばされてエネルギーを蓄積する場面を迎え、エキセントリックな活動を強いられます。

その後、筋が短縮することで肩関節を内旋しボールを走らせていくAcceleration期には、肩甲下筋はさらに活動を強め、広背筋も活動を強めているのに対して、大胸筋の活動量に大きな変化は見られませんでした。齋藤ら（2006）の表面電極を用いた研究では、生波形も含め詳細な時系列データの記載がありますが、早期から活動がある大胸筋に対して、広背筋の活動はリリースの直前に大きなピークを示していました。

肩甲下筋は腱板筋群のうち最大で、複数の羽状筋で構成されており、大胸筋を上回る生理的横断面積を持っています（Garner and Pandy, 2003）。その一方で全体的に短い筋束で構成されているため、大きな速度で関節を動かすことは得意ではありません。非常に大きな筋活動を示していることから、投げにおいても上腕骨頭を関節窩にしっかり引き込みながら働いている様子が推察されます。

大胸筋は、構造的にリリースに向かう水平屈曲、内旋でどんどん短縮していきます。それに対して広背筋はどうでしょうか。肩甲骨が胸郭上を投げ方向に走っていくのであれば、広背筋は内旋に作用しつつも引き伸ばされている可能性があります。投げの最終局面で活動を高めている背景には、このような肩甲骨が外転し水平屈曲位になった姿勢でも出力しやすい特徴が影響していると考えます。

投げに向かうタメの感覚はどこに？

続く大きな出力に向かって、主働筋へのストレッチや、ストレッチに対する知覚が重要な役割を果たす場面がよくあります。垂直跳びの際、自然にしゃがみ込んで反動をつける行動もそのような感覚を得ようとする本能的な営みによるものでしょう。比較的重い投擲物を投げるやり投げ競技者は、肩関節の最大外旋に向かう、いわゆる「肩の入った」姿勢を、背中の締まった感覚や、脇の下あたりのストレッチ感として感じるという事例を多く目にします。

上腕は外旋＋水平伸展で肘が高く保たれ脇が開き、腕の振りに関与する筋群が引き伸ばされてエネルギーがたまっているような状態、肩関節の前面が伸ばされているというよりも、肩甲帯全体が後方に引かれ、広背筋を含む背中側の筋群もともに準備している状態、そしてその感覚を大切にしているのだと推察します。

肩甲骨は胸郭の上を走って上腕骨を動かす

やり投げは助走を伴う高エネルギーなオーバーハンドスローです。投擲物も男子では800g、女子では600gと重いことも特徴で、上肢の変形、加速に関わる動作は軽いボールを投げる場合よりも大きいと考えられます。そのため、肩甲帯の動きが強調され、投げにおける機能を考える上でよい材料となります。

やり投げの最大外旋からリリースの局面を、ハイスピードカメラで撮影した映像をよく観察してみました。最大外旋から「腕を振る」局面では、画像上に見える肩甲骨内側縁のレリーフは常に移動していました（図1）。ここでは、肩甲骨が上方回旋を保ったまま胸郭の上

図1 やり投げにおける肩甲骨の動き

A:肩甲骨は関節窩を上に向けた上方回旋位を保ったまま胸郭上を外転方向に進んでいる様子がわかる。図中の●はレリーフから推定した肩甲骨下角の位置を表す。(連続写真の映像は眞鍋芳明先生@中京大学提供)
B:最大外旋時の肩甲骨姿勢と関与が予想される主な筋の模式図

Rh:菱形筋
Sa:前鋸筋
Pm:大胸筋
Lat:広背筋
●:肩甲骨下角

を投げ方向に外転するように走っているように見えます。

最大外旋付近では背中の皮膚に深い皺が見えますが、リリースでは背中の皮膚がしっかり伸ばされています。この背景には胸椎の動きと共に、大きな肩甲骨の移動が関与しています。腕は肩甲骨にその基部を持っているわけですから、腕全体を加速し振り切りに向かう最終加速に対しては理にかなった動きです。この動きは、胸郭から肩甲骨、あるいは上腕骨に至る筋群の作用と考えるのが自然ですから、直接肩甲骨を走らせるのは前鋸筋や小胸筋、上腕骨を介して作用するのは大胸筋が第一候補と考えられます。

ワイヤー電極でピッチング中の筋活動を記録した前述の研究（Digiovine et al., 1992）では、肩関節が最大外旋にいたるLate cocking局面では、前鋸筋の活動が非常に大きくなり、その後腕を振っていく加速局面からフォロースルー局面でも前鋸筋は大きな活動を示しました。菱形筋の活動も非常に大きくなっていました。

オーバーハンドスローに関する肩関節周りのＳＳＣ（Stretch-Shortening Cycle）が有効に作用するためには、内旋筋群のみに注目するのではなく、肩甲骨が内転位に「引かれた」状態で力を溜めて、一気に外転方向に滑り出すようなモデルを想定すれば、おのずと前鋸筋や、もっと視点を広く持つと腹斜筋群のＳＳＣとの連動などが興味深く、トレーニングや動きづくり、傷害予防の観点からの展開にも生かしやすいと思います。

実際、オーバーハンドスローにおいて、肩甲骨の動きは上腕の長軸回旋をどの程度助けるのでしょうか？　野球のピッチング動作を詳細に分析した研究（Miyashita et al., 2009）においては、最大外旋（ＭＥＲ）時のいわゆる「肩の外旋（１４４・２度）」の内訳は肩甲骨と上腕骨の間で生じる「肩甲上腕関節の外旋（１０５・７度）」が最も大きいですが、胸郭と肩甲骨の間で起こる「肩甲骨の前傾後傾（23・５度）」「胸椎の伸展（８・９度）」もそれぞれ担当しているということが報告されています（図２）。

このような視点から見ると、やはり肩甲骨の関与が大きいことがわかります。それと同時に、実際には外から見える最大外旋そのものが大胸筋の伸びというわけではなく、肩甲骨の動きが関与

オーバーハンドスローにおいては、肩甲骨の関与が大きい。
同時に、実際には外から見える最大外旋そのものが
大胸筋の伸びというわけではなく、
肩甲骨の動きが関与することで、
それ以上に大きな外旋が実現していることがわかる。

図2　ピッチングにおける肩の外旋と肩甲骨の動き

Miyashita et al.（2009）を参考に作成。肩甲骨-上腕骨間の回旋とともに、胸郭に対する肩甲骨の前傾後傾、胸椎の動きも上肢全体の姿勢に影響していることがわかる。

FFon：前足接地
MER：最大外旋
Rel：リリース

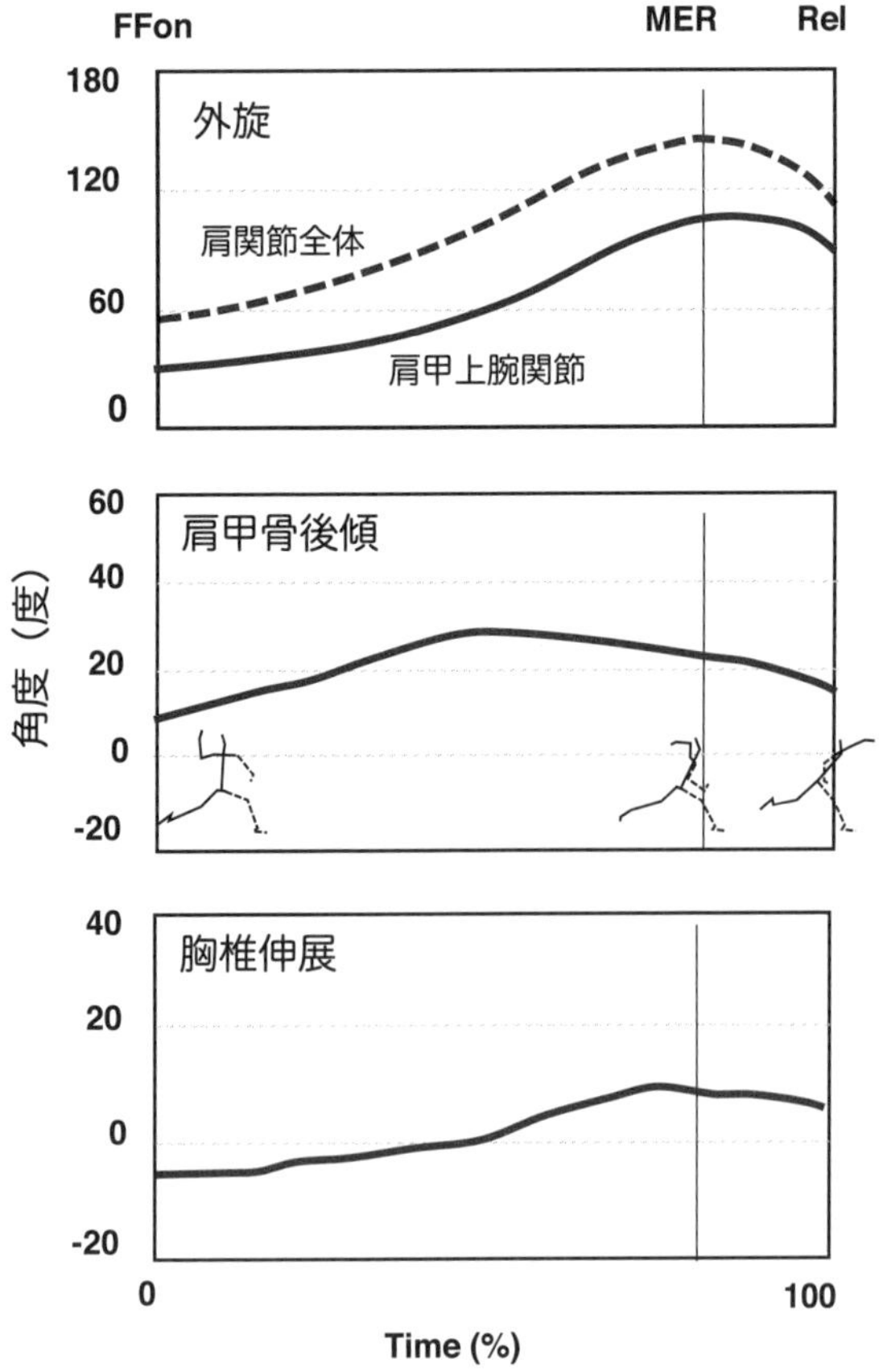

することで、それ以上に大きな外旋が実現していることがわかります。

逆に、比較的肩関節を素早く動かすには都合がよいとはいえない構造である肩甲下筋は、胸郭上を走る肩甲骨との協力によって腕の振りに貢献しているのでしょう。やはりたくさん投げた後の背中への負担の背景はこの辺りにあるのでしょう。伸張負荷を受ける筋群、すなわち投げの加速動作に関わる筋群も広い範囲にわたっているというわけです。

オーバーハンドスローにおける腕の振りを大きくし、球速を高めたり、肩関節や肘関節の負担を軽減するために胸椎まわりのコーディネーショントレーニングや、可動域訓練が重視されますが、実際の計測データからも、肩甲上腕関節の可動域はもとより、肩甲骨の可動域や動き、そして胸椎まわりの動きが重要な役割を果たしていることがわかります。

Chapter 5

ストレッチングとテーピングのはなし

ストレッチングの解剖学 その1

ストレッチングの基本

ストレッチングとのつきあい

ストレッチングという言葉を初めて耳にしたのは、1980年ごろで筆者は小学生でした。野球漫画の主人公が、試合前にグラウンドに座ってストレッチングを行っているシーンで、チームメイトに対して「これはストレッチングといって伸ばした筋肉に酸素を送り込んで柔軟性を高める体操なんだよ……」というようなことを説明している場面だったと記憶しています。

ボブ・アンダーソン（Bob Anderson）が、主に静的なストレッチングを体系化した著書を出版したのは1975年のことです。その際「イヌの伸び」から着想を得たという有名な逸話があります。この著書は日本でも翻訳書として紹介されました（アンダーソン,1981）。

その後、筆者が中学生になった当時、研究熱心な顧問教員のおかげで、陸上部全体で行われるウォーミングアップには最新の「ストレッチング」が組み込まれていました。しかし、下肢体幹に対するオーソドックスなストレッチングを日々ルーティン的に行っていましたから、田舎の中学生にはラジオ体操をやっているようなものです。未熟な中学生に新しいラジオ体操を開発しようという発想がないように、ストレッチの方法を自分で開発しようなどとはこれっぽっちも思いませんでした。

現在はどうかというと、必要に迫られるかたちで目的の筋や部位を適切にストレッチする方法を模索する日々です。ストレッチングに限らず、トレーニング、コンディショニング全般にも共通することですが、ある程度基本を理解したなら、それを踏まえて変化をつくっていく、あるいは新しい発想をかたちにしていく……そのようなことを求められることが多くなりました。

ところで、ストレッチングの基本とは何なのでしょうか。ストレッチングに期待される効果について考えながら、機能解剖学的な視点から見たストレッチングについてお話ししていきたいと思います。

筋を伸ばす、腱を伸ばす

ストレッチングというくらいですから、基本的に筋腱を引き伸ばすことが求められます。ストレッチングの目的は場面ごとに変化するものですが、いずれにしても筋腱を引き伸ばすことで効果を得ることが基本になります。

その効果はさまざま想定されますが、代表的なものとしては、

（1）引き伸ばすことで組織に「ゆるみ」をつくり、過大な衝撃吸収による破綻を防ぐ。

（2）筋の過剰な緊張を抑制することで筋の疲労を軽減する。

（3）意図的に組織の移動や組織間のずれをつくり、大きな変形に耐える状態をつくる。

などが考えられます。それではいったい引き伸ばしている筋や筋群にはどのような変化が起こっているのでしょうか。

安静にしている筋（図1A）を引き伸ばすと、筋腱には「伸び」が生じます。この様子を模式的に示すと図1Bのようになります。神経の支配を無視して考えると、筋腱複合体全体が伸びることになりますから、筋（肉の部分）も腱も伸びるでしょう。

では、ストレッチ状態の筋腱複合体の「筋」の部分を収縮させるとどうなるでしょうか。これは図1Cのようになり、筋が短縮した分、腱が伸張されることになります。いわゆる「ホールドアンドリラックス」という手技は、これを利用しているわけです。目的とする筋肉全体にストレッチをかけた状態で筋を収縮させるのですが、ストレッチングの効果が出やすい手技として知られています。

ストレッチングの原則

確実にストレッチングを行う上で注

図1　足背屈・筋収縮と腓腹筋伸張(模式図)

a:起始腱膜　b:アキレス腱(停止腱)　c:筋腹
足関節の背屈で筋腱複合体が伸張される(B)。伸張された姿勢で筋を収縮させると、腱のストレッチは大きくなる(C)。

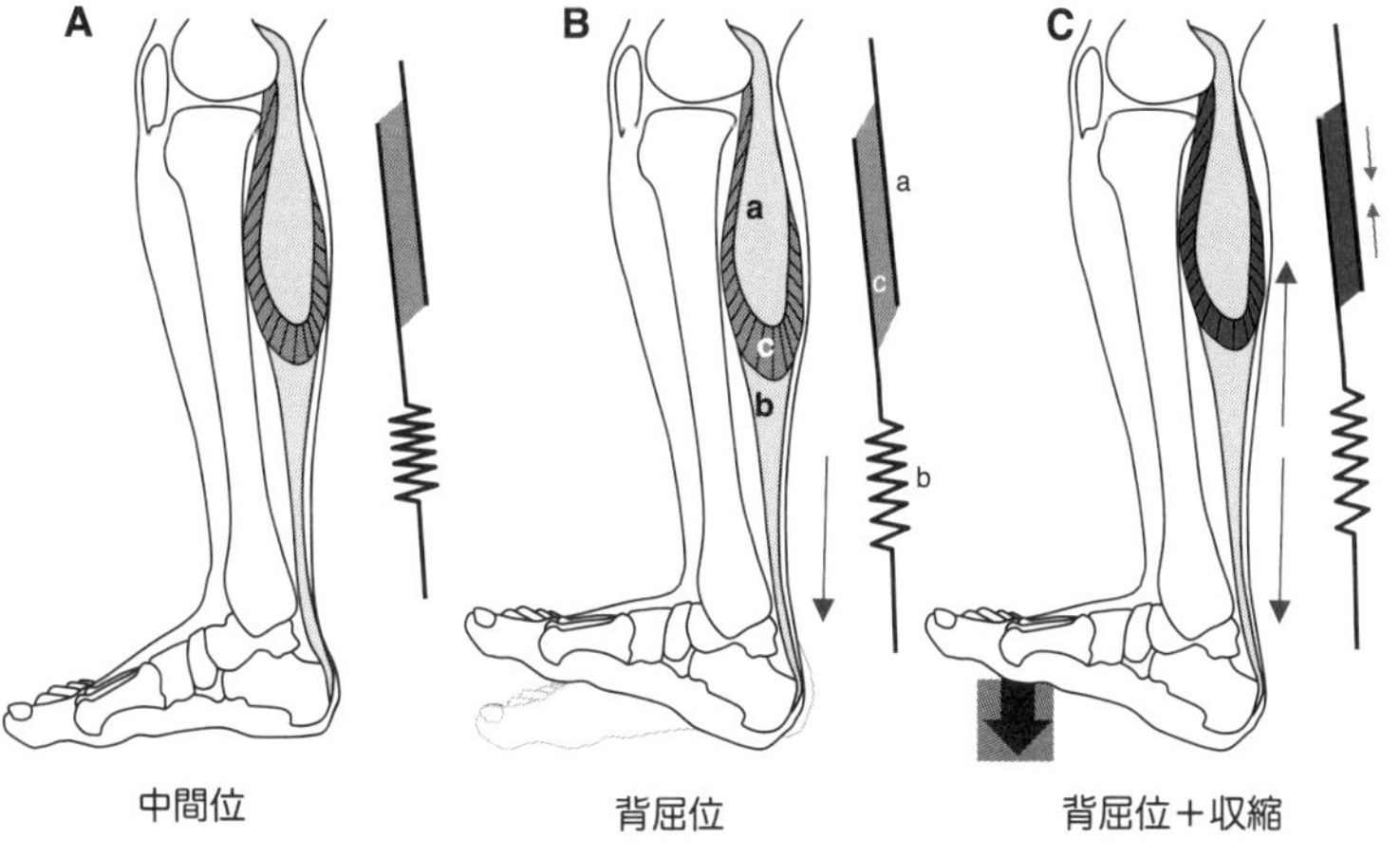

意するべき原則があります。最も単純で、最も重要なのは「付着部間の距離を大きくする」ということです。筋を確実に伸ばすためには、通常、筋の両端にある付着部間の距離を大きくする必要があります。

図2は僧帽筋上部のストレッチングを例にとって模式的に示しています。僧帽筋上部を伸ばすために頭部、頸部側の付着を動かすために頸部を屈曲したり、側屈したりします。このとき、動作の自由度が大きな肩甲骨は頸部の動きにともなって挙上されてしまうことがあります。こうなると、筋の移動に肩甲骨側の付着部が追従してくるわけですから、筋自体は移動するものの十分に引き伸ばすことができず、当然ストレッチングの効果は低くなってしまいます。

そこで行われる工夫が「肩甲骨の動きを止める」ということです。具体的に図の事例では、椅子の座面を握って上肢全体の固定を確保した上で、ストレッチングを行っています。座面を握らない場合でも、肩甲骨が動かないように自分の筋力や姿勢の工夫で肩甲骨を下制する方法もあります。

このような事例は肩甲骨周りに限ったことではありません。止めるところと動かすところ

図2 付着部の固定で変わるストレッチの効果（模式図）

僧帽筋上部のストレッチングの際、座面を握って肩甲骨を下制することで、付着部間の距離が保たれ、ストレッチの効果が高まる。

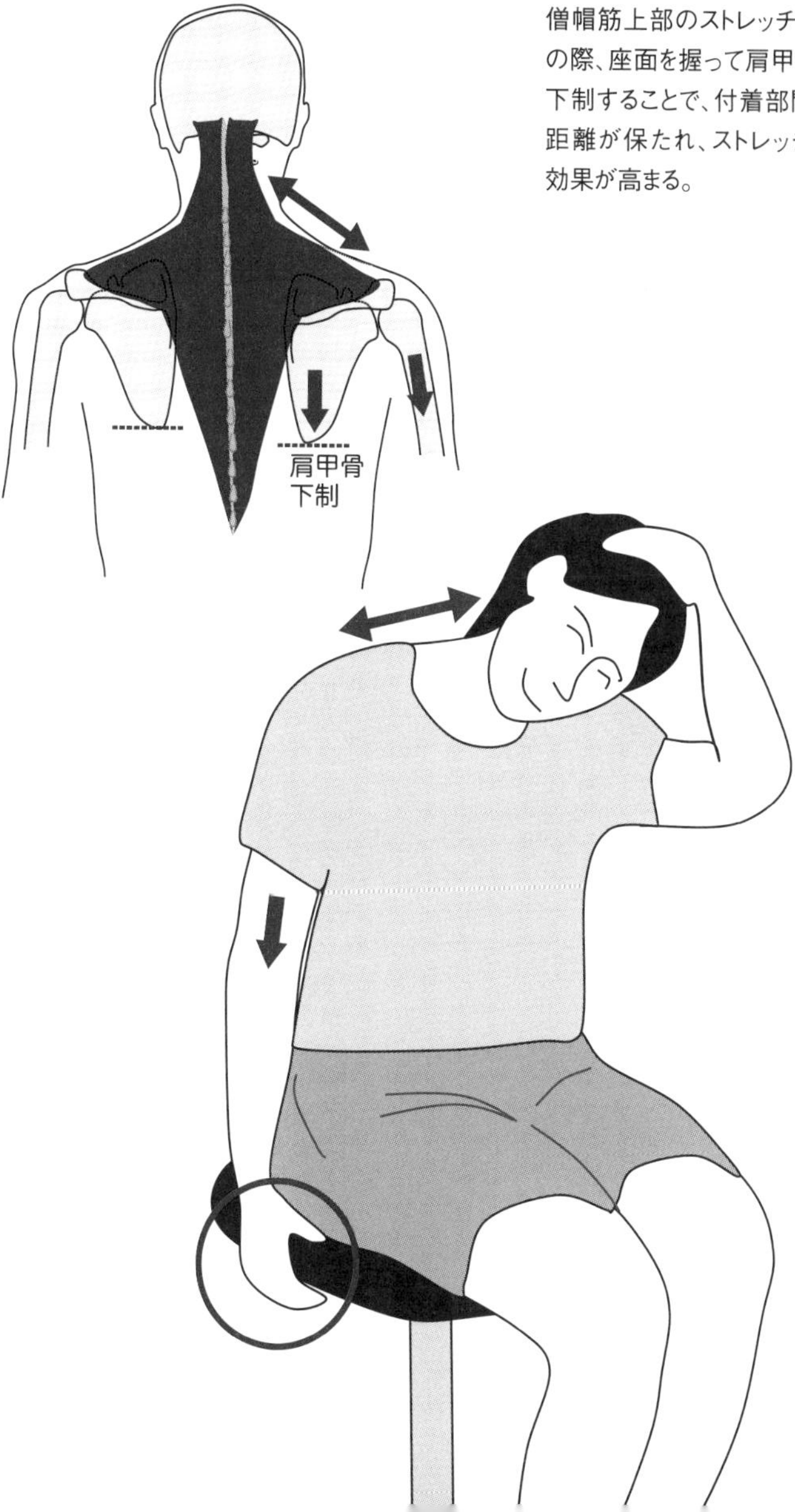

をはっきりさせ、意図的にコントロールすることでストレッチングの効果を高めることができます。逆にこのような視点から見ると、止めるべき部分が止められていない、動かすべき部分が十分に動いていない事例では、ストレッチングの効果が十分に得られないことも多いのです。

見た目には正しい姿勢、方法に見えても実際は十分な効果が得られていない事例も多くあります。そのような事例は骨盤のコントロールによる影響を受けやすい下肢や体幹のストレッチングなどによく見られます。

筋間組織の伸び

ハムストリングスはスプリンターやジャンパー、サッカーやラグビーのプレーヤーにおいても突発的なものも含めさまざまな問題が起こる部位です。ハムストリングスが痛いと訴える競技者の大腿部を触ったり、動かしているうちに多くのことに気づきます。それは、ハムストリングスが痛いといってもさまざまな状況があるということです。

ハムストリングスの肉離れを例にとると、腱膜や筋腹の損傷が明らかな場合は、通常はっきりしたストレッチ痛が出ます。一方で、「筋間」の損傷と呼ばれる、筋や腱ではなく筋と筋との間の血管や結合組織が傷ついた例では、はっきりしたストレッチ痛がないこともあります。さらに、膝関節伸展位で行う股関節屈曲では痛みが出ないのに、膝関節屈曲位で行う股関節屈曲の際は違和感が出るというような事例もあります。はて、膝関節屈曲位であればハムストリングスは緩んでいるはず、どうなっているんだ？ と考えてしまいます。

最近経験した後者の事例では、圧痛点を探っていくと、ハムストリングスの筋腹ではなく、ハムストリングスと大内転筋との境目に痛みがあることが確認できました。つまり、その事例では、ハムストリングスと内転筋が仲良く一緒に伸張されている状態では違和感が少ないのに対して、ハムストリングスに対して大内転筋が相対的に大きく伸張されている姿勢で違和感が強くなったことになります。これは、おそらく筋間の結合組織に軽い損傷があり、筋のお互いの伸張状況によって筋同士の位置関係に変化が生じることで刺激が変化していたのだと推察します。

このように隣接する筋間のこわばりや滑走状態は競技者にとっては非常に大きな違和感として感じられることもあるようです。図3は筋間の組織が隣接する筋同士の相対的な位置関

図3　筋の動きと筋間結合組織の動き（模式図）

隣接する筋間の結合組織の緊張は、筋同士の相対的な位置関係や、移動量によって影響を受けている可能性がある。伸張や動きの差が大きいBでは筋間の組織が緊張している。

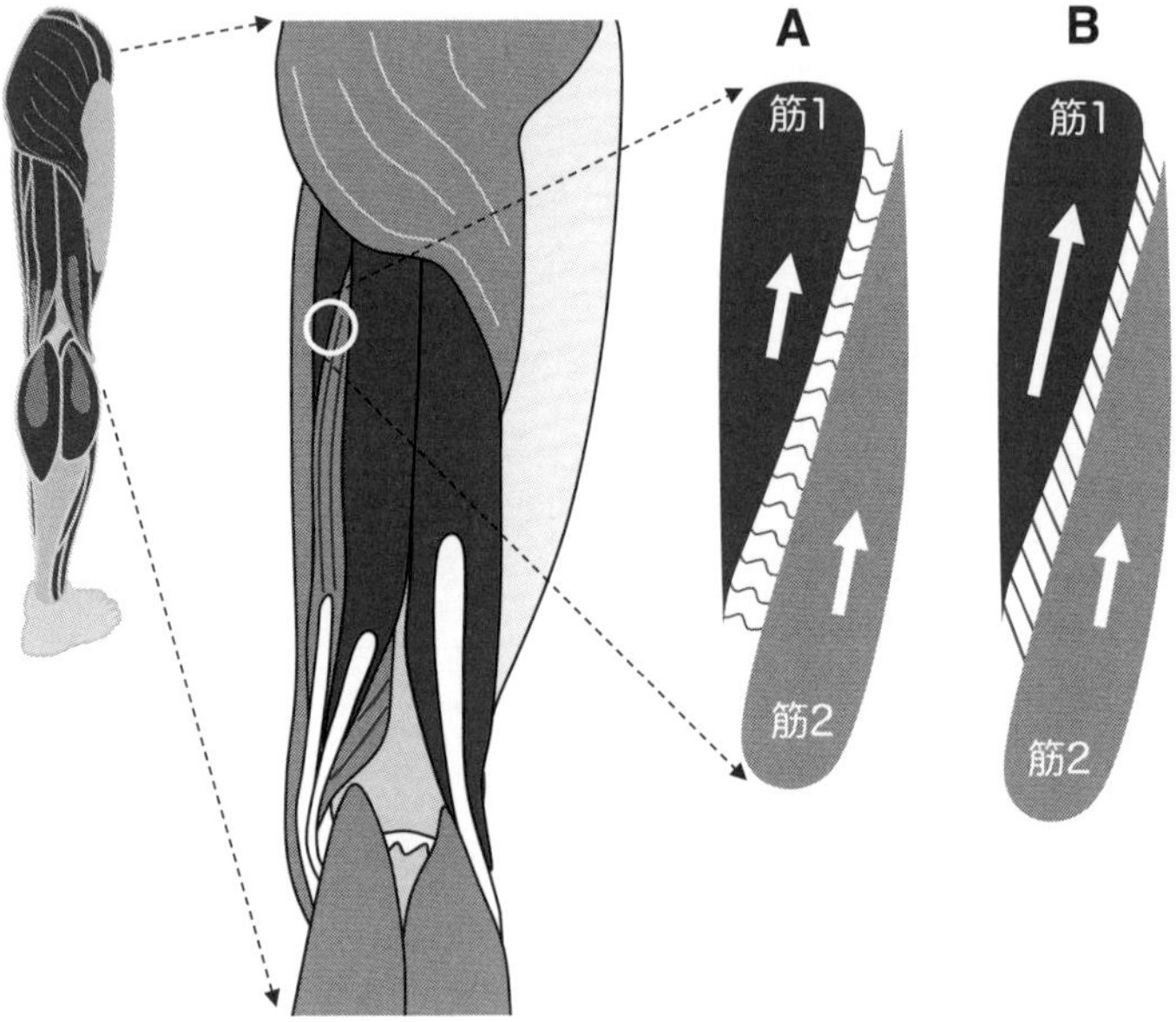

ストレッチングは
筋腱を引き伸ばすことに視点が向きがちだが、
実際には筋間の組織を意識した方法も重要である。

係や、移動状態によって緊張の状態を変える可能性があることを模式的に示したものです。
直接の計測が難しく仮説の域を出ませんが、競技現場においても筋自体ではなく筋間の組織に働きかけることで競技者が訴える違和感を取り除くことができる場合もあり、筋腱周辺の不定愁訴への対応にとって重要な視点と考えています。

ストレッチングは筋腱を引き伸ばすことに視点が向きがちですが、実際にはここで取り上げたような筋間の組織を意識した方法も重要です。例えばハムストリングスのストレッチングにあたって、膝関節を完全伸展せずに行ったり、ストレッチングと筋間組織への圧迫を組み合わせるような方法がその例です。

ストレッチングにおいて付着部間の距離を適切に確保したり、目的の組織を正確に捉えて刺激するためには解剖学的な知識が必須です。定番の方法を解剖学的な視点で見直してみたり、解剖学的な発想から新しい方法を編み出していく過程から得る学びは非常に大きなものです。

ストレッチングの解剖学 その2

姿勢とストレッチ感

深夜に激痛――「ふくらはぎがつった!」

このところ、夏場には過酷な暑熱環境下でグラウンドに立つ機会が多くなりました。水分や電解質の摂取には人一倍配慮をしているつもりですが、やはり知らず知らずのうちに脱水気味になったり、体内の電解質のバランスが崩れたりしたのでしょう。そのときは就寝中突然やってきました。「ガツン!」。何かで叩かれたような衝撃が腓腹筋内側頭を襲いました。そうです。「ふくらはぎがつった」のです。慌てて足関節を背屈するのですが、激痛はしばらく治りません。寝ぼけた頭で必死に対処するうち、それは、〝モヤッ〟とした違和感をふくらはぎに残して去っていきました。

筆者が経験した腓腹筋の痙攣について、不思議に思うことがいくつかあります。まず、通常の筋収縮では感じたことがないような痛みが収縮中に生じること、そして筋の収縮自体が原因であんなに痛みを出しているのに、痛みを出しているはずの痙攣中の筋そのものをストレッチすることで痙攣が軽快すること。さらに痙攣の翌日、患部はオーバーストレッチするような動作では痛いのに、通常の筋収縮ではほとんど痛みを感じないことです。筋自体が損傷しているならば、当然収縮で痛みが出るはずです。

また、痙攣の翌日、痙攣を起こした筋を選択的に収縮したりストレッチしたりするのですが、必ずしも痛みにはつながりません。ただ、リラックスしたふくらはぎを狭い面積で圧すると、表在する腓腹筋よりも深いところ、ヒラメ筋よりも浅いところに痛みを感じます。

さまざまな状況証拠から、これはすなわち痛みの原因が筋そのものではなく筋間にあるのではないかと考えています。つまり痙攣によって筋間の損傷が起こっているのではないかということです。神経系によって、よくコーディネートされた収縮では隣り合う筋は無理のない協調のなか収縮します。

それに対して、痙攣においては正常な脳からの命令では起こらないような、特定の筋への選択的な筋収縮が生じます。全体の制御から離れた局所の収縮は、極端な筋間の「ずれ」が痛みを生む可能性があると考えています。ちょうど電気刺激による強い収縮で痛みを感じる仕組みと同様ではないでしょうか。

ストレッチ感と個人差

多人数を対象としてストレッチングの講習などを行うとき、ストレッチング姿勢の見た目にはほとんど違いがないにもかかわらず、ストレッチ感の強い人、ストレッチ感が全くない人が混在することがあります。その原因にはさまざまな背景が考えられます。わかりやすい例では、関節の可動域や筋自体の伸張性の個人差によるものです。いわゆる「関節がやわらかい」人は、同じ姿勢でストレッチングを行ってもストレッチ感を得にくいものです。

一方で、物理的な負荷が同様の場合でも、ストレッチングによる痛みの閾値《いきち》の高低や不快感に対する耐性が高いか低いかによってもストレッチ感の強さは変化します。個別の対応においては、このような知覚に関わる特性を理解することは重要ですが、ここではこのお話はほどほどにして、姿勢や関節角度など、機能解剖学的な変数によるストレッチングの変化について考えていきたいと思います。

骨盤姿勢と大殿筋のストレッチング

同様のストレッチ感が個人によって異なる背景を解剖学的な身体の配置、すなわちストレッチ姿勢に注目して考えていきたいと思います。

図1は、座位で股関節を屈曲し主に大殿筋をストレッチする方法を模式的に示したものです。Aではしっかり腰椎を前弯させ骨盤を前傾しています。一方で、Bでは腰椎部分は屈曲気味で、骨盤は後傾した姿勢となっています。この図で示したように、直接骨盤の姿勢が確認できると、両者の違いは一目瞭然で、明らかにAのほうが大殿筋へのストレッチが強くなることがわかります。

しかし、実際の現場においては衣服や皮下組織の影響などもありAとBの差異について一見して検出することは困難な場合もあります。「しっかり胸を張ってみよう」とか「お尻をプリッとしてみよう」などという、目的の姿勢を誘発するようなインストラクションで骨盤の前傾を促すことで、所望の効果を得る努力が行われます。

図1　骨盤姿勢と大殿筋のストレッチング

A

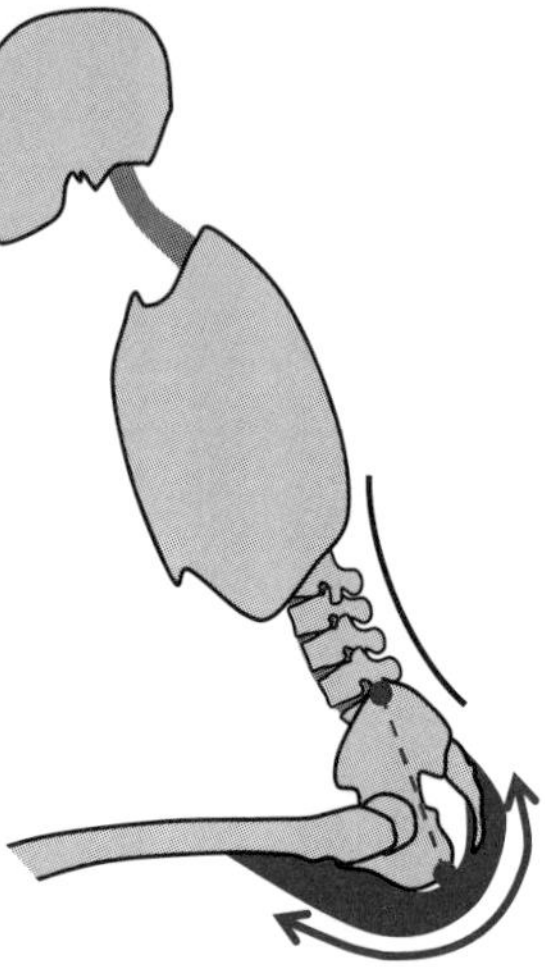

座位で股関節を屈曲し主に大殿筋をストレッチする方法を模式的に示した。Aではしっかり腰椎を前弯させ骨盤を前傾しているため、大殿筋は大きく引き伸ばされている。一方でBでは腰椎部分は屈曲気味で、骨盤は後傾しているため、上半身の前屈が深いにもかかわらず十分なストレッチ感は得られない。

B

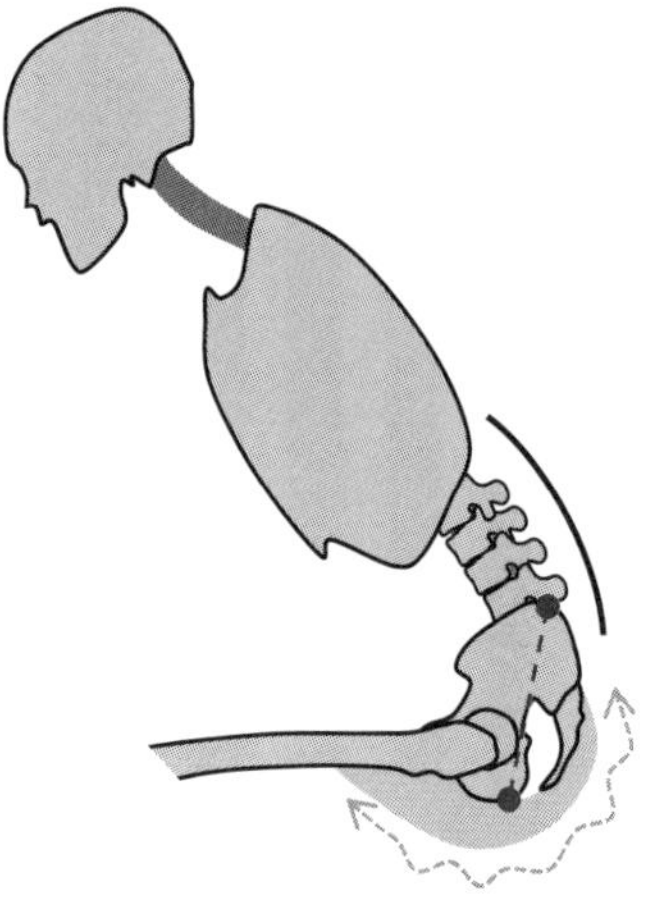

ハムストリングスのストレッチング

ハムストリングスの大部分は股関節をまたぐため、ストレッチングへの股関節姿勢の影響は非常に大きいものです。両脚を前方に投げ出した長座位の前屈ストレッチにおいては、骨盤傾斜のコントロールはなかなか難しいですが、片側ごとに行う方法においては、比較的骨盤のコントロールが行いやすく、それに伴って生じるハムストリングスへのストレッチ感の確認も行いやすいです。

図2には、台に片足を載せて行う片側ハムストリングスのストレッチングを模式的に示しました。Aでは目線を高くして胸を張り、しっかり腰椎を前弯させ骨盤を前傾しているため、ハムストリングスが有効に引き伸ばされています。

その一方で、Bでは背中が丸まり腰椎部分は屈曲気味で、骨盤は後傾しているため、上半身の前屈が深いにもかかわらず十分なストレッチが得られない状態となっています。ただ、着衣してストレッチングを行うA、B両者の姿勢とその詳細な状況は、よほど用心深く観察しないと見分けることが難しいものです。

図2　骨盤姿勢とハムストリングスのストレッチング

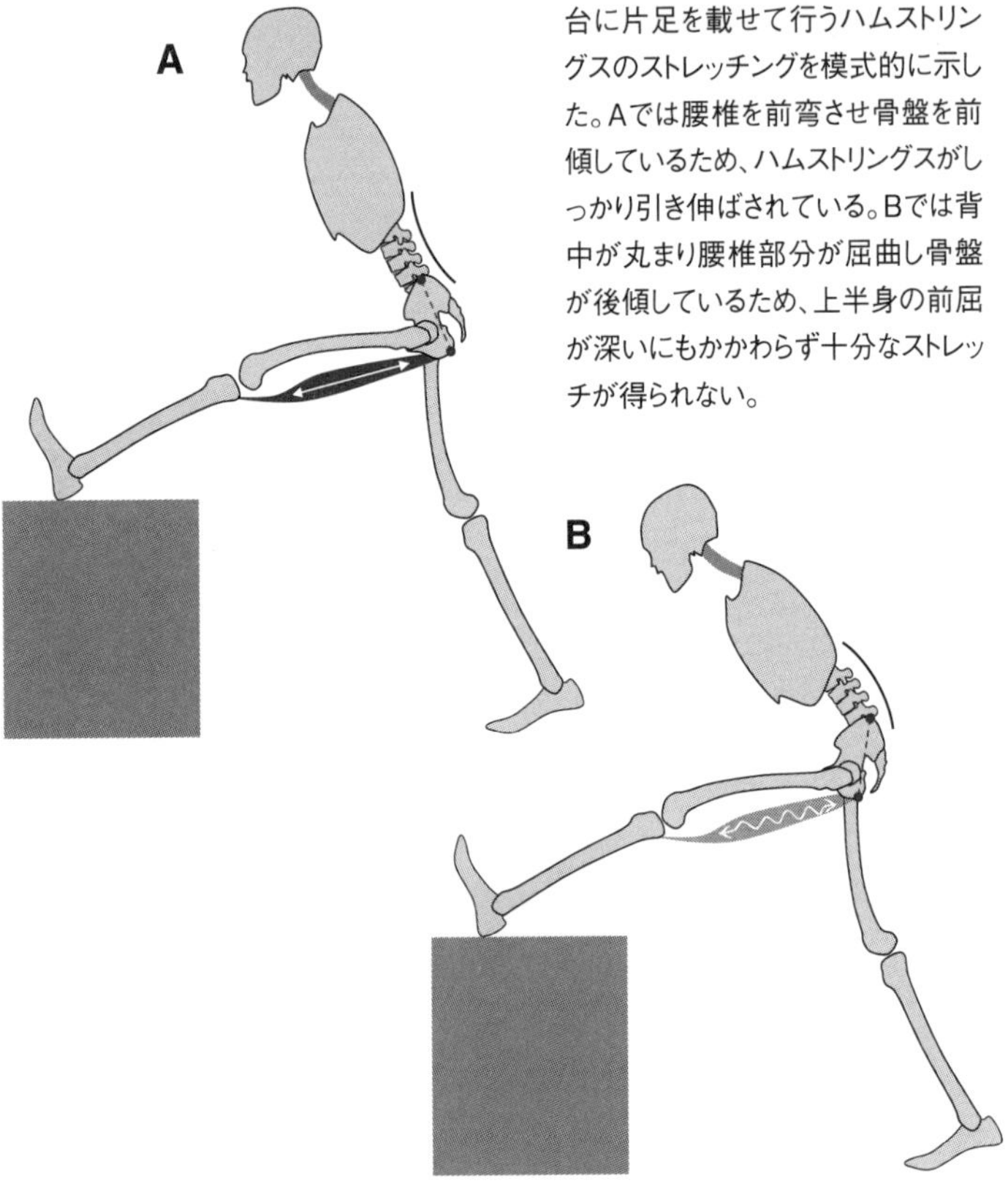

台に片足を載せて行うハムストリングスのストレッチングを模式的に示した。Aでは腰椎を前弯させ骨盤を前傾しているため、ハムストリングスがしっかり引き伸ばされている。Bでは背中が丸まり腰椎部分が屈曲し骨盤が後傾しているため、上半身の前屈が深いにもかかわらず十分なストレッチが得られない。

目的のストレッチングを戦略的に誘発するためには、
ストレッチングのターゲットとなる筋の構造をよく理解し、
根拠を持った姿勢確保を行うことが必要不可欠。

この事例から分かるのは、単に台上に足を上げて前屈しただけでは、ハムストリングスのストレッチングとして不十分な場合があるということです。この事例にとどまらず、目的のストレッチングを戦略的に誘発するためには、ストレッチングのターゲットとなる筋の構造をよく理解し、根拠を持った姿勢確保を行うことが必要不可欠です。

特にハムストリングスが膝関節の屈筋として認識される傾向が強いことから、膝関節を伸展位に保つことは意識されやすいですが、骨盤の姿勢を通して股関節を適切にコントロールする視点は忘れられがちです。

伸張量は同じでも異なるストレッチ感

ハムストリングスは大腿二頭筋の短頭を除いて、股関節と膝関節をまたぐ二関節筋です。筋の両端に位置する関節角度の組み合わせは無数にあるため、筋腱全長自体は同じでも、関節角度の調節によって様々な姿勢をとることができます。

図3は、座位で行うハムストリングスのストレッチングを模式的に示しています。Aでは膝関節を完全伸展近くまで伸展し、股関節も屈曲位にすることでハムストリングスは最大伸

図3　膝・股関節姿勢とハムストリングス

座位で行うハムストリングスのストレッチングを模式的に示した。Aでは膝関節を完全伸展近くまで伸展している。Bでは膝関節を屈曲位にしているが、その分股関節の屈曲も深くすることで、ハムストリングス全体のストレッチ量はAと変わらない。その一方でそれぞれの関節周りのストレッチ感は両者で異なる。

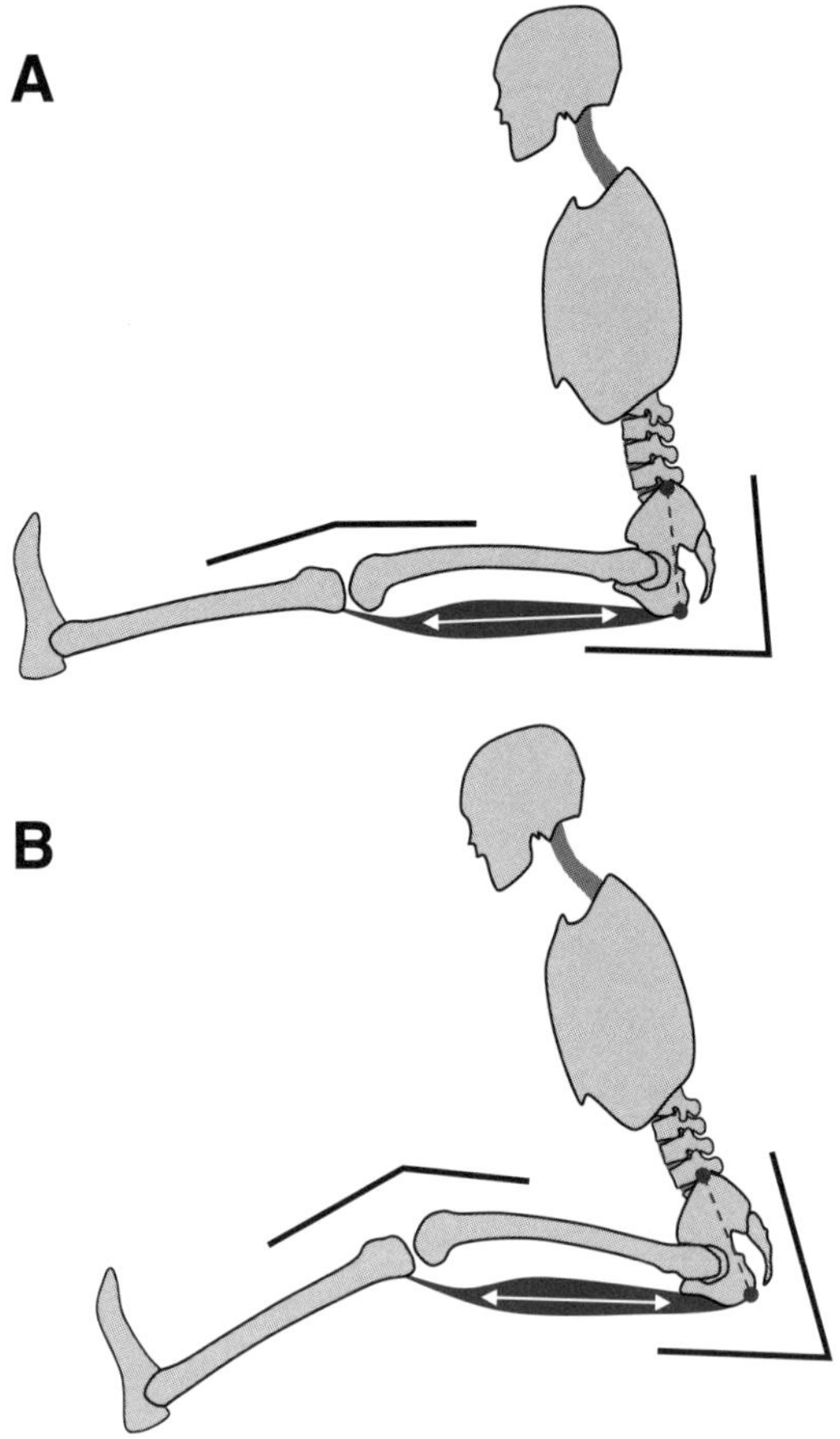

張付近まで引き伸ばされています。Bでは膝関節を屈曲位にしていますが、その分股関節の屈曲も深くすることで、ハムストリングス全体のストレッチ量はAと変わりません。

その一方で、それぞれの関節周りのストレッチ感はAとB両姿勢で異なる可能性があります。一般的なハムストリングスのストレッチングにおいては、膝関節完全伸展位で行う方法が選択される場合が多く見受けられます。さらにその一方で、例えば膝関節の完全伸展に違和感がある場合、膝関節の過伸展が気になる場合や、ハムストリングスのストレッチングをより深い股関節角度で行いたい場合などには、膝関節を少し屈曲位に余裕を持たせ、股関節の屈曲をしっかり出す方法が活用されます。

ハムストリングスに違和感があるとき、筋自体が違和感を出しているのか、筋間の組織に原因があるのかを見きわめる必要が生じることがあります。その原因の特定に当たっては、筋の伸張のみに注目するのではなく、関節周りで起こる、筋間の滑走の状況を確認するテストが必要になりますが、そのような場面でこのような関節角度を調整する手法を使い分ける場合もあります。

下腿三頭筋のストレッチングと膝関節

腓腹筋は膝関節と足関節をまたぐ二関節筋ですが、しっかりストレッチするためには、膝関節を伸展位にしてストレッチングを行います（図４Ａ）。膝伸展位では、関節をまたぐ起始腱膜が大腿骨側に引かれた状態になるため、足関節の背屈がダイレクトに腓腹筋を伸ばします。しかし、その一方で腓腹筋の伸び止まりが早いため、腓腹筋がストレッチの限界を迎える足関節背屈角度では、ヒラメ筋や下腿深部の筋群には十分なストレッチがかかりません。

ヒラメ筋を含む下腿深部の筋群をストレッチするためには大きな足関節背屈が必要です。腓腹筋の「伸び止まり」の影響を回避するためには足幅を狭めて膝関節を屈曲位にし、しっかり足関節背屈を確保します（図４Ｂ）。

Grieve et al.（1978）は屍体での計測から、関節角度をもとに筋腱全長の長さ変化を推定する式を提案しています。この式で計算してみると、膝関節20度の屈曲位から完全伸展位への伸展で下腿長の約１・55％の伸び（下腿長40㎝なら約０・62㎝）が生じます。腓腹筋の伸び止まり回避には、しっかり膝を屈曲する必要がありそうですね。

ちなみに静止立位にあたる足関節姿勢（下腿と足底が直角）から20度の背屈で下腿長の約6・27％の伸び（下腿長40㎝なら約2・51㎝）が生じます。このことから、腓腹筋は足関節周りで大きなモーメントアーム（筋の力線から関節中心の距離：てこの腕）、膝関節周りで小さなモーメントアームを有していることがわかります。

図4　膝・足関節と下腿三頭筋

膝関節をまたぐ腓腹筋のストレッチングは、膝関節伸展位で行う(A)。足幅を狭め膝を屈曲位、足関節の背屈を大きくすることでヒラメ筋やさらに深部の筋群をストレッチしやすくなる(B)。

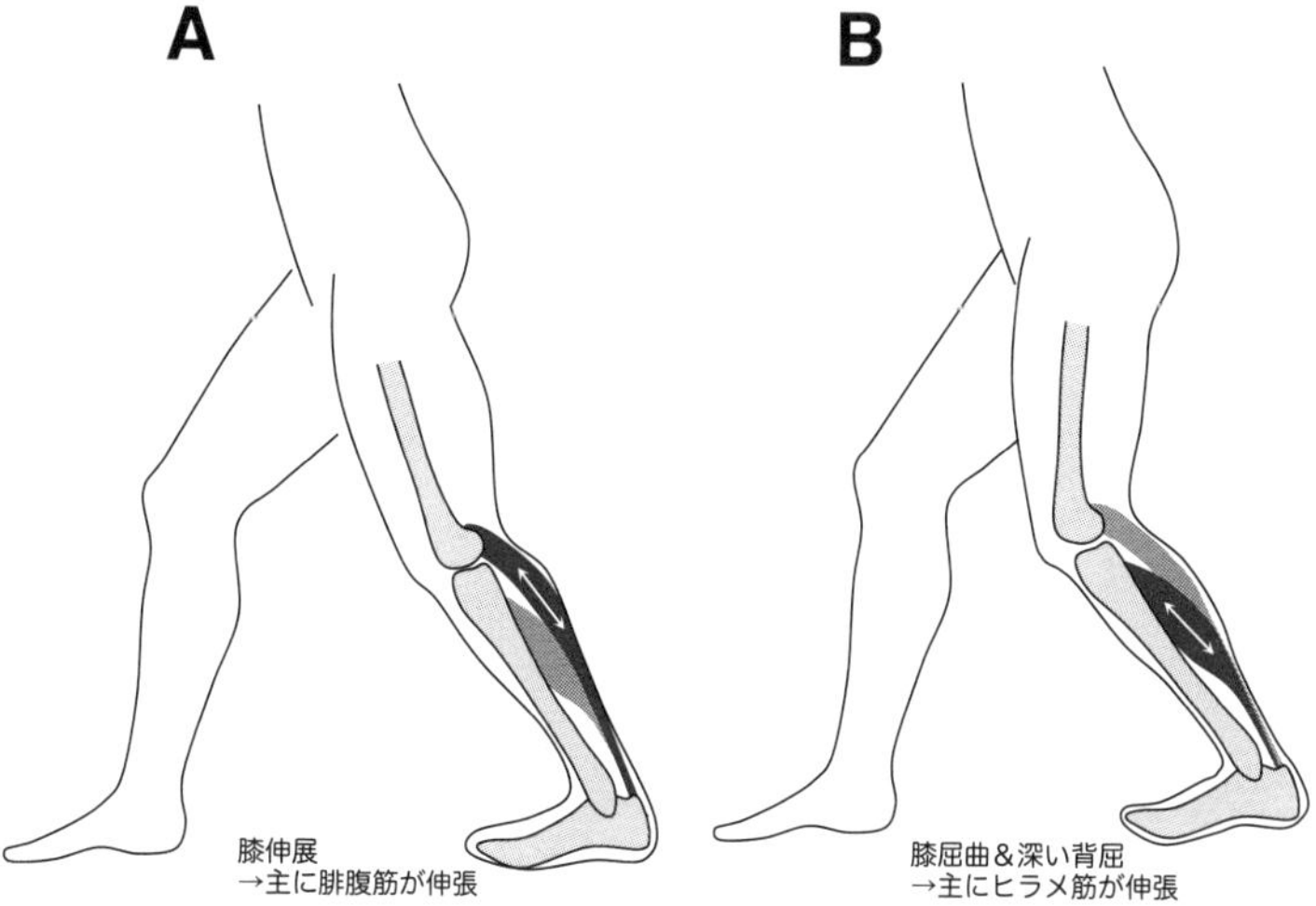

機能解剖学的にみたテーピング その1

可動域制限テープ

教科書通りにはなかなかいかない〝難敵〟

若かりし日、テーピングとは教科書の方法がすべてで、それを正確にコピーしなければ効果がないと思っていました。これはちょっと極端な認識でしたが、それを否定するアイデアがありませんでした。実際にはテープのパーツそれぞれの機能的な特徴を理解して、過不足なく皮膚上に配置すれば、多くの場合、目的の機能をそれなりに達成することができます（その機能によって所望の効果が得られるかどうかは別の話です）。

教科書の事例は、そのような機能的な意味のあるパーツを、

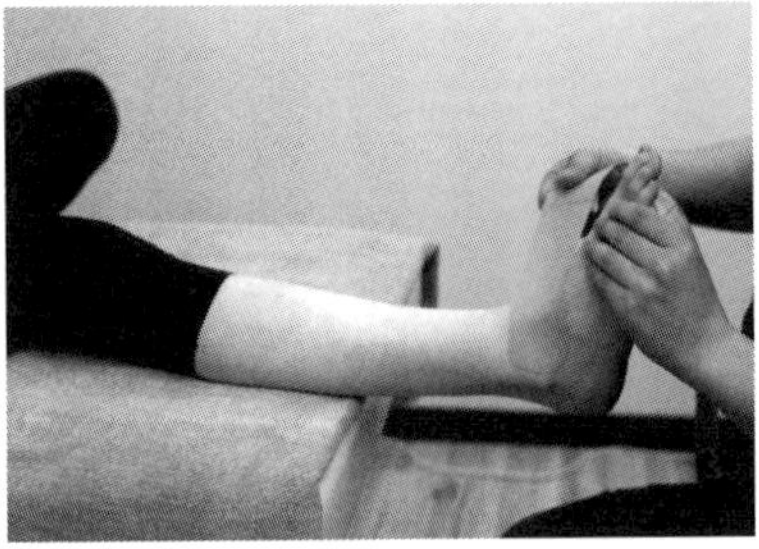

効率よく並べた一般例といってよいでしょう。テーピングの本を買って、「真似してみるけどうまくいかなくて……」「そもそもどうやったら、白テープに縦皺をつけずに貼ることができるんだ?」「本の記載通りに貼ったつもりが、皺だらけで効果も怪しい」——そんな経験をした方も少なくないのではないでしょうか。

「マニュアル本に首っ引きで、シワシワのテープと悪戦苦闘しているマネージャーさんの横で試合前の選手が不安顔……」という図式は、微笑ましくも気の毒に思うことがあります。ことほど左様にテーピングというのは、需要があって使いこなしたいけれども、思うようにならないものです。

まず可動域制限のテープについて考える

さまざまな材料、さまざまな技術が発達した現在では、さらにさまざまな目的・コンセプトのテーピングがあるように見受けられます。しかし一般的には、テーピングは主に可動域の制限を目的として開発された経緯があったと考えられます。そこでまずは可動域制限のテープについて考えてみましょう。

図1は、足関節に用いられる代表的なテープのパーツとそれぞれの主な作用を示しています。可動域制限のテープについては、テープの走行と関節の運動軸との相対的な位置関係から、その作用を大まかに推定することができます。スパイラルは内外転軸を取り巻き、図の走行では外転（つま先を外に向ける動作）を制限します。足関節捻挫の再発予防などでよく用いられるスターアップは英語で「あぶみ」を表します。スターアップは、その名の通り、あぶみのごとく足の長軸周りの回旋の軸を取り巻くように配置されますので、この軸周りの回旋（内がえし・外がえし）を制限します。

その一方で、底背屈の軸に関しては、その走行によって軸の真下を通せば底背屈の制限は最小（A）、軸よりも足趾方向を通せば底屈制限（B）、踵側を通せば背屈制限が可能となります（C）。つまり、この事例からは同じパーツでも貼る位置によって機能的な特徴が変化する可能性があるということがわかります。

さらに、適切に配置することで、一本のテープに複数の機能を持たせることも可能になります。スターアップの場合は、足部の長軸周りの回旋と同時に背屈を制限といった具合です。フィギュアエイトは、複数の軸を取り囲むように走行するため、複数の軸周りの運動を制限

図1
運動軸との位置関係からみた足関節テープの作用（軸の位置は模式的）

スパイラルは内外転軸を取り巻き、図の走行では外転（つま先を外に向ける動作）を制限する。スターアップは内がえし外がえしを制限するが、底背屈軸より前に通すと底屈制限（B）、後方を通すと背屈制限（C）になる。フィギュアエイトは、複数の軸周りの運動を制限する。

フィギュアエイト

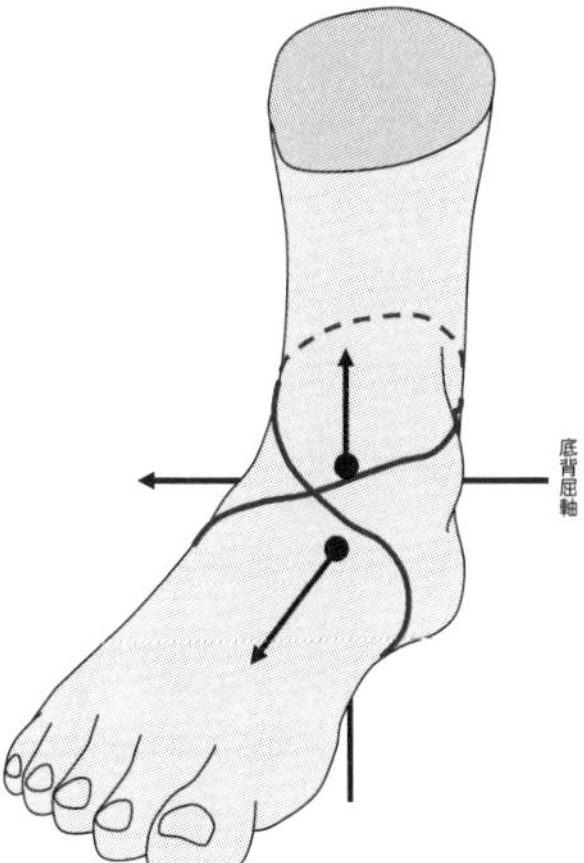

（外転・内外がえし・底屈制限）

スパイラル

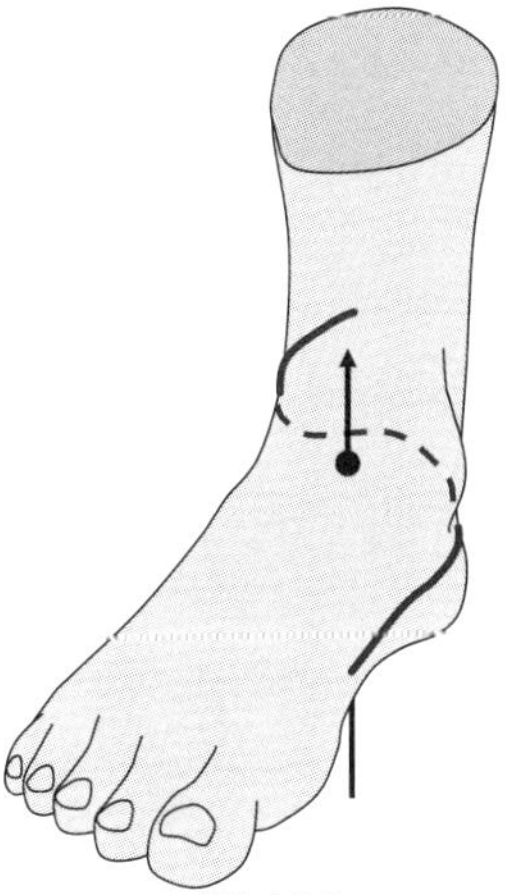

（外転制限）

スターアップ

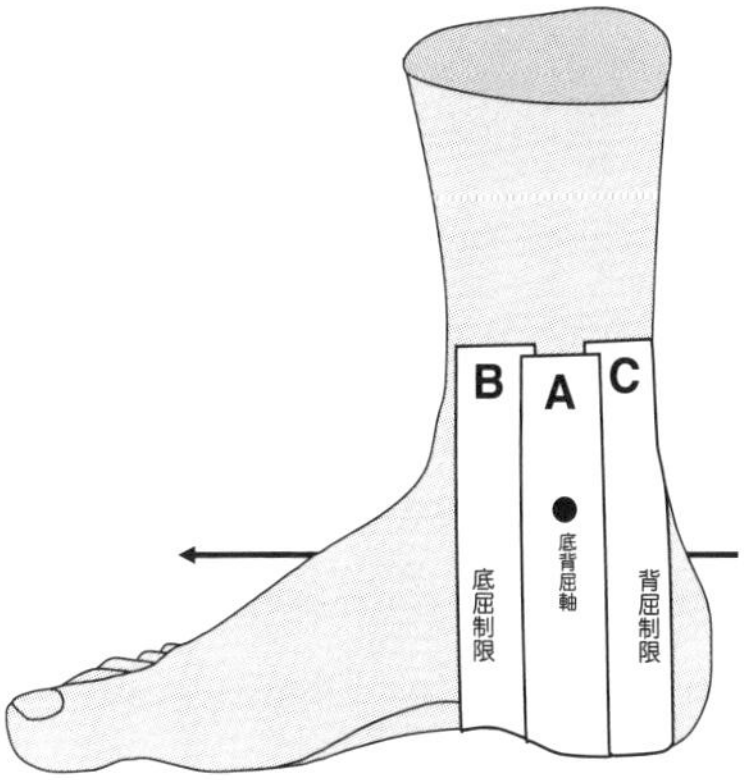

（外転・内外がえし・底背屈制限）

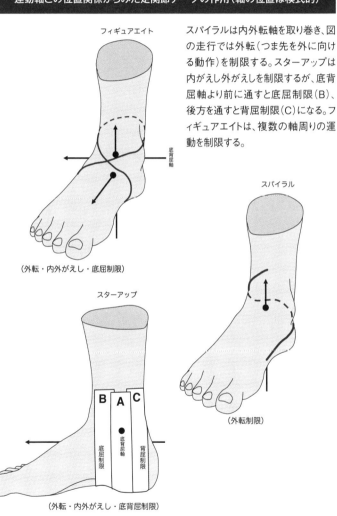

することがわかります。

投げ動作におけるテーピングの注意点

図2は、やり投げ競技者の傷害予防に活用される、肘関節の外反制限のテープを示しています。外反を制限する目的で、肘関節内側の皮膚に貼り付けます。

このテープで特に注意するのは、実際の投げの局面でしっかり外反を制限する配置を考えることです。通常、肘関節を軽度屈曲位にして貼るのですが、このとき肘の屈曲・伸展の軸に対する走行に配慮が必要です。投げ動作で最も外反のストレスが大きくなる肩関節最大外旋局面では、肘関節の屈曲が深くなることが多いのですが、テープの走行が内側上顆よりも肘窩側に出ると（図2A）、肘関節の屈曲が深くなるほど、テープが緩んでしまいます。これを防ぐためには、テープの走行が内側上顆をカバーしながらも肘頭側を通るようにします（図2B）。こうすることで、最大外旋に向かう肘関節の屈曲によってテープの張力が大きくなります。

テーピングは皮膚上に人工の靭帯を付け加えるようなものです。ただ、固定できるのはあ

図2 肘関節外反制限のテープ(いわゆる縦サポート)の模式図

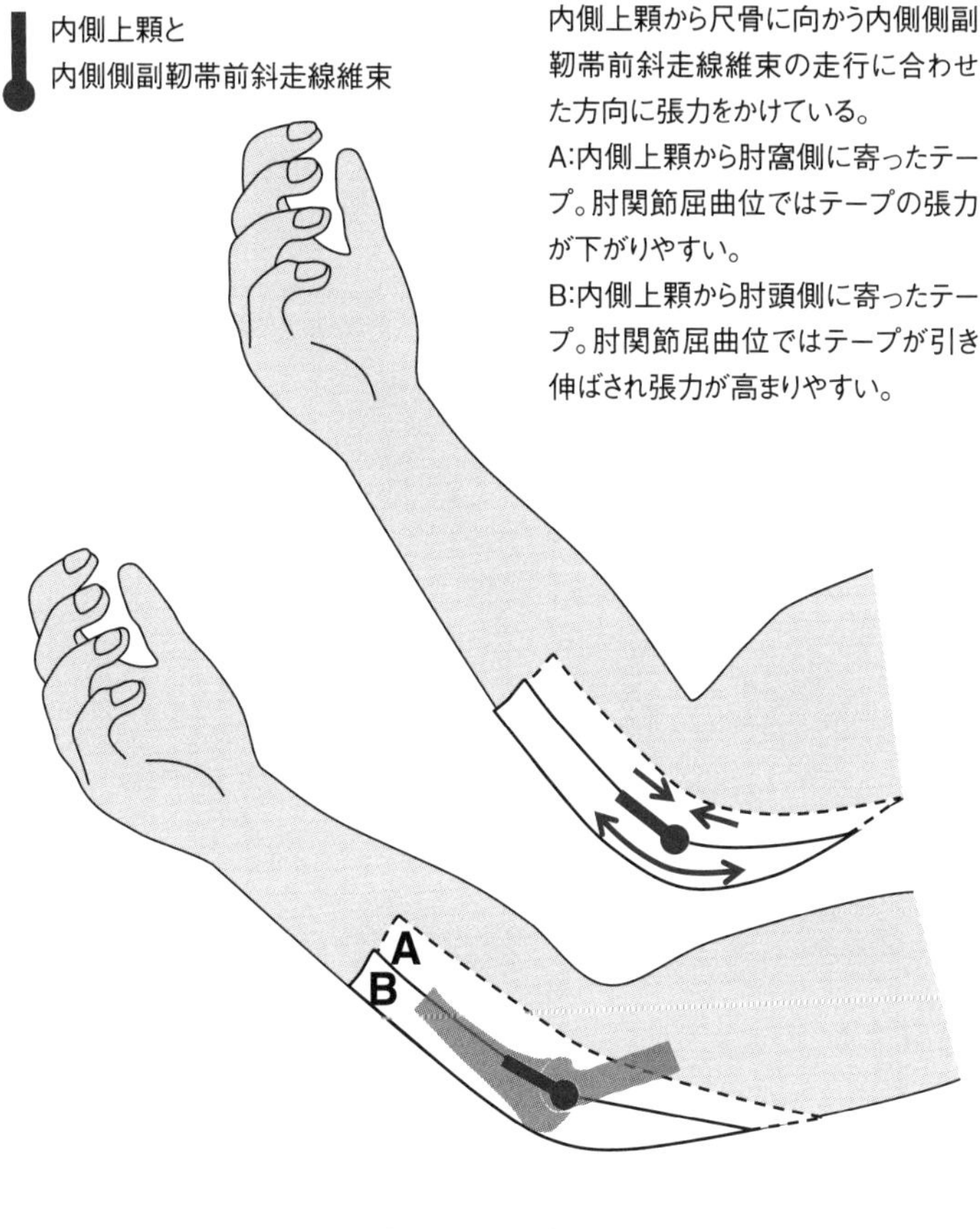

内側上顆から尺骨に向かう内側側副靭帯前斜走線維束の走行に合わせた方向に張力をかけている。
A:内側上顆から肘窩側に寄ったテープ。肘関節屈曲位ではテープの張力が下がりやすい。
B:内側上顆から肘頭側に寄ったテープ。肘関節屈曲位ではテープが引き伸ばされ張力が高まりやすい。

テープを貼ってみて気がつくのは、
テープを貼る際の姿勢で
皮膚の緊張の様子がかなり異なることである。

くまでも皮膚の伸びです。そのことを忘れずにテープを巻く部位の皮膚の動く方向や可動性、皮下の骨や筋との関係を確認し、目的に応じて貼る、巻くことが求められます。

テープを貼ってみて気がつくのは、テープを貼る際の姿勢で皮膚の緊張の様子がかなり異なることです。経験的には、投げ動作における肘関節の外反制限のテープであれば、腕を下垂位にした場合よりも、実際のオーバーハンドスローに近い姿勢で巻いたほうが、皮膚の緩み・あそびが少なく効きがよいように感じます。

解剖学的な構造を意識しながら配置

効果的なテーピングを行う上でもう一つ重視すべき視点は、機能を補助したい解剖学的構造を素直に模すことです。実際に前述の肘関節のテープの場合、ストレスを軽減したい解剖学的な構造である内側側副靭帯の走行を意識しながら巻くことは、テープの機能を適切に引き出すために重要で

効果的なテーピングを行う上で重視すべき視点は、
機能を補助したい
解剖学的構造を素直に模すこと。

す。

実際に前述の外反制限のテープも、張力の方向としては、外反の制動に重要な役割を果たしているとされる前斜走線維束の走行を意識することが一般的です。その一方で症状によっては、前腕掌側の外側から内側上顆に向かって斜めに走るようなテープによって不安感の軽減が顕著な事例もあります。

この走行は解剖学的な構造でいうと、円回内筋に近い走行です。Tajika et al.(2020)は、肘関節の内側を通る回内筋の活動が屈筋群と同等に肘関節内側裂隙の外反による開きを抑制することを報告しています。このような視点からは、円回内筋の走行を模したテープが、動作中の外反ストレスを軽減する可能性も十分考えられます。

他方、筆者が経験した事例では、外反動揺性は認められないものの肘関節の内側に痛みがあり、後斜走線維束(外反の制動に必ずしも大きな役割を果たしていないと考えられている)にわずかな損傷が認められたのち競技復帰した事例に対して、後斜走線維束の走行に合わせたテープが効果を発揮しました。

機能的なテーピングの実施には発想力が求められる

このように、テープの配置については関節の運動軸との関係への配慮とともに、解剖学的な構造を意識しながら配置することが、重要な効果を生み出す事例を経験します。

肘関節のテープに加えて、前腕を一周巻くテープが肘関節内側の不安感を軽減することがよくあります。肘関節では、主に尺側手根屈筋や浅指屈筋が外反安定性に関与していることが知られています。実験的な検証は見当たりませんが、前腕に巻くテープにはこれらの筋について、筋膜を緊張させるような効果があると考えています。

一方で、機能的に問題なく固定できたテープでも、目的の運動を制限してしまう要素があれば見直しが必要です。テープの効果を最大にしようとしっかりアンカーテープを巻いた結果、投げに向かう保持の姿勢まで肘関節が曲げにくくなるほど窮屈になったり、機能的に適切と判断して配置したテープが尺骨神経を圧迫して不快感が強くなったり、投げ動作自体が制限を受けるケースもあります。意図を持って関節の動きを制限したことで、意図しない制限が生まれることはよくあることです。

実際の競技現場では、メリットを最大にしながらもデメリットが少ない方法の選択を迫られます。機能的なテーピングの実施においては、まさに機能解剖学的な洞察と実際の競技動作の観察から生まれる発想がものをいうのです。

機能解剖学的にみたテーピング　その2

可動域制限以外の視点から

キネシオテープはなぜ効果を発揮するのか

筆者が中学生の頃は、テーピングといえばもっぱらコットン平織りのホワイトテープ一本槍でした。テキストのテープを見様見真似で貼ってみても、全くうまく貼れず皺だらけになり、かえって友達を不安にさせてしまう始末でした。スポーツの現場においてテーピングができるのはカッコよく、自在にテープを操るトレーナーさんに憧れたものです。

高校生になると、シールタイプで伸縮のいわゆるキネシオテープが出現しました。これはホワイトテープによる可動域制限の視点とは異なり、筋の走行に沿って、その皮膚上に貼ることで効果が出るもので、そのことを不思議に感じたものです。その一方で、活用する立場になったとき、キネシオテープがなぜ効果を発揮するのか、自分の中で説明をつけるためにいろいろ考えました。

弱い可動域制限としてのみならず、予想される皮膚変形の制限や皮膚知覚への働きかけがどんな効果をもたらすのか、教科書の情報から様々な理由をつけたうえで競技者に試してみることを繰り返しました。可動域制限が大きくないので競技者への物理的な負担が小さく、「試してみる」ことへのハードルが低かったことも影響していたと思います。競技者と相談しながら、意図した効果が得られるのか確認する過程はワクワクするような楽しさがありました。

キネシオテープに限らず解剖学的な構造の理解が進むにつれ、さまざまなテープが効果を発揮する仕組みについて自分の中の説明がクリアになっていきました。それは自然に、本に書いてある以外の方法の開発や適切な手段の選択にもつながっていき、筆者の興味を大きく広げてくれたと感じています。最終節では可動域制限以外の視点から生まれたさまざまなテーピングの事例とその背景にある考え方についてお話ししていきたいと思います。

筋腱走行への働きかけと組織の応力分散

アキレス腱炎やアキレス腱周囲炎に対して行うテーピングは一般的に背屈制限、つまりアキレス腱全体の伸張ストレスを軽減する方法が主流となっていました。その一方で、踵骨の回内がアキレス腱内の張力不均衡を生むなどしてストレスを高め、アキレス腱周囲障害の原因となることが指摘されています（Clement et al., 1984; 江玉,2017）。

このような背景を踏まえて近年では、アキレス腱内の応力を分散するような意図を持ったテーピングが考案されています。具体的には、テープを用いてアキレス腱の走行自体をわずかに変化させようとする方法です（図1）。効果の検証についてはさらに詳細に行われるべきであると考えますが、競技現場での選択肢としてはすでに活用されているようです。

筆者の経験としては、アキレス腱周囲のストレス軽減を目指して行ったテーピングで、圧痛のあるアキレス腱実質の部分を避けたテープよりも、アキレス腱を押さえつけるようなテープの方が痛みを軽減する効果が高かったり、圧痛部位周辺を通過するテープが予想よりも圧痛部位を刺激しないということが幾度となくありました。背屈制限にとらわれていると忘れてしまいがちになりますが、腱や周辺組織への張力を抑えるというよりも、組織内の一部分へのストレス集中を避けるような視点が重要になると考えます。

アキレス腱へのテープと類似した事例は膝蓋靭帯炎に対するものです。膝蓋靭帯は強大な大腿四頭筋の張力を膝蓋骨から脛骨へ伝達する役割を持っています。この靭帯の炎症、膝蓋靭帯炎はジャンパーズニーとも呼ばれ、跳躍を伴う競技者に比較的高い頻度で見られるものです。他の腱炎、腱周囲炎と同様に、常に大きな負荷にさらされるだけでなく、血管支配が豊富でないことから、いったん発症するとなかなか回復しないことも多くたくさんの競技者

図1
アキレス腱の走行に働きかけるテーピング(模式図)

アキレス腱を外側に引っ張り、走行を変えるようなストレスをかける。

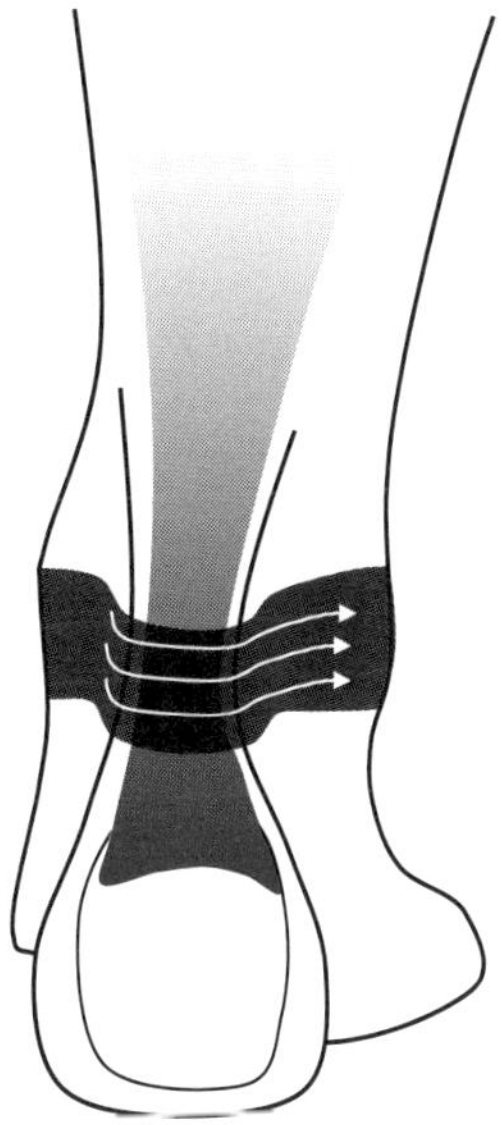

を苦しめる原因となる障害です。

強い炎症、痛みがある間はもちろん無理できないのですが、ある程度回復してくるとうまく付き合っていかざるを得ない事例も多いこの障害に対して、伝統的に効果を発揮してきたのは膝蓋靭帯自体の圧迫です（図2）。膝蓋靭帯にかかったテープが、直接膝蓋靭帯を圧迫します。この方法も、膝蓋靭帯の走行を後方に曲げることで腱内の応力の分布を変化させ、局所的なストレスを軽減していると考えます。

筋腱の走行に直接テーピングで働きかける方法には、膝蓋骨外方脱臼に対するMcConnell法も知られています。大腿四頭筋は大腿骨に沿って走行し膝蓋骨の近位に付着しますが、膝蓋骨の遠位から始まる膝蓋靭帯はやや外下方の脛骨粗面に向かって走行します。それによっていわゆるQ-angleが生じるため、大腿四頭筋が張力を発揮する際には一定の割合で膝蓋骨を外方に偏位させる力が生じます（図3A）。

この力の発生と膝蓋大腿関節面の形状や動的なアラインメントの問題とが重なると、時として膝蓋骨が外方に脱臼してしまう場合があります。これを予防するテープとして膝蓋骨の外方偏位を抑制する目的で適用されるのがMcConnell法です（図3B）。

図2　膝蓋靭帯炎のテープ(模式図)

A：右膝を前方より見たテープの位置
B：テープ無しの状態
C：テープによって
膝蓋靭帯がたわんでいる

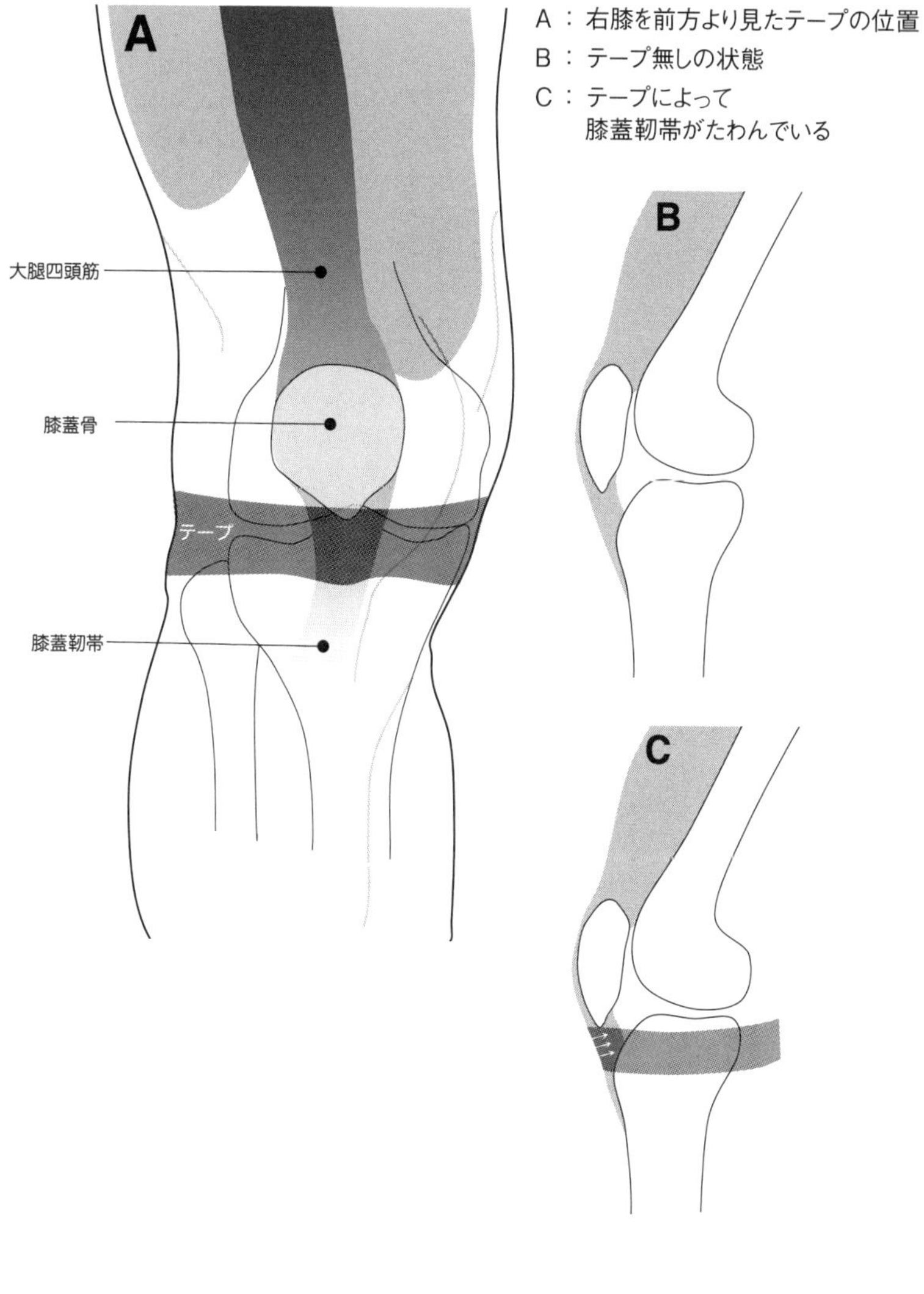

図3　膝関節周囲の軟部組織に働きかけるテーピングの事例（模式図）

A　：Q-angleの模式図
B　：膝蓋骨の外方偏位を抑制するテープ
C　：タナ障害のスプリットテープ
Fdsl：膝蓋骨を外方に押し出す力成分

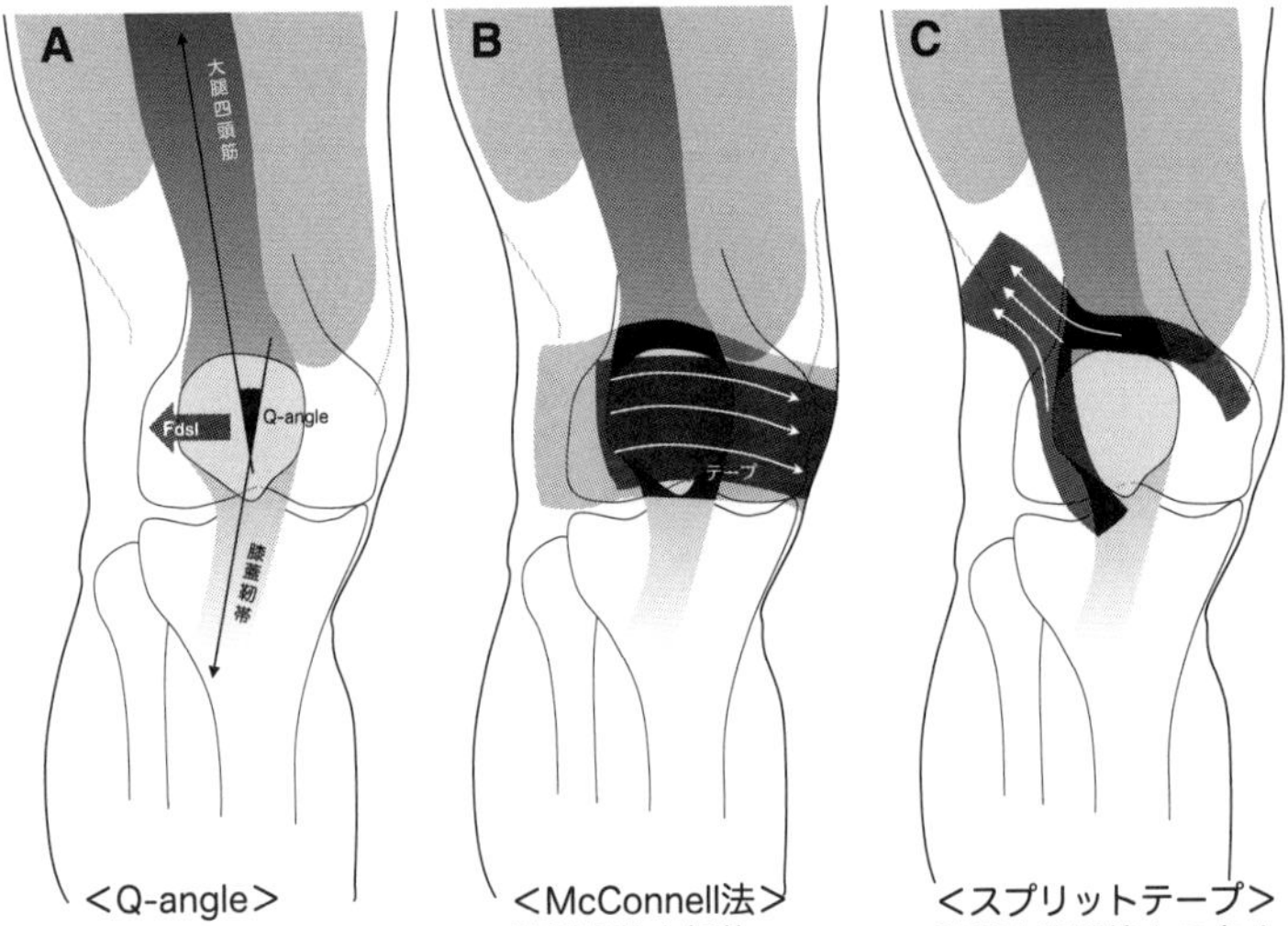

<Q-angle>

<McConnell法>
膝蓋骨外方偏位
の抑制

<スプリットテープ>
膝蓋大腿関節からタナ
を引き出す

例えば、特に関与を強調したいキネティックチェーンがあるとき、
そこに沿ってテープを貼ることによって、
テープがない状態では感じられない
固有受容器からの情報フィードバックが得られるため、
動きの教育にも活用が可能であると考える。

膝蓋大腿関節に滑膜のひだ（タナ）が挟まって炎症を起こすことで生じるタナ障害に対しても、スプリットテープが適用される場合があります。背景には、皮膚ごと結合組織を移動させてタナを膝蓋大腿関節から引っ張り出す意図があります（図3C）。

関節の誘導と近位抵抗

例えば、棘上筋腱が上腕骨頭と肩甲骨との間に挟まれてしまう……。いわゆるインピンジメント症候群があるとき、上腕骨が挙上される過程で問題の衝突が発生します。オーバーハンドスローでは、運動の主要局面でこの様な症状が誘発されることがあります。これに対して、図4に示したようなテーピングが効果を発揮することがあります。

図4　肩関節の近位抵抗テープ（模式図）

外転位、外旋位でテープの張力が高まり、上腕骨頭の上方偏位を抑制する。

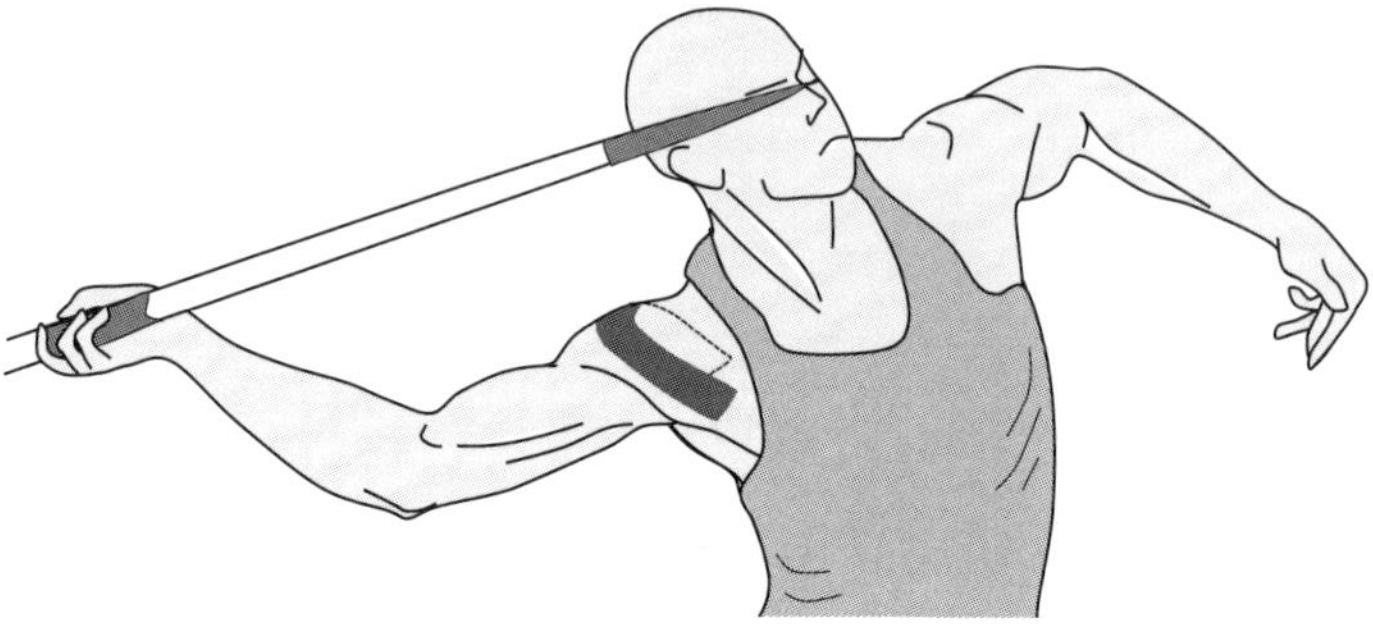

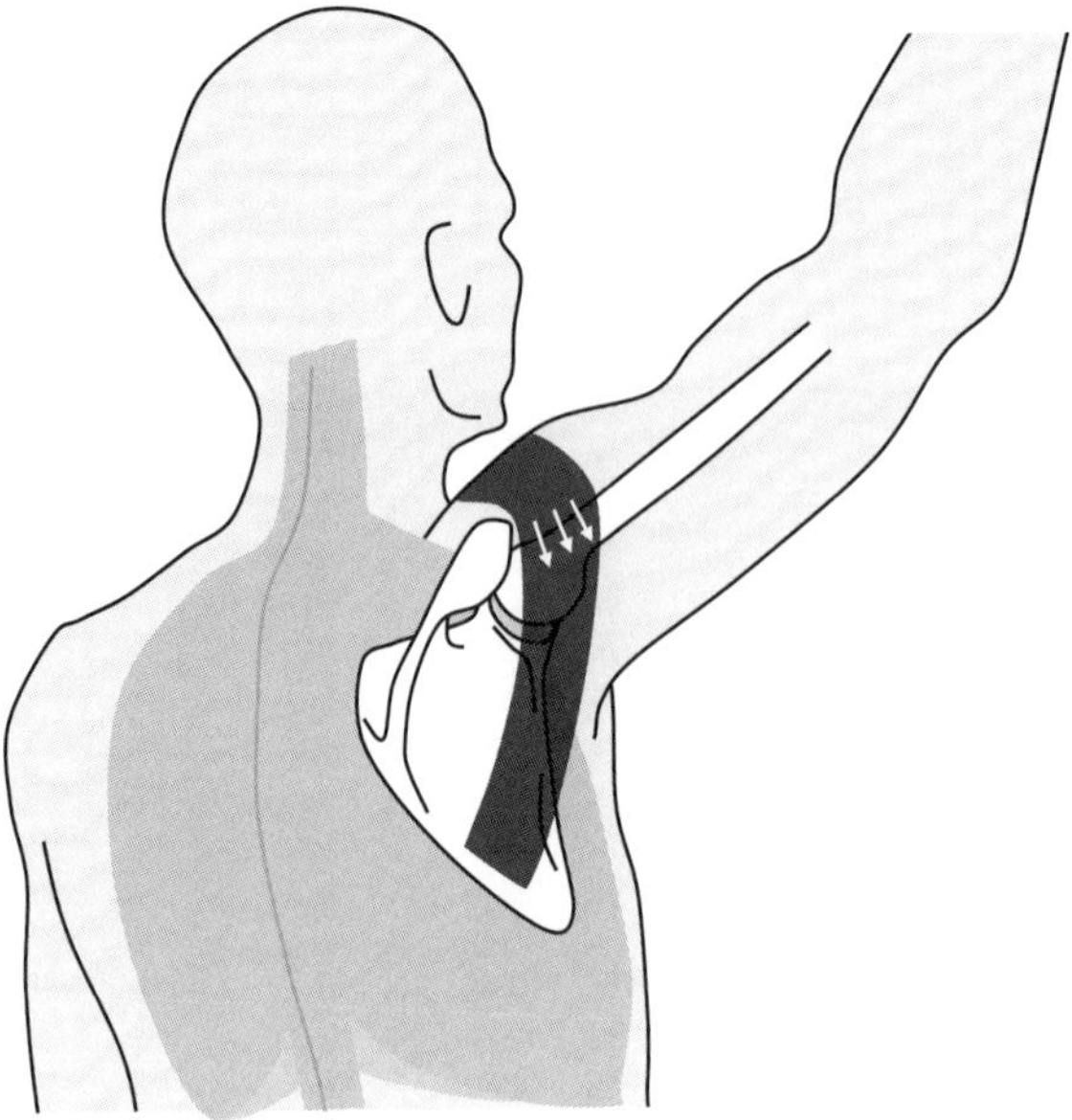

このテープは上腕骨頭を上から押さえつけるような走行をとります。特に肩関節外転外旋では大胸筋に向かうテープ部分が張力を高め、インピンジメントを誘発する、上腕骨頭が上方に引き上げられてしまう動きを抑制する（上腕骨頭の取り込み）と考えられます。単に可動域を制限したり、特定の筋の走行を真似るような発想とは異なりますが、いわゆる近位抵抗の発想を利用したテーピングといえるでしょう。

トレーニングにおける動きづくりへの可能性

例えば、特に関与を強調したいキネティックチェーンがあるときに、そのキネティックチェーンに沿ってテープを貼り、そのテープのテンションを高めるような動きづくりをする方法があります。

個々の筋や関節運動を意識するのではなく、それらのつながり自体に働きかけるわけですから、新しい視点、これまでと異なる運動結果のフィードバックが得られる可能性がありますす。テープがない状態では感じられない固有受容器からの情報フィードバックが得られるため、動きの教育にも活用が可能であると考えます。

恐怖の悪循環

日頃、自分のものというか自分自身そのものでありながら、ヒトの身体について「うまくできているなぁ」と感心することがよくあります。今日も今日とて食事中、物を食べながら呼吸ができるというのは凄いことだなと感心していました。普通に考えれば、食物と空気が混ざり合って大変なことになるはずだと思ったのです。

空気が食道に向かう分には大きな問題は起こらないのですが、食物や液体が気管に向かったときの大惨事は誰しも経験があるものです。同様に鼻腔に食物が入ったときの違和感も相当なものです。そこでその交通整理に活躍するのが鼻腔側では軟口蓋、そして気管側では喉頭蓋です。軟口蓋は口蓋垂（のどちんこ）を含み、食物や飲料の鼻腔への逆流を防ぎます。喉頭蓋はその名の通り嚥下の際、喉頭に蓋をして誤嚥を遮断します（左図）。

ときとしてこの守備を食物の一部がすり抜けてしまうことがあります。例えば食事中に咳をしてしまったときです。くしゃみだともっとひどいかもしれません。咳の強い気流に乗ったご飯粒が軟口蓋の守備をすり抜けて鼻腔に入ります。得も言われぬ違和感に勢いよく鼻を吸うのですが、今度はこのご飯粒が喉頭蓋の守備をすり抜けて気管に入るのです。慌てて「ゴホッ」と咳をすると、このご飯粒は勢いよく鼻腔まで……。というふうに恐怖の悪循環（右図）が始まります。

　この悪循環は喉頭蓋のファインプレーによってめでたく嚥下に至るか、鼻腔の違和感をあきらめて鼻をかんで外に出すか、そのどちらかによってようやく収束します。喉頭周りの機能が衰えたお年寄りでは、日常的に喉頭蓋のエラーが生じ、肺炎などの問題をひき起こす誤嚥を生みます。

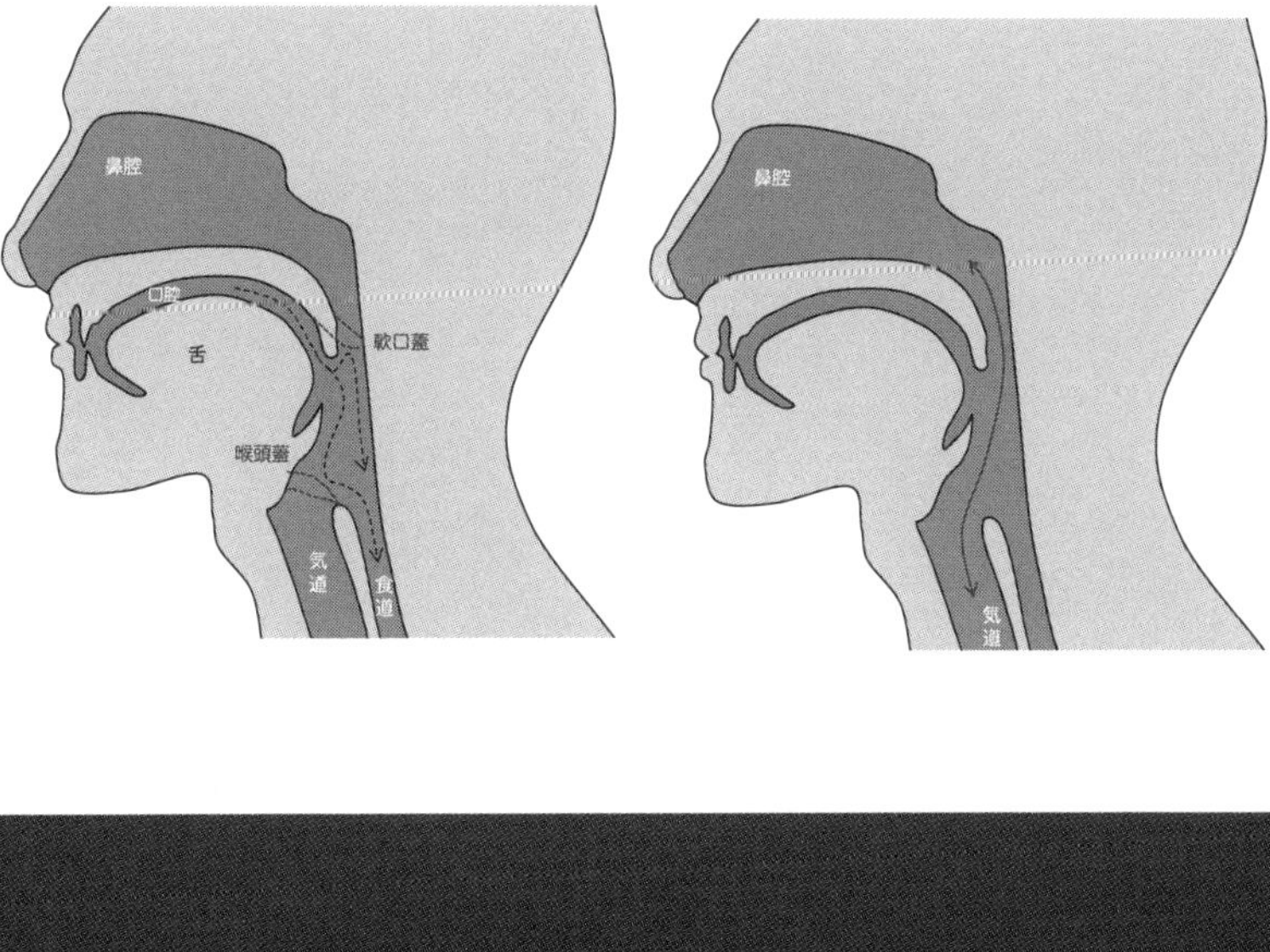

英数字

あ

か

さ

あとがき

本書の前編にあたる『アスリートのための解剖学』を出版したのは、コロナ禍真っ只中の2020年6月でした。多くの方に興味を持っていただき、こんな自分の考えや視点を、丁寧に辿ってくださる方がたくさんいらっしゃることに心を熱くしました。それは暗い話題が多かったコロナ禍の中で、まさに一つの灯火となって筆者を勇気づけました。

解剖学を通して、ヒトの身体や動きを深く見つめる機会を得たことで、日々新しい発想や発見が絶えず訪れてくれるようになりました。その一方で、たくさんの情報に触れたからこそ起こる誤解や混乱もあります。それらに気づくたびに、みずからの浅学を恥じるとともに、身体や運動を理解することの奥深さに気づかされます。本書をきっかけに、皆様とさらに深いディスカッションができれば幸いです。

ＪＡＴＩ（日本トレーニング指導者協会）機関誌における連載は、ぐうたらな自分に定期的な知識確認、勉強の機会と、考えを文章と図でまとめる機会を与えてくれました。時にはグラウンドでのひらめきを胸に抱えたまま、時には家族が寝静まってから、時には（いつも）締め切りを過ぎた焦る心で書き残しました。この機会がなければ、一生自分の頭の中だけでぐるぐる回っていくだけの思索として、かたちにならなかった考えもたくさんあると思います。

また、このような機会をくださったＪＡＴＩの関係各位に感謝申し上げます。そして、この思索の原動力である筆者の周りのアスリート各位に感謝の意を表したいと思います。さらに編集の光成耕司さんは、締め切りを過ぎて書き散らかした原稿を送りつけてくる筆者の考えを整理し、変わらずたくさんの励ましをいただきました。この場を借りて深くお礼申し上げます。

大山卞 圭悟

推薦のことば

この度、好評を博した『アスリートのための解剖学』に続く第2弾として、〝アドバンス編〟を発行することとなりました。

本書は、第1弾同様、日本トレーニング指導者協会の機関誌である『JATI EXPRESS』の連載内容を加筆・修正し、一冊の書籍としてまとめられました。それは同時に、『JATI EXPRESS』本誌の魅力をもあらためて証明することでもあり、広報・企画委員会委員長として大変嬉しく思います。今回もまた、トレーニングの効果を最大化する身体の科学について、最新の知見、研究成果、さらに実践例を含めて、よりダイナミック、かつより精微に紹介されています。

トレーニング指導者、トレーナー、スポーツ指導者（以下、三者を併せて「トレーニング専門職」と呼ぶ）にとって、機能解剖学は必須の専門知識です。詳細に把握し、理解を深めれば深めるほど、自身の指導力をより高めてくれることができるでしょう。

例えば、大殿筋を強化するには、ハーフスクワットよりフルスクワットのほうが効果が高いのは、トレーニング専門職であれば誰もが知っています。その解剖学的な理由は、大殿筋は特に股関節屈曲位から伸展位において活動するからです

一般的に解剖学のテキストや専門書では、身体の成り立ちを精微に説明し、一つ一つの名称や構造について明確に教えてくれます。しかし、その記述内容はトレーニング現場の疑問や課題に直結しているわけではありません。

一方、本書は、トレーニング専門職の疑問や課題を解決するヒントや様々な気づきを与えてくれます。なぜなら、第2弾となるアドバンス編もまた、第1弾同様、大山卞先生オリジナルによるイラストをはじめとして、現場での実践例や経験談、また先行研究や最新の知見により、読者の解剖学に対する新たな学びや気づき、そして面白さを得られるからです。

皆さん、「大山卞研究室」にようこそ！　身体科学の課題解決の答えは解剖学にあり、トレーニング現場での正答は本書に見いだすことができるでしょう。

有賀雅史

日本トレーニング指導者協会 理事長代理
広報・企画委員会委員長
帝京科学大学医療科学部教授

引用・参考文献

Chapter | 1 |

腱鞘と滑液包のはなし

● Smith, M. D. (2011) The Normal Synovium. Open Rheumatol J. 5: 100–106.
● 船戸一弥(2000)船戸一弥ホームページ.股関節周りの滑液包(粘液嚢と記載).
http://www.anatomy.med.keio.ac.jp/funatoka/anatomy/Rauber-Kopsch/band1/I-557.html
(2020年6月12日閲覧)

筋収縮の生理学的特性

● Ema R, Wakahara T, Kawakami Y. (2017) Effect of hip joint angle on concentric knee extension torque. J Electromyogr Kinesiol. 37:141-146.
● Fridén, J. and Lieber, R. (1992) Structural and mechanical basis of exercise-induced muscle injury Med Sci Sports Exerc. 24:521–30.

筋のLength Operating Rangeのはなし

● 山田 致知(1981)人体の構造は最適か.日本機械学会誌,84(754),1022-1025.
● Regev, G.J., Kim, C.W., Tomiya, A., Lee, Y.P., Ghofrani, H., Garfin, S.R., Lieber, R.L. and Ward, S.R. (2011) Psoas Muscle Architectural Design, In Vivo Sarcomere Length Range, and Passive Tensile Properties Support Its Role as a Lumbar Spine Stabilizer. Spine 36, E1666-E1674
● Ishikawa M, Pakaslahti J, Komi PV. (2007) Medial gastrocnemius muscle behavior during human running and walking. Gait Posture. 25:380-4.

Chapter | 2 |

キネティックチェーンのはなし その1

● 阿江 通良,湯 海鵬,横井 孝志(1992)日本人アスリートの身体部分慣性特性の推定.バイオメカニズム11(バイオメカニズム学会編),pp.23-33,東京大学出版会.

キネティックチェーンのはなし その2

● Jacobs, R., Bobbert, M. F., van Ingen Schenau, G. J. (1996)Mechanical output from individual muscles during explosive leg extensions: The role of biarticular muscles. Journal of Biomechanics 29, 513-523.
● Steindler, A. (1955) Kinesiology of the human body - Under normal and pathological conditions -, pp. 93; 562-568. Charles C Thomas Publisher, Springfield.

キネティックチェーンのはなし その3

● 伊藤 章,斉藤昌久,佐川和則,加藤謙一,森田 正利,小木曽一之(1994)世界一流スプリンターの技術分析.日本陸上競技連盟強化本部バイオメカニクス研究班編 世界一流陸上競技者 の技術.ベースボール・マガジン社:東京,pp31-49.
● Jacobs. and van Ingen Schenau (1992) Intermuscular coordination in a sprint push-off. J Biomech 25. 953-65.
● Jacobs. et al. (1996). Mechanical output from individual muscles during explosive leg extensions: the role of biarticular muscles. J Biomech 29. 513-523.
● 熊本 水頼(2012), 二関節筋と運動制御, The Japanese Journal of Rehabilitation Medicine, 49. 631-639.

キネティックチェーンのはなし その4

● 高本 恵美, 出井 雄二, 尾縣 貢(2003)小学校児童における走, 跳および投動作の発達: 全学年を対象として.スポーツ教育学研究 23:1-15.
● 中村 和彦,武長 理栄,川路 昌寛,川添 公仁,篠原 俊明,山本 敏之,山縣然太朗,宮丸 凱史(2011)観察的評価法による幼児の基本的動作様式の発達.発育発達学研究51:1−18.
● 宮崎利勝,高橋和将,平山大作,内藤景,阿江通良,大山卞圭悟(2016)円盤投げにおける体幹の捻転動作が円盤の初速度に与える影響.陸上競技学会誌,14:19−26.

身体の構造と目的の出力—イルカの運動機構から考える—

- Cotton et al. (2008) The gross morphology and histochemistry of respiratory muscles in bottlenose dolphins, Tursiops truncatus. J Morphol. 269:1520-38.

Chapter | 3 |

体幹の屈曲と屈曲弛緩現象

- Floyd, W. F. and Silver, P. H. S. (1955) The function of the erectores spinae muscles in certain movements and postures in man. J Physiol. 129(1): 184-203.
- Panjabi, M. M. (1992) The stabilizing system of the spine. Part II. Neutralzone and instability hypothesis. J Spinal Disord 5:390-396.
- Zhang, Y., Zhang, T., Chen, Z. and Wei, Y (2012) Flexion relaxation of erector spinae response to spinal shrinkage. J Electromyogr Kinesiol 22, 370-375.
- 三瀧英樹,伊藤友一,三和真人,日下部明(2007)腰痛と屈曲弛緩現象の関係.日本腰痛会誌,13:136-143.

Leg Lift と Back Lift

- Garg and Herrin (1979) Stoop or Squat: A Biomechanical and Metabolic Evaluation, AIIE Transactions, 11:4, 293-302.
- Prilutsky et al. (1998) Is coordination of two-joint leg muscles during load lifting consistent with the strategy of minimum fatigue? Journal of Biomechanics 31. 1025—1034
- Toussaint et al. (1997) Anticipatory postural adjustments in the back and leg lift. Medicine & Science in Sports & Exercise 29, 1216-1224

あらためて体幹の役割を考える

- 阿江通良,藤井範久(2002)スポーツバイオメカニクス20講.浅倉書店.pp.13-14.

体幹のひねりと腹部筋群の SSC

- 猪口清一郎, 阿尻貞三, 野井信男, 木村忠直, 岩本壮太郎, 南雲祐司, 佐藤亨, 腹直筋の腱画構成の比較解剖学的研究, 昭和医学会雑誌, 1978, 38 巻, 1 号, p. 39-48,
- 山田致知,萬年甫(1995)実習解剖学.pp.40,南江堂.
- 宮崎利勝,高橋和将,平山大作,内藤景,阿江通良,大山 卞 圭悟(2016)円盤投げにおける体幹の捻転動作が円盤の初速度に与える影響.陸上競技学会誌,14:19−26.

腰の回転の正体—腰をひねる—

- Jānis Šavlovskis. "Range of the Motion (ROM) of the Cervical, Thoracic and Lumbar Spine in the Traditional Anatomical Planes". Anatomy Standard. 2022-02-06.
  https://www.anatomystandard.com/biomechanics/spine/rom-of-spine.html
  (参照 2022-08-09)

Chapter | 4 |

上肢の突き出し動作と背中の筋群

- Martin, R.M. and Fish, D.E. (2008) Scapular winging: anatomical review, diagnosis, and treatments. Curr Rev Musculoskelet Med 1, 1-11. https://doi.org/10.1007/s12178-007-9000-5
- 木越 清信, 加藤 彰浩, 大山 卞圭悟, 尾縣 貢(2012)運動開始時における姿勢に関する指示の即時的な効果, コーチング学研究25,43-52.
- 半田 徹,加藤浩人,長谷川 伸,岡田純一,加藤清忠(2008)筋力トレーニングのベンチプレス系 3 種目における大胸筋、前鋸筋 および三角筋の筋電図学的研究.スポーツ科学研究, 5, 58-70.

肘関節のはなし その1

- 岡久仁洋(2016)肘関節のバイオメカニクス.Jpn J Rehabil Med 53.758-751.

肘関節のはなし その2

- 岡久仁洋(2016)肘関節のバイオメカニクス.Jpn J Rehabil Med 53.758-751.

● Malagelada F, Dalmau-Pastor M, Vega J, Golanó P. (2015) Elbow anatomy. In: Doral MN, Karlsson J, eds. Sports injuries. Berlin, Heidelberg: Springer Berlin Heidelberg. 1-30.
● Park, M.C. and Ahmad, C.S. (2004) Dynamic Contributions of the Flexor-Pronator Mass to Elbow Valgus Stability: J. Bone Joint Surg. Am. 86:2268-2274.

肘関節のはなし その3
● Freisig et al.(2015) Biomechanical Performance of Baseball Pitchers With a History of Ulnar Collateral Ligament Reconstruction. Am J Sports Med. 2015 May;43(5):1045-50.
● O'Driscoll et al.(2005) The "moving valgus stress test" for medial collateral ligament tears of the elbow. Am J Sports Med. 33:231-239.
● Keller et al. (2016) Major League Baseball pitch velocity and pitch type associated with risk of ulnar collateral ligament injury. J Shoulder Elbow Surg. 25: 671-675.
● 酒折ら(2017)野球のトラッキングデータに基づいた肘内側側副靭帯損傷の要因解析.統計数理65: 201-215.
● 宮西ら(1996)野球の投球動作におけるボール速度に対する体幹および投球腕の貢献度に関する3次元的研究.体育学研究 41: 23−37
● Miyashita et al. (2008) The role of shoulder maximum external rotation during throwing for elbow injury prevention in baseball players. Journal of Sports Science and Medicine 7: 223-228

投げと肩甲骨と腕の振り
● Digiovine, N.M., Jobe, F.W., Pink, M., Perry, J. (1992) An electromyographic analysis of the upper extremity in pitching. J Shoulder Elbow Surg 1:15-25.
● Garner, B.A. and Pandy, M.G. (2003) Estimation of musculotendon properties in the human upper limb. Ann Biomed Eng. 31:207-20.
● Miyashita, K., Kobayashi, H., Koshida S., and Urabe, Y. (2009) Glenohumeral, Scapular, and Thoracic Angles at Maximum Shoulder External Rotation in Throwing. The American Journal of Sports Medicine 38: 363-368.

Chapter | 5 |

ストレッチングの解剖学 その1
● ボブ・アンダーソン.堀井昭 訳(1981)ボブ・アンダーソンのストレッチング第1版. ブックハウス・エイチディ.

ストレッチングの解剖学 その2
● Grieve, D.W., Pheasant, S. and Cavanagh, P.R. (1978) Prediction of gastrocnemius length from knee and ankle joint posture. In: E. Asmussen and K. Jorgensen (eds.). Biomechanics VI-A. Baltimore: University Park Press. pp. 405-412.

機能解剖学的にみたテーピング その1
● Tajika et al. (2020) Flexor pronator muscles' contribution to elbow joint valgus stability: ultrasonographic analysis in high school pitchers with and without symptoms : JSES International 4, 9-14.

機能解剖学的にみたテーピング その2
● Clement et al. (1984) Achilles tendinitis and peritendinitis: etiology and treatment. Am J Sports Med 12:179-184.
● 江玉睦明(2017)アキレス腱障害発生メカニズムの解剖学的検証.日本基礎理学療法学雑誌 20: 16-21.

著者略歴———
大山 卞 圭悟 おおやま・べん・けいご
1970年兵庫県西脇市生まれ。93年筑波大学体育専門学群卒業。修士（体育科学）。99年筑波大学体育科学系 講師、2001年筑波大学大学院人間総合科学研究科講師を経て、13年より筑波大学体育系准教授（現在に至る）。99年より現在まで、筑波大学陸上競技部コーチ（主に投擲競技を担当、06〜11年同監督、22年〜部長）、日本陸連医事委員会トレーナー部長を務める。99年、01年、05年ユニバーシアード陸上競技日本選手団トレーナー。JATIトレーニング指導者養成講習会講師（担当講義「機能解剖」）。著書『トレーニング指導者テキスト 理論編3訂版（分担執筆）』『コンテクスチュアルトレーニング（監訳）』（いずれも大修館書店）、『解剖学』（化学同人）、『アスリートのための解剖学』（草思社）。

アスリートのための解剖学
〈アドバンス編〉

2024年2月29日 第1刷発行

著　　者　大山 卞 圭悟
装 幀 者　山﨑裕実華
発 行 者　碇 高明
発 行 所　株式会社 草思社
〒160-0022　東京都新宿区新宿1-10-1
電話　営業 03(4580)7676　編集 03(4580)7680
印 刷 所　中央精版印刷 株式会社
製 本 所　加藤製本 株式会社

ISBN978-4-7942-2712-6 Printed in Japan　検印省略